Alte Möbel erkennen und restaurieren

Alte Möbel erkennen und restaurieren

von Martin Rotter

Mit 154 Fotos, davon 24 in Farbe,
und 149 Zeichnungen
Zweite Auflage

Julius Hoffmann Verlag · Stuttgart

CIP-Kurztitelaufnahme der Deutschen Bibliothek

Rotter, Martin:
Alte Möbel erkennen und restaurieren /
von Martin Rotter. — Stuttgart : Hoffmann, 1979.

ISBN 3 87346 058 0

© 1982 by Julius Hoffmann, Stuttgart.
Satz, Reproduktion und Druck von
Johannes Illig in Göppingen. Farbrepros
von Industrie Offsetrepro GmbH in Stuttgart.
Printed in Germany.

Inhaltsübersicht

Bildnachweis. Die folgenden Aufnahmen stammen von
Herrn Dipl.-Fotograf Max Graf, Schaffhausen: 112, 145, 149,
152, 153, 155, 197, 198, 199, 201, 202, 204, 206, 210, 211,
212, 213, 214, 215, 216, 217, 220, 222, 223, 228, 229, 231,
234, 235, 236, 237, 241, 242, 244, 245, 250, 251, 252, 254,
256, 258, 263, 266, 267, 268, 269, 275, 277, 282, 285, 287,
292, 293, 296, 297, 298, 299, 300, 301. Alle anderen Bilder
und die Zeichnungen hat der Verfasser gemacht.

Jäger und Sammler — und Rechner

Man hört manchmal sagen, daß sich die Menschen ihrem Wesen und ihren Neigungen nach in zwei Gruppen einteilen lassen: in Jäger und in Sammler. Diese sehr simplifizierende Erkenntnis wird wohl auf die Tätigkeiten unserer Urahnen in der Steinzeit zurückgeführt. Ich kann sie nicht unwidersprochen lassen. Ob nun tatsächlich ein Teil der Steinzeitmenschen das Ren und das Mammut jagte und der andere Teil Beeren und Pilze sammelte, entzieht sich meiner Kenntnis und wohl auch der der Gelehrten. Aber ich wage zu behaupten, daß es mindestens noch eine dritte Gruppe Menschen gibt und sogar noch eine vierte.

Zu welcher der beiden Gruppen würden Sie sonst unsere heutigen Jäger zählen, die auf die Jagd gehen, um dann die Wände ihres Hauses mit einer Sammlung von abgeschnittenen Tierköpfen und Geweihen zu schmücken? Doch von dieser Art des Jagens und Sammelns will ich hier nicht sprechen.

Aber welcher Sammler — sei er nun hinter Briefmarken, hinter Bierdeckeln oder Antiquitäten her — ist noch nie von einer Art Jagdfieber gepackt worden, wenn er einem begehrten, seltenen Stück nachjagte oder wenn er, wie in unserem Fall, bei einem Trödler oder sonstwo nach Schätzen wühlt? Sehen Sie, das ist diese dritte Gruppe von Menschen, die ich meine; die jagt *und* sammelt. Zu ihr zähle ich mich und sie möchte ich hier ansprechen.

Jetzt werden Sie mich fragen, wen ich denn zur vierten Gruppe rechne. Nun, das sind die armen Seelen, die weder die Freuden des Jagens, noch die des Sammelns kennen.

Zwangsläufig stößt man auf die Frage, warum sammelt der Mensch, und warum Antiquitäten? Ich will über dieses Thema nicht philosophieren und Sie nicht mit allgemeinen Phrasen langweilen. Darüber ist schon genug Kompetentes (und auch weniger Kompetentes) geschrieben worden. Ich kann nur sagen, warum ich Antiquitäten sammle. Ganz einfach, weil ich Freude an den schönen alten Dingen habe und zudem auch Bewunderung für ihre Schöpfer empfinde, die ganz ohne modernen Maschinenpark und ohne alle die Hilfsmittel, die den heutigen Schreinern zur Verfügung stehen, großartige Leistungen vollbracht haben.

Dazu kommt die mit den Restaurierungsarbeiten verbundene handwerkliche Tätigkeit, die bei mir im Laufe der Jahre zu einer wahren Leidenschaft geworden ist. Ich muß darauf achten, daß die Leidenschaft nicht zur Sucht wird, so daß ich schließlich meinen Beruf an den Nagel hänge und nur noch Möbel sammle, um sie zu restaurieren. Daß diese Tätigkeit dann ihren Mann ernähren würde, wäre bei mir zumindest sehr zweifelhaft, denn ich könnte mich wahrscheinlich nicht mehr von diesen Stücken trennen.

Schade finde ich es, wenn heute vielerorts Antiquitäten gekauft und aufgestellt oder gar gesammelt werden, ohne daß der Besitzer in irgendeiner Beziehung zu ihnen steht. Nur, weil es gerade „in" ist oder um aus einem gewissen Snobismus heraus zu zeigen, daß man es sich auch leisten kann.

Falsch wäre es auch, zu glauben, Antiquitäten seien auf alle Fälle eine gute Kapitalanlage, und sie nur aus dieser Überlegung heraus zu erwerben. Ich muß jetzt fragen: für wen eine gute Kapitalanlage? Falls damit gemeint ist, der Kauf von Antiquitäten sei eine recht gute Kapitalanlage für den Händler, so will ich vorbehaltlos zustimmen. Ein großes Fragezeichen möchte ich jedoch setzen, wenn sich die Kapitalanlage auf den Käufer beziehen sollte. Ein schönes echtes Stück zu einem günstigen Preis zu erwerben, ist sicherlich ein lohnender Kauf; um so mehr wenn sie es selbst restaurieren können und somit diese Kosten sparen. Wenn Sie dann noch einen schönen Platz für das Stück in Ihrer Wohnung finden, um sich viele Jahre daran zu freuen, dann haben Sie das ausgegebene Geld hundertprozentig gut angelegt.

In Zeiten hoher Teuerung, also bei Kaufkraftzerfall des Geldes, mag der Kauf von Antiquitäten noch einige bedingte Bedeutung als Kapitalanlage haben. Aber von dieser Art Preissteigerung sollte man sich nicht blenden lassen. Anders ist auch die Situation bei Möbeln der oberen Preisklasse, die an Kunstwerke grenzen oder auch solche sind. — Aber von einer guten Kapitalanlage kann man eigentlich erst sprechen, wenn man den Wertgegenstand wieder veräußert und dabei einen hohen oder doch zumindest angemessenen Gewinn realisiert. Aber wann trennt sich denn ein Sammler von seinen Objekten? Höchstens, wenn er in eine finanzielle Notlage gerät — und in diese gerät man meist in Zeiten allgemeiner Arbeitslosigkeit, Rezession etc. Dann sinken aber auch ganz allgemein die Nachfrage und damit die Preise. Entsprechende Beobachtungen waren vor wenigen Jahren durchaus zu machen!

Wenn Sie mir immer noch nicht glauben, machen Sie einmal selber eine Probe aufs Exempel: Kaufen sie beispielsweise einen einzelnen mittelmäßigen Biedermeierstuhl bei irgend einem renommierten Antiquitätenhändler. Sie werden 300 bis 400 Fr. dafür bezahlen. Der Händler wird Ihnen sicher beteuern, er sei sehr preisgünstig, ein hervorragendes seltenes Stück, und er wäre glücklich, er hätte noch einige solche Stühle. Vielleicht erzählt er Ihnen sogar mit einem Anflug leiser Trauer, er wollte diesen Stuhl ursprünglich für sich behalten, aber er finde tatsächlich keinen Platz mehr in seiner Wohnung, und alles könne man schließlich auch nicht behalten.

Und dann versuchen Sie den Stuhl nach ein oder zwei Jahren dem gleichen Händler wieder zu verkaufen. (Warten Sie aber lange genug, bis der Kauf bei ihm wirklich in Vergessenheit geraten ist.) Als erstes wird der Stuhl einen geringschätzigen, oberflächlichen Blick ernten. Dann wird er Ihnen klagen (der Händler, nicht der Stuhl), daß man derartige Stühle halt massenweise angeboten bekäme. Andererseits sei diese Stuhlform auch nicht so gefragt, und dergleichen mehr. Wenn Sie Glück haben, würden Sie den Stuhl für vielleicht 200 Fr. wieder loswerden. Das ist ja auch ganz logisch, denn schließlich betreibt der Mann den Handel, um Geld zu verdienen und um davon zu leben, und nicht aus Menschenfreundlichkeit. Ich habe dafür auch volles Verständnis. Nur sollte man nicht versuchen, wie es in letzter Zeit häufig der Fall ist, den gutgläubigen Interessenten mit Schlagworten wie „Antiquitäten sind die beste Kapitalanlage" zu ködern.

Kürzlich las ich aus kompetenter Feder, daß man bei antiken Möbeln mit einer jährlichen Wertsteigerung von 10 bis 20 Prozent rechnen könne; bei einzelnen Stücken sogar mit noch massiveren Ausschlägen ins Positive — bisweilen aber auch ins Negative. Dieser Satz von 10 bis 20 Prozent erscheint mir reichlich hoch gegriffen. Innerhalb einer kurzen Zeitspanne mag er vielleicht einmal stimmen, aber über eine längere Periode mit ihren wirtschaftlichen Höhen und Tiefen hinweg würde ich eine durchschnittliche jährliche Wertsteigerung von 10 Prozent für angemessen halten.

Nur ist damit das Wesentlichste noch nicht gesagt. Nämlich, daß diese Wertsteigerung bei einem Verkauf schwerlich zu realisieren, d. h. in klingende Münze umzusetzen ist. Denn davor liegt ja noch der Einsatz des Händlers. — Ich will versuchen, das an einigen einfachen Rechenbeispielen verständlich zu machen.

Nehmen wir an, daß ein heute für 1000 Fr. gekauftes Möbel nach 1, 3, 5 oder 10 Jahren dem Händler zurückverkauft wird, und daß dieser mit einer Gewinnspanne von 33,3 Prozent arbeitet. Eine solche Spanne ist durchaus branchenüblich. Der Händler muß leben und auch etwas an der Sache verdienen.

Nach 1 Jahr:

Kaufpreis	Fr. 1 000,—
Wertsteigerung in 1 Jahr = $1\,000 \left(\dfrac{10}{100}\right)$ =	100,—
Neuer Preis	1 100,—
Abzügl. Gewinnspanne des Händlers	
$= 1\,100 \left(\dfrac{33,3}{100}\right)$ =	— 336,30
Rückkaufpreis	733,70

Der Verlust beträgt somit 1 000,— —733,70 = 266,30 entsprechend einer negativen Kapitalverzinsung von 26,6%.

Nach 3 Jahren:

Kaufpreis	Fr. 1 000,—
Wertsteigerung nach 3 Jahren	
$= 1\,000 \left(1+\dfrac{10}{100}\right)^{3} -1\,000$ =	331,—
Neuer Preis	1 331,—
Abzügl. Gewinnspanne des Händlers (33,3%)	— 443,20
Rückkaufpreis	887,80

Dies bedeutet immer noch einen Verlust von 112,20.

Nach 5 Jahren:

Kaufpreis	Fr. 1 000,—
Wertsteigerung nach 5 Jahren	
$= 1\,000 \left(1+\dfrac{10}{100}\right)^{5} -1\,000$ =	610,—
Neuer Preis	1 610,—
Abzügl. Gewinnspanne des Händlers (33,3%)	— 536,10
Rückkaufpreis	1 073,90

Jetzt endlich entsteht ein bescheidener Gewinn von 73,90.

Nach 10 Jahren:

Kaufpreis	Fr. 1 000,—
Wertsteigerung nach 10 Jahren	
$= 1\,000 \left(1+\dfrac{10}{100}\right)^{10} -1\,000$ =	1 593,—
Neuer Preis	2 593,—
Abzügl. Gewinnspanne des Händlers (33,3%)	— 863,50
Rückkaufpreis	1 729,50

Der Gewinn beträgt jetzt 729,50, entsprechend einer jährlichen Kapitalverzinsung von etwa 6 Prozent. Nicht sehr überwältigend!

Sie sehen, daß das Geschäft mit der „guten Kapitalanlage" aus dieser Perspektive gar nicht mehr so verlockend aussieht.

Man könnte mir natürlich entgegenhalten, daß der Wiederverkauf ja nicht über einen Händler getätigt werden müßte, und bei Direktverkauf würde der Händlerverdienst auch noch in die eigene Tasche wandern. Dazu möchte ich aber zu bedenken geben, daß dies recht schwierig sein kann. Zumindest ist es gar nicht so einfach, einen angemessenen oder gar einen hohen Preis zu erzielen. Denn jeder Sammler oder Liebhaber rechnet damit, ein Stück aus privater Hand bedeutend billiger erstehen zu können als im Antiquitätengeschäft.

Es sei aber betont, daß meine kleine Rechenakrobatik den Fragenkomplex sehr einseitig beleuchtet, ausschließlich von der wirtschaftlichen Seite her, daß dabei alle ideellen Überlegungen außer Betracht bleiben. Immerhin zeigt sie soviel, daß sich Antiquitäten im allgemeinen für den Privatmann kaum als Objekte für kurzfristige finanzielle Spekulationen eignen und ebensowenig zur Anlage eines Notgroschens.

Mit diesen Betrachtungen will ich nun aber keineswegs vor dem Kauf von Antiquitäten warnen oder gar davon abraten! Ganz im Gegenteil: Ich kaufe auch und versäume keine Gelegenheit, in meinem Bekanntenkreis für die Anschaffung von alten Stücken zu werben. Auf die Dauer lohnt es sich eben doch, und das Geld ist nicht zum Fenster hinausgeworfen. Nur darf man dieses Metier eben nicht als Ort für lukrative Spekulationen ansehen.

Noch einige Worte zu diesem Buch: Bitte erwarten Sie hier keine umfassende und lückenlose Möbelstilkunde oder eine kunsthistorische Abhandlung. Genausowenig wird sich Ihr Auge an Bildern erlesener Werke der Möbelbaukunst ergötzen können. Im Gegenteil, ich befasse mich praktisch nur mit Stücken der unteren bis höchstens mittleren Preisklasse. Es soll hier auch keineswegs ein Lehrbuch für angehende Möbelrestaurateure vorgelegt werden.

Nein, ich will nur in simplen Worten und Bildern von meinen bescheidenen Erlebnissen mit Antiquitäten erzählen, und wenn ich dem interessierten Laien oder Anfänger mit meinen Schilderungen diesen oder jenen Hinweis geben kann, hat es seinen Zweck schon erfüllt.

Bücherschreiben ist an sich nicht mein Metier. Falls Sie fragen, warum ich schreibe und ob denn nicht schon genug Literatur über dieses Gebiet vorliege, so will ich Ihnen gern antworten: Genug Bücher auf diesem Gebiet kann es gar nicht geben. Dazu ist es zu komplex, zu vielseitig und interessant. Und die Frage, warum ich schreibe, ist auch rasch beantwortet: Meine Freunde und Bekannten haben mich dazu gedrängt.

Außerdem war ich es ein wenig müde, ihnen immer Ratschläge über Möbelpflege, Reparaturen und Restaurierungsanleitungen geben zu müssen. Oder für sie Möbel zu begutachten und dann mit ihnen herumzustreiten, ob der geforderte Preis gerechtfertigt sei oder nicht. Oder ihnen Rezepte dafür zu geben, wie man eine Fälschung erkennt. — In Zukunft werde ich sie an dieses Buch verweisen. Vielleicht mache ich so doch noch ein Geschäft mit meinen alten geliebten Möbeln.

Das Holz

Bevor wir uns mit den Möbeln selbst beschäftigen, ist es sicher angebracht, dem Holz einige Worte zu widmen. Denn wenn man sich mit diesem Gebiet befaßt, muß man die Eigenschaften des Holzes kennen, die guten, aber auch die schlechten. Ebenso wichtig ist eine Kenntnis der Holzarten; zumindest die gängigen Möbelhölzer sollte man zuverlässig unterscheiden können. Es ist ärgerlich, wenn sich ein Stück, das man als Nußbaum gekauft hat, später als billigere, auf Nußbaum gebeizte Buche herausstellt; oder wenn man umgekehrt ein schlichtes Kirschbaumholz als Tanne abtun würde.

Die vielen guten Eigenschaften des Holzes und seine Schönheit sind bekannt. Holz ist ein leichter, fester Baustoff und gut zu bearbeiten. Seine natürlich strukturierte Oberfläche gewinnt im Laufe der Jahre noch an Schönheit. Gut bearbeitetes Holz schmeichelt Auge und Hand. All diesem Positiven stehen leider zwei wesentliche Nachteile gegenüber. Das eine ist seine Empfindlichkeit gegen Insektenbefall, Fäulnis und Pilzerkrankungen; das andere ist das „Arbeiten" des Holzes, das Quellen und Schwinden je nach der herrschenden Luftfeuchtigkeit.

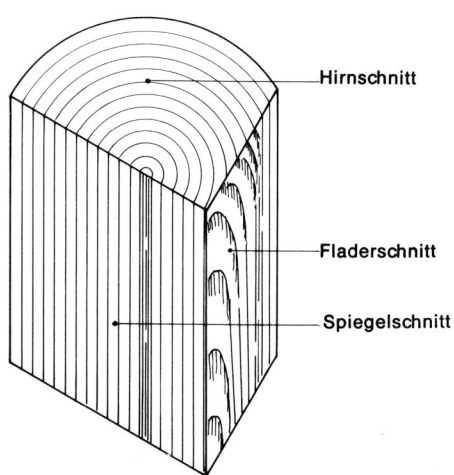

Bild 1. Die drei Hauptschnittrichtungen durch den Baumstamm.

Der Aufbau des Holzes

Im Möbelbau wird von einem Baum vorzugsweise der untere astfreie Teil des Baumstammes verwendet. Im Zentrum des Stammes sitzt das Mark, darum legen sich konzentrisch die in Jahresringen zuwachsenden Holzfasern. Die Wachstumszone liegt außen unter der Rinde. Bäume in unserem Klima zeigen häufig einen deutlichen Unterschied zwischen dem im Frühjahr entstehenden großporigen Frühholz und dem im Sommer und Herbst zuwachsenden wesentlich dichteren Spätholz. Bei tropischen Hölzern sind diese Unterschiede innerhalb der Jahresringe weit weniger ausgeprägt. Radial, also vom Mark nach außen, verlaufen die Markstrahlen, die für manche Holzbilder besonders charakteristisch sein können (z. B. die großen „Spiegel" beim Eichenholz).

Die weicheren und nicht so ausgereiften äußeren Stammteile trocknen nach dem Einschnitt mehr zusammen als die Partien im Stamminneren. Je nachdem, ob und wie sich das Holz eines Stammes voneinander unterscheidet, spricht man von

— **Kernholzbäumen:** Das Kernholz ist trockener, härter und auch in der Farbe deutlich vom Splintholz unterschieden. Kernholzbäume sind z. B. Kiefer, Kirschbaum, Eiche. Vor allem bei tropischen Hölzern wird nur das Kernholz verwendet.
— **Reifholzbäumen:** Der Kern ist trockener und härter als der Splint, aber farblich davon nicht zu unterscheiden. Hierzu zählen etwa Fichte, Buche und Linde.
— **Splintholzbäumen:** Hier sind Splint und Kern in Färbung und Feuchtigkeit gleich. Das ist z. B. bei Birke und Bergahorn der Fall.

Die Holzarten

Die wichtigsten Holzarten für den Möbelbau sind in den folgenden Farbtafeln abgebildet. Wir haben uns bemüht, möglichst charakteristische Holzstücke zu zeigen. Das Holzbild wechselt aber je nach Herkunft und Standort einer Holzsorte stark, auch ist es je nach Schnittrichtung (radial oder tangential) sehr verschieden. Es gehört viel Übung dazu, Holzarten sicher zu unterscheiden. Das Erkennen ist desto schwieriger, je kleiner das Holzstück ist. Bei Marketerien reicht dazu das freie Auge oft nicht aus. Mit einem Mikroskop kann der Fachmann aber auch hier den Streit entscheiden.

Sie sehen links jeweils das rohe, geschliffene Holz, rechts die Fläche nach einmaligem Anstrich mit Nitrohartgrund. Abgebildet sind nur die wichtigsten, am häufigsten verwendeten Holzarten.

Nußbaum (Walnuß)

Nußbaumholz ist aufgrund seiner Feinheit und seiner Vielfalt in Maserung und Ton zweifellos das Holz Nr. 1 im Möbelbau. Seinen ersten großen Aufschwung nahm es in der Zeit des Barocks und erfreute sich mehr oder weniger über alle Stilperioden großer Beliebtheit. Es wurde sowohl als Massiv- als auch als Furnierholz, für Schnitzwerk und gedrechselte Teile verwendet. Durch die stärkere Verbreitung des Baumes in südlichen Regionen ist seine Verwendung in diesen Gegenden auch am häufigsten. In Italien wurde es sogar als Blindholz verarbeitet.

Nußbaumholz ist feinfaserig, großporig, hart, aber sehr gut zu bearbeiten und zu polieren. Leider schwindet es mäßig bis stark. Das helle, grauweiße Splintholz ist von geringerer Qualität.

Speziell im Biedermeier waren Maserfurniere des Nußbaumes sehr beliebt, die man zu lebhaften Furniermustern zusammensetzte (Bild 295).

Furniere und Platten aus dem Wurzelstock (Bild 6) wurden zur Furnierung kleinerer Flächen und für Marketerien verwendet. Dieses Holz hat eine sehr dichte Struktur und läßt sich daher vorzüglich polieren. Es ist aber empfindlich (brüchig) bei der Verarbeitung und neigt sehr zur Rißbildung.

Kirschbaum (Süß-Kirsche)

Das Kirschbaumholz ist das bevorzugte Holz des Biedermeier, was aber nicht heißen soll, daß es nicht auch schon früher verwendet wurde, vorwiegend für Intarsien und Marketerien. Als Massivholz fand es vorwiegend für Tische und Stühle Verwendung, als Furnier für einfache Furnierung und Marketeriearbeiten. Das Holz ist auch ausgezeichnet schnitzbar.

Das in Pastelltönen zwischen braun, gelb und rötlich schimmernde Holz hat eine ruhige Zeichnung, eine sehr feine geschlossene Oberfläche wie die meisten Obsthölzer, ist sehr gut zu bearbeiten und ausgezeichnet polierbar. Es ist geradezu eine Freude, dieses Holz zu polieren. Ähnlich wie Nußbaum schwindet es mäßig bis stark.

Kirsche dunkelt im Licht rasch und schön nach. Das vom Kernholz deutlich abgesetzte helle Splintholz (Bild 256) wird auch verwendet.

Bergahorn

Der über ganz Europa verbreitete Baum liefert das begehrte weiße Holz, das man schon seit der Renaissance gern für Intarsien und Marketerien (helle Bänder und Filets) verwendete. Als im 19. Jahrhundert, zur Zeit der Restauration, Möbel in hellen Hölzern in Mode kamen, gewann Ahorn auch für die Furnierung größerer Flächen an Bedeutung.

Das harte Holz mit gleichmäßiger Struktur hat eine feine dichte Oberfläche, fast ohne Zeichnung. Es läßt sich sehr gut bearbeiten, beizen und polieren. Es schwindet mäßig und wird häufig auch für Schnitzereien verwendet. Kern- und Splintholz sehen gleich aus ("Splintholzbaum").

Vogelaugenahorn

Das sehr beliebte Holz ist ein Maserholz des amerikanischen Zucker-Ahorns, dessen Stämme ringsum mit kleinen, später eingewachsenen Ästen bestanden sind.

Das typisch gezeichnete helle Furnier wurde vorwiegend für Marketerien verwendet. Sehr häufig sind die kleinen Schubladen bei Biedermeiersekretären mit diesem Holz furniert. Zur Restaurationszeit und auch später hat man ganze Möbel im Vogelaugenahorn gefertigt, die mit wenigen dunklen Bändern und Ornamenten aufgelockert waren.

Das ziemlich harte dichte Holz ist gut zu bearbeiten und fein polierbar.

Eine Abart des Vogelaugenahorns ist die "Blumenmaser" des gleichen Baumes.

Eiche (Stiel- und Traubeneiche)

Dieser weit über Europa hinaus verbreitete Baum liefert wohl eines der hervorragendsten Hölzer für den Möbelbau. In nördlicheren Gegenden war Eiche schon im Mittelalter die meist verwendete Holzart und konnte sich bei vorwiegend geschnitzten Massivmöbeln durch die Zeiten hindurch gut behaupten (Lütticher Schränke). Auch für Sitzmöbel wurde viel Eiche verwendet. Seine als zu wenig dekorativ empfundene Erscheinung degradierte es aber im Barock zum Blindholz für wertvolle Möbelstücke. Erst bei den Möbeln der Gründerzeit kann man wieder eine gewisse Schwäche für Eichenholz erkennen. Als Furnierholz hatte es praktisch keine Bedeutung.

Das außerordentlich dauerhafte, harte Holz ist nicht leicht zu bearbeiten und aufgrund seiner Großporigkeit nicht polierbar. Der Splint des Baumes findet keine Verwendung. Eichenholz schwindet wenig.

Birnbaum

Gegenüber Nuß- und Kirschbaumholz tritt der Birnbaum in seiner Verwendung als Möbelholz deutlich in den Hintergrund. Es hat aber wiederum das sehr ähnliche, aber doch etwas "fadere" Apfelbaumholz nicht aufkommen lassen.

Meist wird das Holz gedämpft. Es bekommt dadurch eine leicht rötliche gleichmäßige Färbung. Seine Eigenschaft, sich sehr gut färben und beizen zu lassen, hat dazu geführt, daß es vielfach als Imitation anderer Hölzer (Ebenholz!) vorwiegend in Marketerien verwendet wurde. Als Massivholz findet es sich oft bei bäuerlichen Möbeln und bei Schnitzereien.

Das harte Holz ist sehr feinfaserig, mit glatter aber matter Oberfläche, sehr gut zu bearbeiten und zu polieren. Es schwindet stark, ebenso wie Apfelbaum.

Buche (Rotbuche)

Obwohl das Holz dieses fast über ganz Europa verbreiteten Baumes sehr gute Eigenschaften hat, erfreute es sich im Möbelbau keiner sonderlichen Beliebtheit. Vielleicht liegt das an seinem hohen Schwindmaß und der daraus resultierenden Neigung zu Verzug und Rißbildung, möglicherweise aber auch an seinem nicht sehr dekorativen Aussehen.

Ganz selten findet man Buchenholz bei Marketerien, häufiger dagegen wurde es für Sitzmöbel verarbeitet, die dann vergoldet (Louis-quinze) oder weiß gestrichen (Louis-seize) wurden. Später im 19. Jahrhundert wurde es auch zur Nußbaum-Imitation herangezogen, denn es läßt sich gut beizen.

Die Entdeckung seiner Eigenschaft, sich beim Dämpfen fast beliebig biegen zu lassen und nach dem Erkalten in der gebogenen Form zu bleiben, führte zu den bekannten Bugholzmöbeln, von denen einzelne Modelle inzwischen Millionenauflagen erreichten.

Das harte dichte Holz ist gut zu bearbeiten und zu polieren, aber anfällig gegen Insektenbefall.

Birke

Die häufigste Verwendung von Birkenholz im Möbelbau finden wir in der ersten Hälfte des 19. Jahrhunderts mit seiner Vorliebe für helle Hölzer.

Es wird sowohl als Furnier als auch als Massivholz verarbeitet. Vielfach sind auch Schubladenwände und -böden von Biedermeiermöbeln aus Birke.

Das helle Holz ist halbhart, schwindet und arbeitet stark. Seine Eigenschaft, Beize gut anzunehmen, führte zur Verwendung als Imitation von edleren und teureren Hölzern. Aus solchen Flächen ist bei der Restaurierung die Beize fast nicht herauszubringen. Auch für gedrechselte Bauteile erfreute sich das Birkenholz großer Beliebtheit.

Tanne

Die Hölzer von Rottanne (besser: Fichte) und Weißtanne sind zum Verwechseln ähnlich. Auch über die interessierenden Eigenschaften läßt sich für beide Hölzer praktisch das gleiche sagen. Als Unterscheidungsmerkmal findet man im Holz der Fichte feine Harzkanäle und Harzgallen, bei dem der Weißtanne hingegen nicht.

Im Möbelbau fand Tanne vorwiegend als Blindholz, für Schubladenkästen, Böden und Rückwände Verwendung. In ländlichen Gegenden — bei den heute so beliebten Bauernmöbeln — war es neben anderen Nadelholzarten das am meisten, und zwar ohne Furnierung, verwendete Möbelholz.

Das weiche Holz kann je nach Standort des Baumes eine weißgelbe bis rötliche Färbung haben. Es ist gut zu bearbeiten, aber nicht zu polieren und schwindet wenig.

Esche

Bereits in der Renaissance war die lebhafte ungarische Eschenmaser (Blumenmaser) sehr geschätzt und wurde vorwiegend zur Auskleidung von Bogen- und Pilasterfüllungen verwendet. Später verliert das Eschenholz im Möbelbau an Bedeutung, um dann bei den hellen Möbeln des 19. Jahrhunderts wieder einige Verwendung zu finden.

Das helle, harte Holz — es hat in seiner Struktur etwas Ähnlichkeit mit Eichenholz — zeichnet sich durch hohe Elastizität aus.

Zitronenholz (Seidenholz)

Es gibt Ostindisches und Afrikanisches Zitronenholz. Auch das Satinholz wird unter diesem Namen gehandelt. Ihren Namen haben diese Hölzer nicht wegen ihrer Abstammung vom Zitronenbaum, sondern wegen ihrer zitronengelben Färbung. Die verschiedenen Zitronenhölzer wurden als Furniere für Marketerien vorwiegend im ausgehenden 18. und im 19. Jahrhundert verwendet. Sehr häufig findet es sich bei klassizistischen Möbeln englischer Provenienz.

Das sehr harte Holz hat eine seidig glänzende Oberfläche, ist sehr hart, spröde und schwer zu bearbeiten. Es läßt sich vorzüglich polieren.

Echtes (Kuba-) Mahagoni

Es ist heute üblich geworden, zwei mittelamerikanische Sortengruppen als echtes Mahagoni zu bezeichnen:

Kuba-Mahagoni (auch Westindisches, Blumen- oder Pyramiden-Mahagoni genannt).

Honduras-Mahagoni (auch Peru-, Guatemala- oder Mexico-Mahagoni genannt).

Erst etwa nach 1725 beginnt Mahagoni allmählich im Möbelbau Europas Einzug zu halten, ohne sich jedoch vorerst durchzusetzen. Im späteren Louis-seize und im Empire war es dann das bevorzugte Holz. Während es in Mitteleuropa fast nur als Furnierholz Verwendung fand, wurde es in England vorwiegend als Massivholz zu Möbeln verarbeitet.

Das Holz ist mittelmäßig hart, mit gleichmäßiger Struktur. Je nach Stammteil und Schnitt erscheint das Holz geflammt, geblumt oder pyramidenartig gezeichnet. Es ist gut zu bearbeiten und zu polieren, weitgehend immun gegen Insektenbefall und soll das niedrigste Schwindmaß aller Hölzer haben.

Ein einfaches Unterscheidungsmerkmal ist, daß echtes Mahagoni beim Anfeuchten, Lackieren oder Polieren stark nachdunkelt, Sapeli hingegen nicht.

Unechtes Mahagoni (Sapeli)

Unter der Vielfalt der heute als Ersatz für echtes Mahagoni gehandelten Hölzer sei hier nur der afrikanische Sapeli-Mahagoni erwähnt. Bei antiken Möbeln ist er nicht zu fin-

Bild 2. Nußbaum, hell

Bild 3. Nußbaum, mittel

Bild 4. Nußbaum, dunkel

Bild 5. Nußbaum, Maser

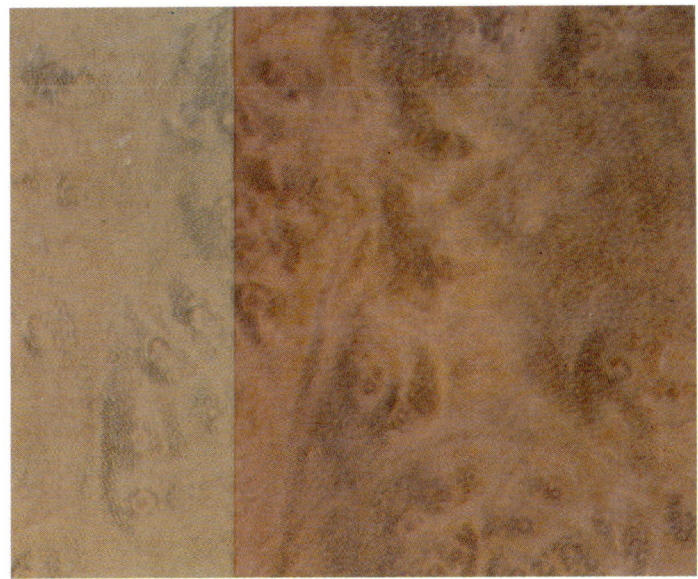

Bild 6. Nußbaumwurzel, hell

Bild 7. Nußbaumwurzel, dunkel

13

Bild 8. Kirschbaum, hell

Bild 9. Kirschbaum, dunkel

Bild 10. Bergahorn

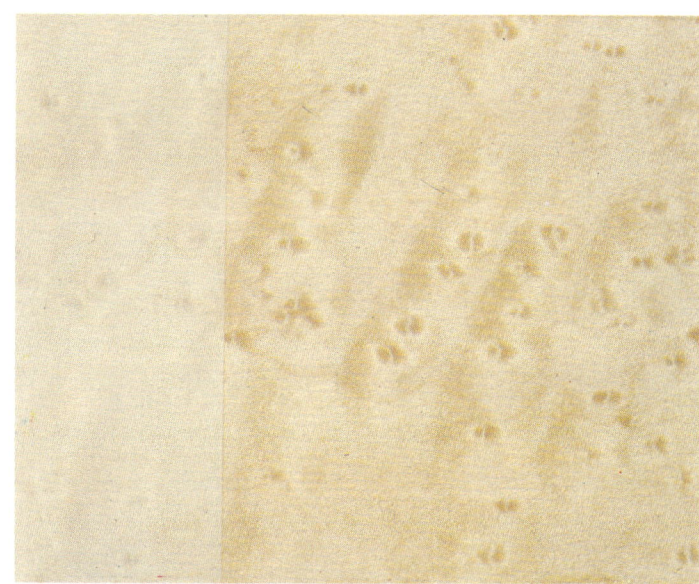

Bild 11. Vogelaugenahorn

Bild 12. Birnbaum

Bild 13. Eiche

Bild 14. Buche

Bild 15. Birke

Bild 16. Tanne

Bild 17. Esche

Bild 18. Ostindisches Zitronenholz

Bild 19. Afrikanisches Zitronenholz

15

Bild 20. Kuba-Mahagoni

Bild 21. Unechtes Mahagoni

Bild 22. Rio-Palisander

Bild 23. Asiatischer Palisander

Bild 24. Rosenholz

Bild 25. Violettholz

16

den, wird jedoch heute neben anderen (unechten) Mahagonisorten viel für Nachahmungen verwendet. Leider kommen diese Sorten niemals an die guten Eigenschaften und an die Schönheit des nicht mehr erhältlichen Kuba- bzw. Westindischen Mahagoni heran.

Palisander (Königsholz)

Die wertvollste aller Palisandersorten ist der aus Mittelbrasilien kommende Rio-Palisander. Er war vorwiegend im 18. und auch im 19. Jahrhundert ein hochgeschätztes Furnierholz und wurde meist für Marketerien von Luxusmöbeln verwendet.

Das schokoladebraun bis hellbraun, manchmal ins Violette schimmernde Kernholz ist deutlich vom hellen Splintholz abgesetzt. Es ist ziemlich hart, hat eine feine Struktur, ist aber wegen seiner Sprödigkeit etwas schwierig zu bearbeiten. Palisander läßt sich gut schleifen und vorzüglich polieren. Das Holz schwindet fast gar nicht, seine Oberfläche fühlt sich wachsartig an.

Rosenholz

Daß verschiedene tropische Holzarten — ebenso wie Mahagoni — unter der Bezeichnung Rosenholz geführt werden, gibt immer wieder zu Mißverständnissen Anlaß. Das echte Rosenholz wird aus Südamerika eingeführt und gilt als wertvollstes und schönstes Möbelholz. Es ist vorwiegend in Marketerien bei teuren französischen Möbeln des 18. Jahrhunderts zu finden, ferner bei Kopien von Louis-quinze-Möbeln aus der Zeit des zweiten Kaiserreiches.

Das rosa-karminrot-gelb gestreifte Holz verliert bei Lichteinwirkung allmählich die Leuchtkraft seiner Farben. Das harte, spröde Holz ist relativ schwer zu bearbeiten, läßt sich aber ausgezeichnet polieren.

Verwechslungen treten oft bei Übersetzungen aus dem Englischen auf. Englisch „rosewood" ist Palisander. Rosenholz heißt auf Englisch tulip-wood.

Violettholz (Amarantholz)

Das Holz stammt aus Mittel- und Südamerika. Seine schönen Furniere werden wie die des Rosenholzes verwendet, mit dem es auch die führenden Meister des 18. Jahrhunderts zu den schönsten Möbeln kombinierten.

Das Holz hat eine grau-braune metallisch schimmernde Streifung und nimmt beim Nachdunkeln eine violette Färbung an. Es ist sehr hart, hat ein dichtes, aber sprödes Gefüge und ist schwer zu bearbeiten. Es läßt sich ausgezeichnet polieren.

Quellen und Schwinden

Holz, auch ganz altes, nimmt aus seiner Umgebung Feuchtigkeit auf und gibt sie wieder ab. Da die Zimmerluft je nach Wärme und Jahreszeit ihre Feuchte ändert, ist das Holz dauernd diesem Austausch unterworfen. Beim Trocknen werden die Holzfasern dünner und auch etwas kürzer: das Holz schwindet. Umgekehrt quillt es bei der Aufnahme von Feuchtigkeit und zwar jeweils nach Länge, Breite und Dicke. Dieses Schwindmaß (auch „Schwindung" oder „Schwund") ist je nach Holzart, vor allem aber je nach Holzrichtung verschieden:

in Faserrichtung	0,1 bis 1 Prozent,	Mittel 0,3%
radial zum Stamm	2,0 bis 12 Prozent,	Mittel 5%
tangential zum Stamm	4,0 bis 15 Prozent,	Mittel 10%

Sie sehen, quer zu den Jahresringen ist der Schwund am größten, in Wuchsrichtung am kleinsten, vgl. Bild 26, 27.

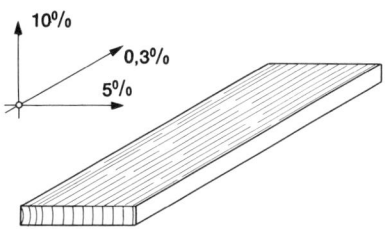

Bild 26. Durchschnittliche Schwindmaße bei einem Brett mit stehenden Jahresringen (Radialschnitt)

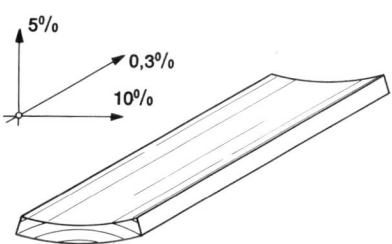

Bild 27. Durchschnittliche Schwindmaße und Verzug bei einem Brett mit liegenden Jahresringen (Tangentialschnitt)

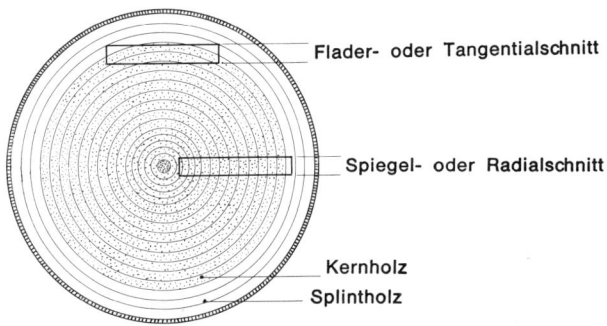

Bild 28. Quer- und Hirnschnitt durch den Stamm. Beim Radialschnitt entsteht ein Herzbrett, beim Tangentialschnitt ein Seitenbrett.

Das Schwinden beim Trocknen, zumal des frisch geschlagenen Stammes oder der Bretter, führt zu (Schwund-) Rissen. Weil die Holzfasern meist etwas schräg zum Brett verlaufen, bewirkt das Quellen und Schwinden, daß die Hölzer sich verziehen, krumm oder windschief werden. Kurz gesagt: Holz arbeitet, und das kann zu erheblichen Schäden auch an fertigen Möbeln führen.

Generationen von Schreinern haben sich mit dieser Grundeigenschaft des Holzes auseinandergesetzt und immer neue Konstruktionen erdacht, um das Quellen und Schwinden zu überspielen. Erst als man gelernt hatte, Hölzer über Kreuz schichtweise zu Sperrholz zu verleimen, war ein grundlegender Fortschritt erzielt worden. Die Span- und Faserplatten von heute arbeiten noch weniger oder (um in der Tischlersprache zu reden) sie "stehen" noch besser.

Alte Möbel sind jedoch meist so konstruiert, daß ihr Holz nicht spannungsfrei arbeiten kann. Und hiergegen wirksame und zugleich auch realisierbare Maßnahmen zu empfehlen, ist außerordentlich schwierig. Sicherlich wäre es das beste, die Möbel in einen Raum mit konstanter Temperatur und gleichbleibender, der Temperatur angepaßter Luftfeuchte zu halten. Aber solche vollklimatisierten Räume können sich kaum Museen leisten. Einen Schritt in diese Richtung können aber auch Sie tun: Schützen Sie Ihre Möbel vor Sonnenbestrahlung und gegen Zugluft, überheizen Sie die Räume nicht und benützen Sie möglichst wirksame Luftbefeuchter. Auch Grünpflanzen tragen zur Befeuchtung der Luft bei. Am besten stellen Sie furnierte Möbel nicht in die Nähe von Heizkörpern.

Alle diese Maßnahmen mildern die Beanspruchung durch die winterliche Trockenheit der Luft, können sie aber nicht wettmachen. Ein Kubikmeter Außenluft mittlerer Feuchtigkeit enthält im Sommer etwa 8 g Wasser, im Winter bei 0° C noch keine 2 g. Wenn ein Raum also 50 cbm Luft enthält und diese nur einmal stündlich gewechselt wird, ergibt das einen recht beachtlichen Wasserbedarf von 300 g/Stunde oder 7 l/Tag!

Starkes Lüften im Winter bringt also nicht etwa Feuchtigkeit in den Raum, sondern erhöht das Austrocknen (die Winterluft erscheint nur so lange "feucht", wie sie kalt ist; beim Aufheizen wird sie sehr trocken).

Alle diese Schwindungsschäden an Möbeln, das Verziehen und Reißen, wären zumindest zum Teil vermieden worden, wenn die alten Meister mehr auf geeignete Materialauswahl und zweckmäßige Konstruktionen geachtet hätten. Aber auch damals schon diktierte vielfach Sparsamkeit und Mode das Was und Wie.

Mit "geeigneter Materialwahl" meine ich die ausschließliche Verwendung von Holz mit niedrigem Schwindmaß und von Brettern aus dem Radialschnitt des Stammes (Kernbretter). Das sind Bretter, die schon von sich aus gut "stehen", sie bleiben eben und verziehen sich nicht. Wirtschaftliche Überlegungen stehen dagegen: Es wäre viel zu teuer gekommen, für das Blindholz eines Möbels Mahagoni zu nehmen, das das geringste Schwindmaß hat (Blindholz nennt man die "unsichtbaren" Teile eines Möbels, die innen liegen oder später überfurniert werden.) Und zum anderen kann man die Seitenbretter eines Stammes ja nicht fortwerfen!

Für die Konstruktion gibt es zwei Wege. Entweder man arbeitet Möbelwände, Türen oder Platten nach dem Prinzip von Rahmen und Füllung (Bild 30), einer schon seit der Gotik angewandten Konstruktion. Dabei behalten die Längsholz-Rahmen die äußeren Dimensionen, während in der Fläche die verschieblich eingesetzte Füllung arbeiten kann. Oder aber man verhindert das Arbeiten der Flächen durch symmetrisch außen und innen flächig aufgeleimte "Absperr-Furniere", deren Fasern im rechten Winkel zur Trägerplatte verlaufen. Das ist eine Entwicklung aus der zweiten Hälfte des 19. Jahrhunderts. Da vorher weder die großflächigen Furniere noch die Verleimpressen zur Verfügung standen, ein glattflächiges Empire-Möbel aber nicht gut in Rahmen und Füllung gearbeitet werden konnte, waren Kompromisse unvermeidlich.

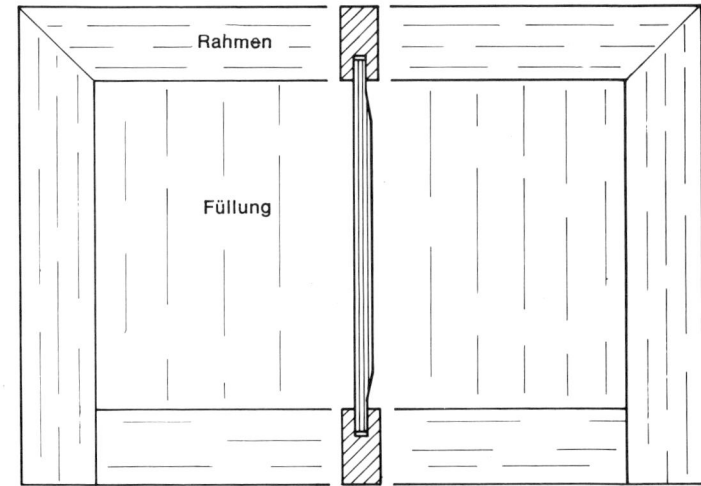

Bild 29. Beispiel eines elektrischen Wasserverdunsters. Dieses Modell hat eine einstellbare Leistung.

Bild 30. Bei der Aufteilung einer Fläche in Rahmen und Füllung können die Füllbretter in den Nuten der Rahmenhölzer arbeiten.

Rahmen

Füllung

Einschichtig und vor allem einseitig furnierte Massivholzplatten aber neigen erst recht zum Verziehen. Ob man Flächen im Rahmen einer Restaurierung auch auf der Innenseite furnieren darf, ist eine Frage, die ich nicht zu beantworten wage. Technisch wäre so etwas sicher realisierbar; aber es ist andererseits ein so tiefgehender Eingriff, daß man ihn wohl allenfalls in besonderen Ausnahmefällen gutheißen kann.

Es ist jedoch sicher nichts dagegen einzuwenden, wenn man auf die Rückseite einer verzogenen Platte einige kräftige Leisten quer leimt (Bild 238). Theoretisch mag auch das keine absolut einwandfreie Lösung sein. Denn die Leisten haben nicht die gleiche sperrende Wirkung auf das Blindholz wie das Furnier außen. Durch diese „unsymmetrische" Konstruktion können beim Quellen und Schwinden neue Spannungen entstehen, können wieder Verzug und kleine Risse die Folge sein.

Manchmal kommt mir das ganze wie der Kampf des Herakles gegen die Hydra vor. Da kann man ein Möbel noch so sorgfältig restaurieren, die Außen- und Innenflächen gewissenhaft mit Politur und Lack verschließen und muß nach zwei, drei Heizperioden wieder neue Risse im Möbel entdecken! Aber Holz ist eben ein lebendiger Werkstoff. Das macht ja auch seinen Reiz aus.

Holzschädlinge

Beim Holz alter Möbel erscheint in diesem Zusammenhang nur der Insektenbefall nennenswert. Es handelt sich um den volkstümlich als „Holzwurm" bezeichneten Klopfkäfer und seine Larve. Sie befallen mit Vorliebe feuchtes Holz, Splintholz und abgestellte, nicht benützte Möbel. Manche Hölzer wie z. B. Buche werden bevorzugt, andere wiederum gemieden wie z. B. Mahagoni. Im Gebrauch stehende Möbel, die täglich benützt werden, bleiben vom Holzwurm weitgehend verschont. Offenbar schätzt er Ruhe für sein Zerstörungswerk. Auch werden Möbel in geheizten trockenen Räumen weniger angegriffen als kühler (und damit feuchter) stehende.

Vorwiegend verantwortlich für die Zerstörung ist die Larve, die sich nach dem Schlüpfen aus dem Ei für 1 bis 3 Jahre unter Schonung der Oberfläche durch das Holz frißt und die sog. „Fraßgänge" hinterläßt. Nach dem Zwischenstadium als Puppe erscheint der Käfer, der sich an die Oberfläche bohrt und die bekannten kreisrunden Löcher von 1,5 bis 2,0 mm Durchmesser hinterläßt, die „Schlupf"- oder „Fluglöcher". Leider hat er noch die Unsitte, vor dem Wegfliegen seine Eier in das gleiche Stück abzulegen. (Paarung und Eiablage Mai bis Juli).

So begehrt nun die Fluglöcher bei manchen Möbeln als „Echtheitsbeweise" sein mögen, die Zerstörung im Innern des Holzes geht manchmal soweit, daß ganze Teile unbrauchbar werden und ersetzt werden müssen. Angeschnittene Fraßgänge sind übrigens mehr ein Zeichen dafür, daß

Bild 31. Der als Holzwurm bezeichnete Klopfkäfer ist als ausgewachsenes Insekt 3 bis 5 mm lang.

schon vom Holzwurm befallenes Holz verwendet wurde; so ein Brett hat ein guter Schreiner auch früher nicht für die Schauseite verwendet, allenfalls im Inneren oder als Blindholz.

Die wirksamste, freilich auch umständlichste Bekämpfung des Holzwurmes ist, das ganze Möbel in eine Vergasungsanstalt zu bringen und dort behandeln zu lassen. Erfolg bringen aber auch verschiedene Bekämpfungsmittel, die in der Drogerie erhältlich sind und die man in die Fluglöcher einspritzt oder auf die Flächen aufpinselt. Für sinnvoll halte ich eine solche Behandlung jedoch nur bei Möbeln, die vom Holzwurm wirklich schon befallen sind. Als vorbeugende Maßnahme ist es besser, das Möbel zu benützen. Außerdem scheinen vom Holzwurm „bewohnte" Möbel immer seltener zu werden. Die eigene Beobachtung zeigt (von anderer Seite bestätigt), daß er in unseren Wohnungen langsam ausstirbt. Ich weiß nicht, liegt es an der Luftverschmutzung oder an der übermäßigen Anwendung chemischer Mittel. Maikäfer sind ja auch rar geworden.

Es ist nicht so einfach festzustellen, ob der Holzwurm in einem Möbel sein Unwesen treibt, oder ob es „sauber" ist. Im Zweifel stellt man das außen und innen gereinigte Stück für einige Wochen in einen ruhigen, unbenützten Raum. Entdeckt man nach zwei, drei Wochen darunter oder innen ausgerieseltes Holzmehl (meist sind es kleine Häufchen), dann ist der Wurm im Holz.

Furnier, Intarsie und Marketerie

Furnierung

Edle, schön gezeichnete Hölzer waren immer gesucht und entsprechend teuer. Um aus Wenigem möglichst viel zu machen, zerteilt man den Stamm in ganz dünne Scheiben, in Furniere, und leimt diese auf die Unterkonstruktion, das Blindholz. Dekorativ furnierte Partien, z. B. in Türfüllungen, finden sich in bescheidenem Maß schon bei einzelnen Möbeln der Spätgotik. Im 18. Jahrhundert erreichte die Furniertechnik ihren Höhepunkt. Eine besonders im Biedermeier beliebte Technik war es, gleichartig gezeichnete Furnierblätter symmetrisch zusammenzusetzen und so schöne Effekte zu erzielen. Bild 32 zeigt eine Tischplatte mit solch einer, in Kreuzfuge zusammengesetzten Furnierung.

Nach ihrem Herstellungsverfahren unterscheidet man
— gesägte Furniere,
— gemesserte Furniere und
— geschälte Furniere.

Sägefurnier

Dies ist das älteste Verfahren. Bis in die Mitte des 19. Jahrhunderts wurden die Furniere vorwiegend mit der Hand gesägt. Heute zerlegen Gattersägen, ähnlich wie bei der Bretterherstellung, den zugerichteten Baumstamm in Furnierblätter. Sie sind 1 bis 3 mm dick, für besondere Zwecke auch dicker. Wegen des vielen Abfalls beim Sägeschnitt und die verhältnismäßig geringe Schnittgeschwindigkeit ist dieses Verfahren kostspielig. Es hat aber den Vorteil, daß das Holz nicht vorbehandelt werden muß und die Furniere keine Risse bekommen.

Messerfurnier

Zum Messern wird der zugerichtete Klotz fest eingespannt; ein hin und hergehendes Messer trennt, ähnlich einem großen Hobel, Blatt für Blatt ab (Bild 34). Das geht schnell und ohne Abfall. Das Holz bedarf aber einer langwierigen Vorbehandlung: Die entrindeten Stämme werden halbiert oder zu Vierkantblöcken geschnitten und anschließend mehrere Stunden oder Tage gedämpft, gewässert oder ge-

kocht, damit das Holz gemessert werden kann ohne zu reißen. Messerfurniere sind im allgemeinen 0,6 bis 1,0 mm dick; einzelne Werke messern Edelholzfurniere bis 3 mm Stärke und mehr. In Deutschland soll die erste Messermaschine 1871 gearbeitet haben.

Beim Hochbiegen des Furnierblattes beim Messern entstehen an seiner Unterseite Bruchrisse. Man legt diese Seite deshalb beim Furnieren nach innen. Werden Furniere aber „gestürzt", also spiegelbildlich zusammengefügt, so ist es unvermeidlich, daß die eine Hälfte solche Bruchrisse zeigt. Das führt beim Beizen oder Polieren zu Farbunterschieden, denn die gebrochene Seite nimmt mehr Farbe bzw. Politur auf als die andere.

Rundgeschältes Furnier

Auch hier muß der Holzstamm wie beim Messern vorbehandelt werden. Nach dem Weichen wird er in eine drehbankähnliche Maschine eingespannt und rotierend gegen ein stehendes Messer gedrückt (Bild 35). Es entsteht ein durchgehendes Furnierband, dessen Innenseite — ähnlich wie beim Messerfurnier — Schälrisse aufweist. Weil der Schnitt tangential, parallel zu den Jahresringen geführt wird, sind Schälfurniere lebhaft „gefladert". Messer- und Schälfurniere sind im allgemeinen dünner als Sägefurniere, ohne großen Schnittverlust herzustellen und deshalb preiswerter.

Radialgeschältes Furnier

Dieses Verfahren läßt sich mit dem Spitzen eines Bleistifts vergleichen. Es liefert runde Blätter mit einer sich wiederholenden, zentrischen Zeichnung. Sie werden vorwiegend zum Furnieren von Tischplatten verwendet.

Je nach dem Stammteil, der zu Furnier verarbeitet wird (Bild 36), spricht man von

Streifenfurnier

Es sind Messer- oder Sägefurniere aus der mittleren Partie des Stammes. Die Jahresringe stehen fast senkrecht und

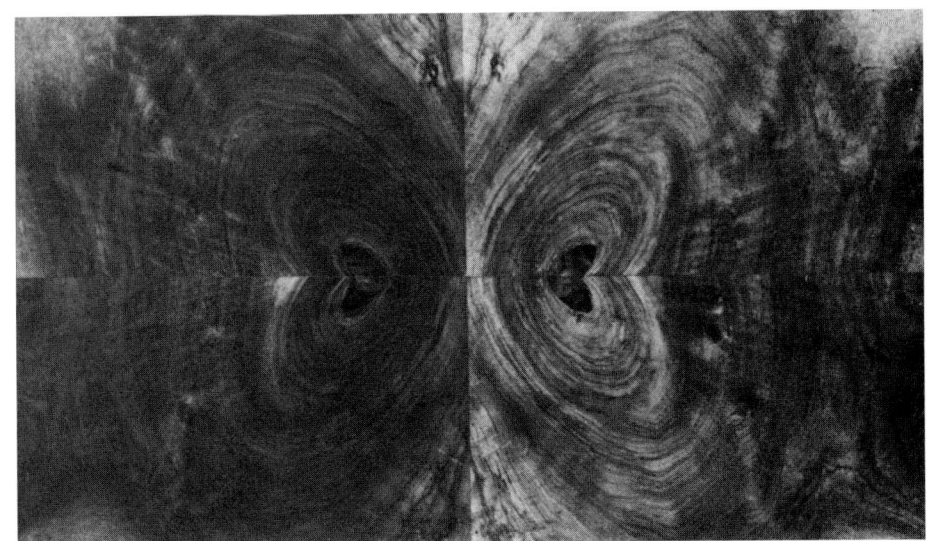

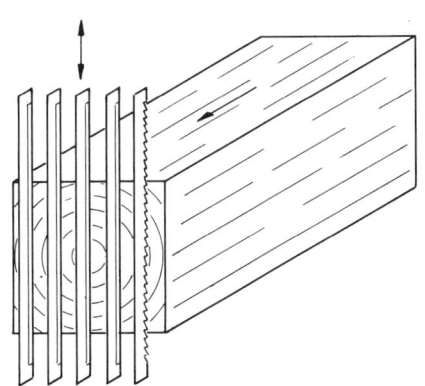

Bild 33. Herstellung von Sägefurnier, schematisch

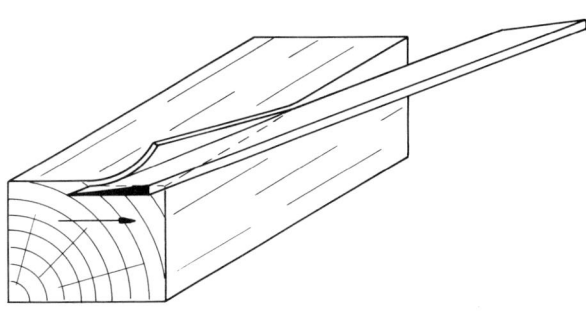

Bild 34. Herstellung von Messerfurnier, schematisch

bilden sich als parallele Linien oder Streifen an der Oberfläche ab.

Fladerfurnier

Dies sind vorwiegend gemesserte Furniere aus dem äußeren Teil des Stammes. Die Jahresringe sind tangential angeschnitten und ergeben ein entsprechend bewegtes Bild.

Maserfurnier

Es wird aus Stammteilen gesägt oder gemessert, in denen das Holz starke Verwachsungen zeigt. Die Ursache können krankhafte Wucherungen, überwachsene kleine Äste oder der Wurzelansatz sein.

Wurzelfurnier

Es wird aus dem Wurzelstock eines Baumes gewonnen, zeigt eine sehr lebhafte Musterung und ist wegen seines dichten Gefüges gut zu polieren.

Hirnholzfurnier

Hier sägt man dünne Scheiben quer zum Stamm ab, ähnlich wie man eine Scheibe Wurst abschneidet. Hirnholzfurniere sind schwierig zu verarbeiten, sie neigen sehr zum Reißen, sind schlecht zu verleimen und werden daher nur selten verwendet.

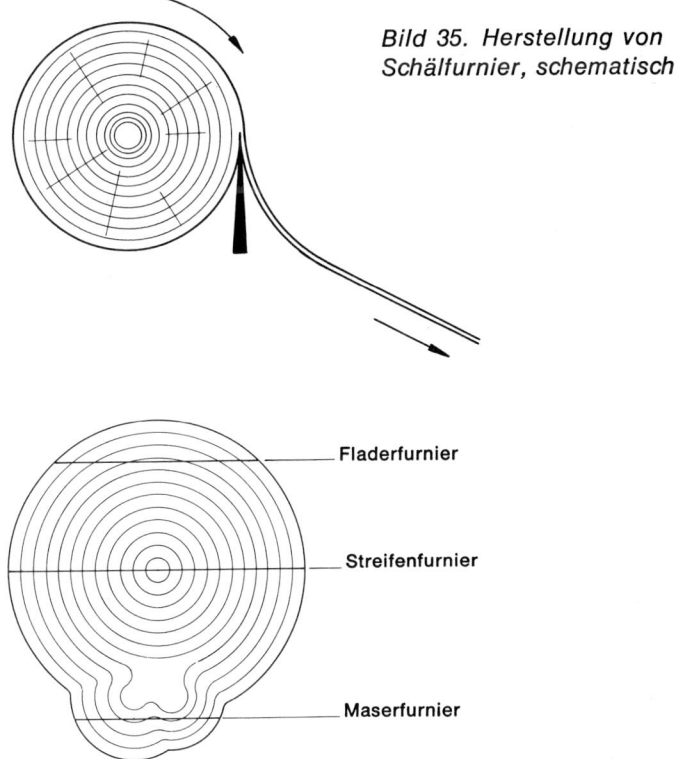

Bild 35. Herstellung von Schälfurnier, schematisch

Fladerfurnier

Streifenfurnier

Maserfurnier

Bild 36. Je nach ihrer Lage im Stamm werden die Furniere verschieden bezeichnet.

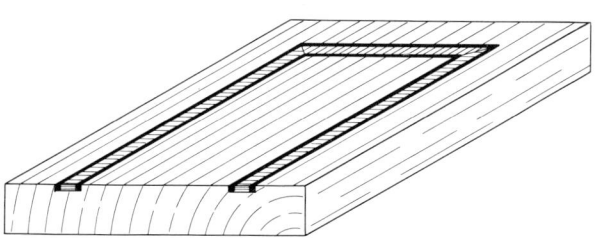

Bild 37. Bei der Intarsie ist das Ornament (Furnier) in das massive Möbelholz eingelegt.

Intarsien

Diese Ziertechnik kam in der Renaissance zur Hochblüte, verlor in den späteren Stilperioden jedoch allmählich an Bedeutung und wurde von der Marketerie verdrängt, die bei weniger Fertigungsaufwand mehr gestalterische Möglichkeiten bietet.

Die Intarsie ist eine Einlegearbeit (Bild 37). Das heißt, man sägt das gewünschte Muster oder Ornament aus einer relativ dicken Furnierplatte aus, legt es auf die zu schmückende Möbelfläche und zeichnet seine Konturen nach. Dann wird aus dem Vollholz eine entsprechende Vertiefung ausgestemmt und das ausgesägte Furnierstück eingeleimt und beigeschliffen. Neben andersfarbigen Hölzern wurden für Intarsien auch vielfach Metallbleche, Perlmutt, Schildpatt und Bein verwendet.

Marketerie

Im Gegensatz zu der in das massive Holz eingelegten Intarsie bedeckt die Marketerie die ganze Möbelfläche, ist also eine aus vielen Einzelstücken zusammengefügte Furnierung (Bild 38). Dazu sägt man das Ornament oder das Bild aus verschiedenfarbigen Furnieren aus und klebt es zusammengesetzt auf einen Papierbogen (heute kann man dazu Klebestreifen nehmen). Mit dem Papier nach oben wird die Marketerie auf das Blindholz geleimt. Nach dem Trocknen wird das Papier feucht abgezogen oder abgeschliffen.

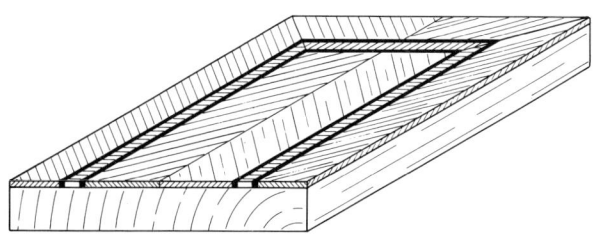

Bild 38. Bei der Marketerie liegt das Schmuckfurnier als durchgehende aufgeleimte Fläche auf dem Blindholz.

Auch diese Technik entwickelte sich in der Renaissance. Sie wurde zur beherrschenden Methode der Flachornamentierung durch alle Stilperioden (Flachornament im Gegensatz zur plastisch gearbeiteten Schnitzerei oder Drechslerarbeit). Man sollte, nicht zuletzt um Mißverständnisse zu vermeiden, die Begriffe „Intarsie" und „Marketerie" auseinanderhalten: Der überwiegende Teil der historischen Möbel ist nicht intarsiert (also: eingelegt), sondern marketiert.

Wo von Marketerie die Rede ist, darf der Name von André-Charles Boulle (1642—1732) nicht fehlen. Boulle war „Ebéniste du Roy", königlicher Kunsttischler, in Paris zur Zeit Louis XIV, des Sonnenkönigs. Er hat die Marketerie nicht erfunden, sondern sie unter Verwendung von Metallen, Perlmutt, Schildpatt, Elfenbein und natürlich auch von edlen Hölzern zur höchsten, später nicht mehr erreichten Vollkommenheit und Kunstfertigkeit entwickelt. Eine spezielle Herstellungsmethode allerdings wird ihm zugeschrieben, die Boulle-Technik: Dazu leimt man zwei (oder mehrere) kontrastierende Furnierplatten aufeinander und sägt das aufgezeichnete Muster „en bloc" aus. Unter Wasser wird die Verleimung wieder gelöst, und nun kann die dunkle Rose in den hellen Hintergrund eingesetzt werden, wie es mein dilettantisches Beispiel zeigt (Bild 39). Dies nennt man „premier effet" oder „Boulle". Setzt man umgekehrt die helle Rose in das dunkle Feld, ergibt sich der „deuxième effet" oder „Contre Boulle".

Bild 39. Bei der Boulle-Technik werden verschiedenfarbige Furniere zusammen in den gleichen Formen ausgesägt und dann kontrastierend ineinander gefügt.

Aus der unendlichen Vielfalt der Marketeriearbeiten seien einige Beispiele gezeigt:

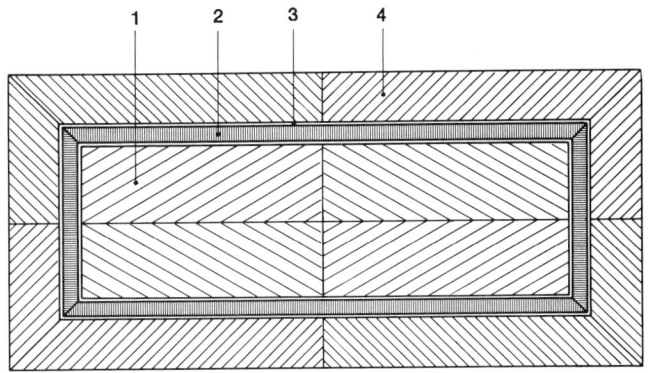

1 In Kreuzfuge symmetrisch zusammengesetzte Füllung
2 Gerades querfurniertes Band
3 Bandeinfassung durch Filets (schmale Furnierstreifen)
4 Einrahmung durch Federfries

Bild 40. Beliebtes einfaches Muster, das vorwiegend für Schubladenfronten und rechteckige Flächen verwendet wird.

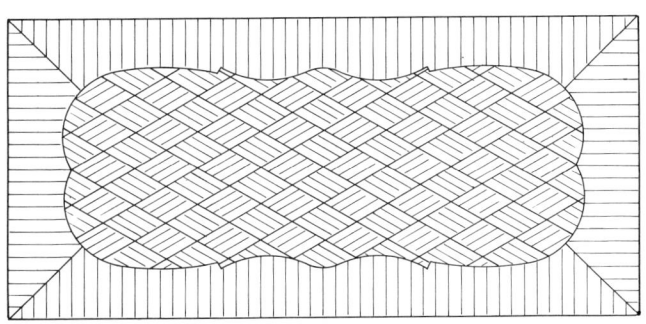

Bild 41. Geschweifte Füllung mit Rautenmarketerie, Friese querfurniert

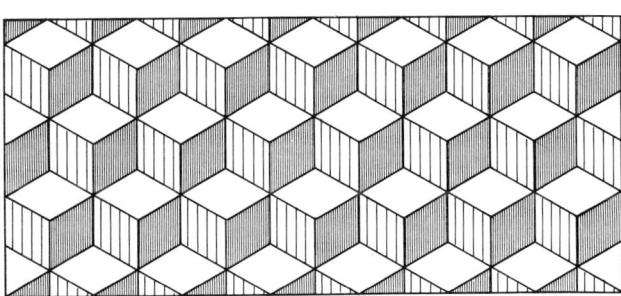

Bild 42. Würfelmarketerie. Durch die Verwendung von Holz in drei verschiedenen Tönen wird ein starker plastischer Effekt erzielt.

Bild 43. Gitterwerk-Marketerie ist in den verschiedensten Variationen zu finden.

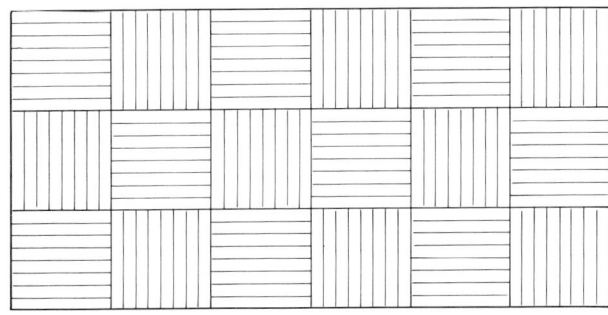

Bild 44. Karo- oder Parkett-Marketerie

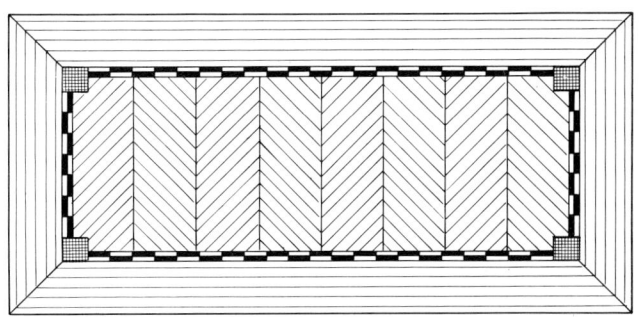

Bild 45. Füllung mit Fischgrätmuster, längsgefriest, eingefaßt mit abgesetztem Band

Bild 46. Blumen-Marketerie (nach Auktionskatalog der Firma Koller, Zürich)

Bild 47. Bildmarketerie. Dargestellt werden Landschaften, Städteansichten und Ruinenlandschaften; auch Menschen und Tiere. Häufig bei Möbeln der italienischen Renaissance.

Bild 55. Laufender Hund

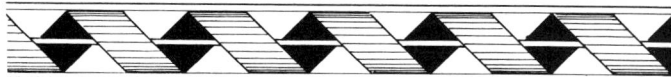

Bild 56. Gewundenes Band

Bild 57. Zinnenband

Bild 48. Einfaches Band

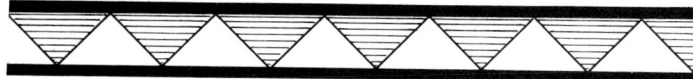

Bild 49. Zickzack-Band

Bild 50. Rautenband

Bild 51. Mäanderband

Bild 52. Mäanderband

Bild 53. Mäanderband

Bild 54. Wellenmäander

Bauteile, Konstruktionsprinzipien und Möbeltypen

Bauteile

Im Möbelbau und in der Kunstgeschichte gibt es eine ganze Reihe von Fachausdrücken, die dem Laien zunächst wenig oder gar nichts sagen. Solche „Fachsprachen" sind aber notwendig, um bestimmte Sachverhalte möglichst präzise ansprechen zu können; sie haben nichts mit Geheimnistuerei zu schaffen. Im folgenden sollen die häufigsten Bezeichnungen solcher Art kurz erläutert werden.

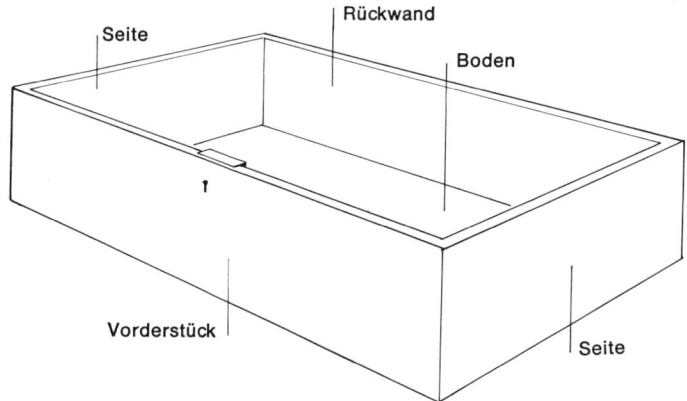

Bild 59. Die Teile einer Schublade

1 Platte oder Blatt
2 Seitenwand
3 Rückwand
4 Traverse (Verbindungsstück der beiden Seiten)
5 Lisene (senkrechter flacher Bauteil zur Verstärkung oder Gliederung des Möbels; wenn pfostenförmig: Stollen)
6 Sockelleiste
7 Schubladenführung. Seitliche Führungsleiste: Streichleiste. Vertikale Führungsleiste: Laufleiste. Dient gleichzeitig meist auch als Kippleiste, d. h. sie verhindert das Kippen der darunter liegenden herausgezogenen Lade.
8 Schublade, Lade
9 Nachträglich eingesetzte Seitenwand-Verstärkung

Bild 58. Die Bauteile einer Kommode

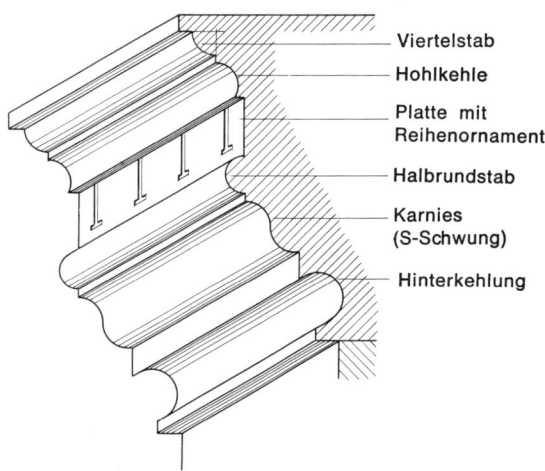

Bild 60. Die Bezeichnungen der verschiedenen Profilformen. Die hier gezeigte Komposition ist willkürlich.

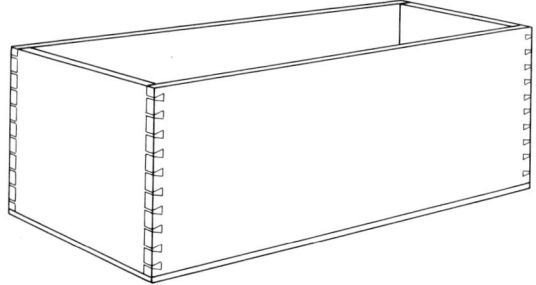

Bild 61. Brettbau. Die Einzelteile des Möbels bestehen aus verleimten oder unverleimten Brettern. Die Eckverbindung erfolgt durch Zinken, Dübel oder Nut und Feder.

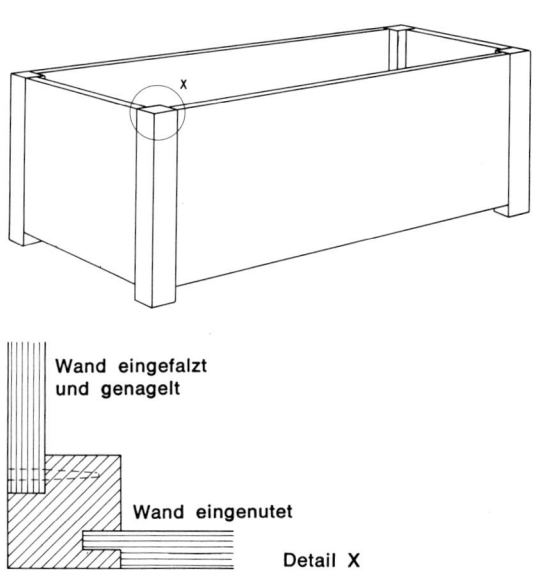

Bild 62. Stollenbau. Hier sind die Wände nicht aneinander, sondern an senkrechten Pfosten befestigt, die gleichzeitig meist auch die Möbelfüße bilden. Das gleiche Prinzip wird auch bei Stühlen und Tischen angewendet. Dabei bilden die Zargen den verbindenden Teil zwischen den Pfosten.

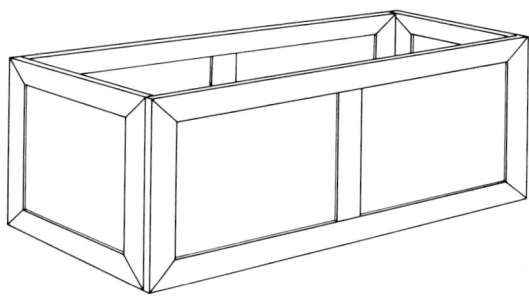

Bild 63. Rahmenbau. Die Wände sind aus Rahmen und Füllungen konstruiert. Die Eckverbindung erfolgt in der Regel durch einen stumpfen Stoß oder mit Nut und Feder.

Konstruktionsprinzipien

Für den kastenförmigen Teil oder Korpus von Truhe, Schrank oder Kommode gibt es drei grundsätzliche Konstruktionsprinzipien

Brettbau, Bild 61

Die Wände bestehen aus einfachen Brettern. Diese sind an den Ecken direkt miteinander verbunden, wofür es verschiedene Möglichkeiten gibt: stumpf gestoßen, eingefalzt, eingenutet oder (wie in Bild 61) gezinkt. Der einfache Brettbau ist das älteste Konstruktionsprinzip.

Stollenbau, Bild 62

Hier sind die Wände miteinander über Eckpfosten verbunden, denn sog. Stollen. Sie bilden meist auch die Beine des Möbels. Die Stollen müssen keine Kanthölzer sein; es gibt auch Möbel, bei denen sie aus kräftigen Brettern bestehen (Brettstollen). Das gleiche Bauprinzip wird übrigens auch bei Tischen und bei Sitzmöbeln angewendet.

Rahmenbau, Bild 63

Dies ist das jüngste der drei Prinzipien, datiert aber auch schon aus der Gotik. Kräftige Rahmenleisten (auch: Friesleisten) bilden einen umlaufenden Rahmen, der an den Ecken auf Gehrung oder rechtwinklig gestoßen und meist mit Nut und Feder verbunden ist. Das dünnere Füllungsbrett ist lose (unverleimt!) in Nuten eingeschoben und kann so ungehindert quellen und schwinden, wird aber zugleich durch den Rahmen am Verziehen gehindert. Auch hier können die senkrechten Friese nach unten durchgezogen werden und die Füße des Möbels bilden.

Die wesentlichsten Arten der Eckverbindungen sind in den folgenden Skizzen dargestellt:

Bild 64. Stumpfer Stoß, genagelt   Bild 65. Eingefalzter Stoß

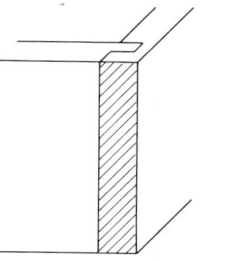
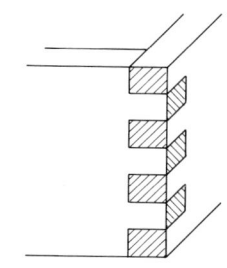

Bild 66. Eingenuteter Stoß   Bild 67. Gerade Zinkung, Fingerzinkung

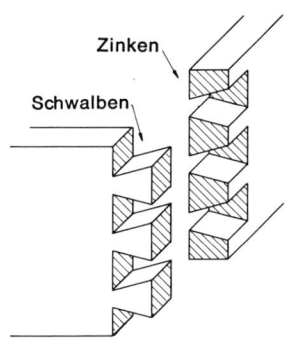

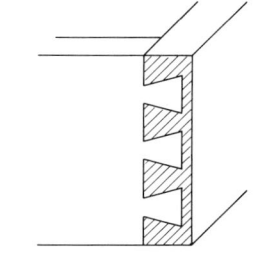

Zinken

Schwalben

Bild 68. Offene Schwalben-
schwanzzinkung

Bild 69. Verdeckte Schwal-
benschwanzzinkung

Konisches Bein mit rundem Querschnitt. Im vorliegenden Beispiel reich verziert und kanneliert. Vorwiegend in der Zeit Louis-seize, vereinzelt noch im Empire.

Kugelfuß, gedrückter Kugelfuß (Zwiebel). In den verschiedensten Abwandlungen bis zum Birnenfuß. Typische Fußform barocker Kastenmöbel. Findet sich aber auch schon in der Renaissance und bis in das ausgehende 19. Jahrhundert.

Beinformen

Die Bezeichnungen für die verschiedenen Beinformen heißen:

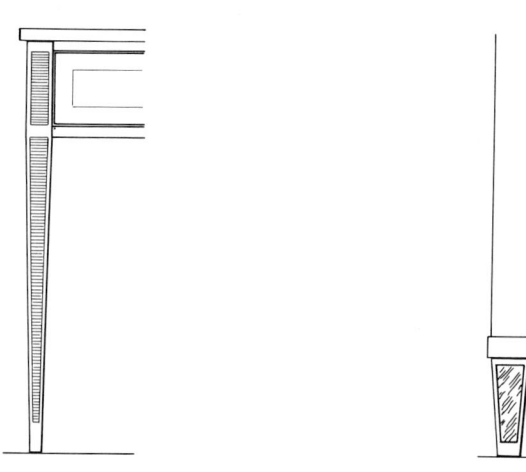

Bild 70. Pyramidenbein

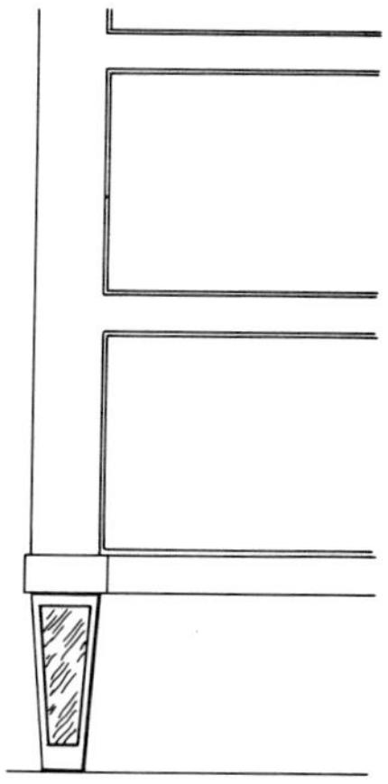

Bild 71. Pyramidenfuß

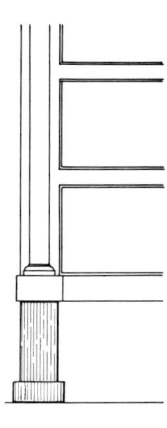

Pyramidenbein, Pyramidenfuß. Quadratischer Querschnitt, nach unten konisch verjüngt. Sehr beliebt bei Möbeln im Stil Louis-seize (Zopfstil) und auch später im Empire. Im Biedermeier ohne jegliche Verzierung.

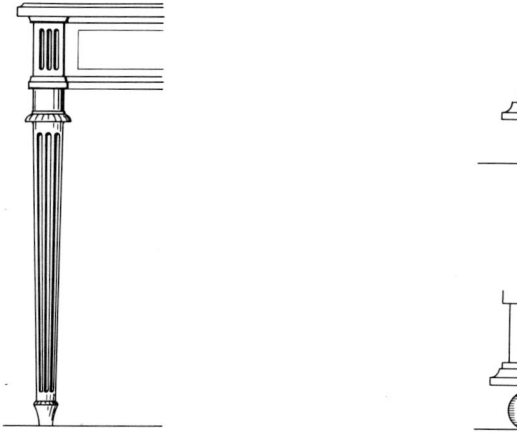

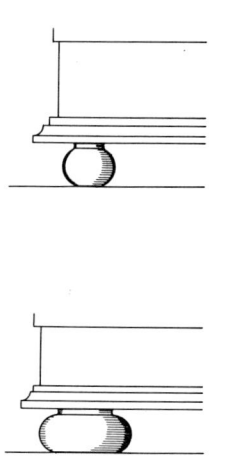

Bild 72. Konisches Bein mit
rundem Querschnitt

Bild 73, 74. Kugelfuß,
gedrückter Kugelfuß

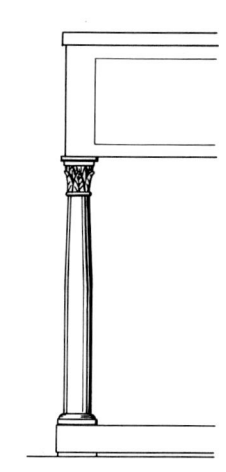

Bild 75. Sockelfuß

Bild 76. Säulenbein

Sockelfuß. Quadratischer oder rechteckiger Querschnitt mit verbreiterter Basis. Beliebt bei Möbeln des Empire.

Säulenbein. Voll ausgebildete klassische Säule. Ausschließlich im Empire. (Als Fassadenteil von Kastenmöbeln auch in der Renaissance.)

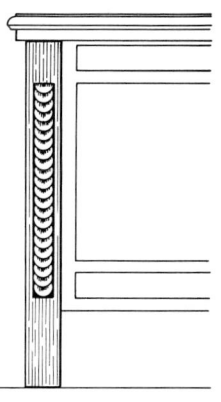

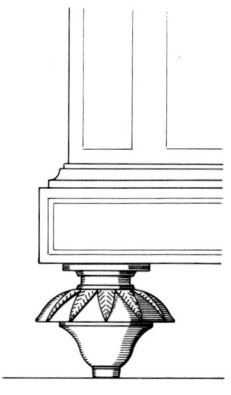

Bild 77. Stollenfuß

Bild 78. Kreiselfuß

Stollenfuß. Weniger das Merkmal für eine Stilrichtung als vielmehr Konstruktionsprinzip: die Eckpfosten des Korpus sind als Fuß verlängert.

Kreiselfuß. Bei Prunkmöbeln des Barock und des Louis-seize zu finden.

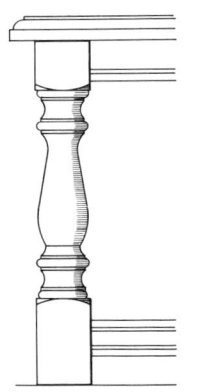

Bild 79. Balusterbein

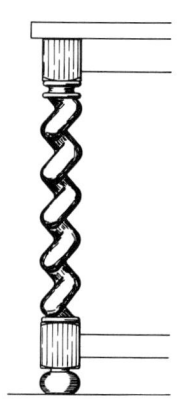

Bild 80. Gewundene Säule

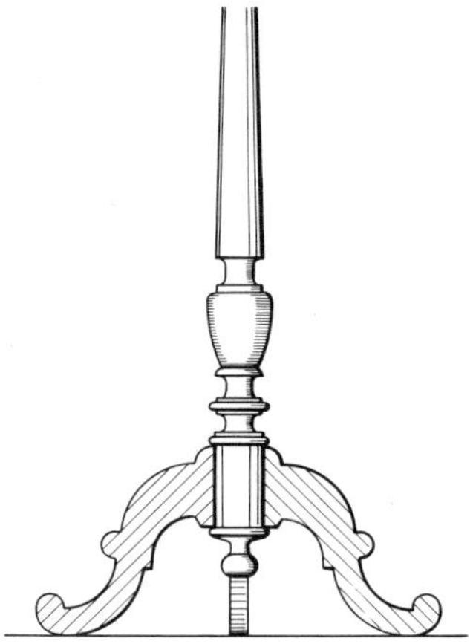

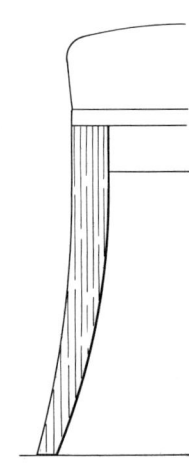

Bild 85. Dreibein, Tripod

Bild 86. Säbelbein

Balusterbein. Beinform der Spätrenaissance und des Barock. Oft auch mit quadratischem Querschnitt.

Gewundene Säule. In der Spätrenaissance und im Barock.

Dreibein (Tripod). Beinform von Beistelltischchen, Postamenten und Kandelabern bis zu größeren runden Tischen. In den verschiedensten Variationen seit dem Barock in allen Stilperioden verbreitet.

Säbelbein. Vorwiegend an Sitzmöbeln des Empire und des Biedermeier.

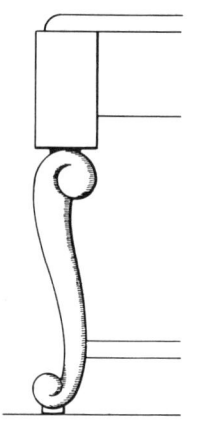

Bild 81. Volutenbein

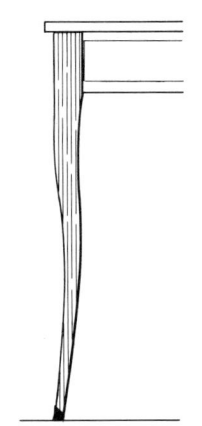

Bild 82. Geißenbein

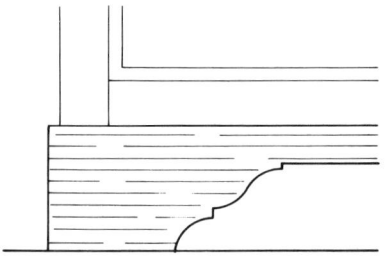

Bild 87. Ausgesägter Brett- oder Zargenfuß

Volutenbein. Meist Stuhl- oder Tischbein im Barock.

Geißenbein. Abwandlung des geschweiften Beins. Weniger geschweift, mehr durchlaufende Holzfasern, stabiler.

Ausgesägter Brett- oder Zargenfuß. Fußform von Kastenmöbeln fast aller Stilrichtungen. Häufig bei Möbeln ländlicher Provenienz.

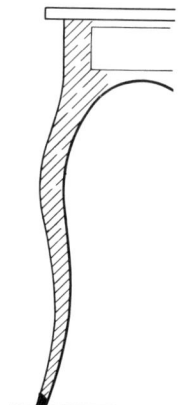

Bild 83. Geschweiftes Bein

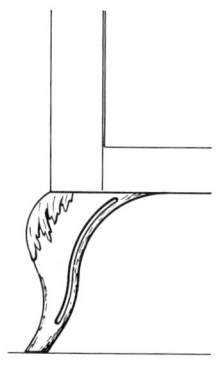

Bild 84. Geschweifter Fuß

Bild 88. Stempelfuß

Geschweiftes Bein, geschweifter Fuß. Beinform des Rokoko (Louis-quinze) und im Übergang zum Klassizismus. Das Bein wird stets diagonal ausgestellt.

Stempelfuß. Tischfuß im Empire und Biedermeier.

Bild 89. Klauenfuß

Klauenfuß. In den verschiedensten Arten bei allen Möbeltypen zu finden.

Möbeltypen

Bild 90.
Stollenschrank

Stollenschrank

Bereits im Mittelalter bekannte Schrankform. Kennzeichnend sind die als Beine durchgeführten Eckpfosten (Stollen) des Oberteils.

Bild 91.
Kabinettschrank

Kabinettschrank

Abwandlung des Stollenschranks. Das Oberteil mit Schubladen- und Schrankfächer verschiedenster Gliederung ruht auf hohen Beinen. Vielfach noch mit zwei zusätzlichen Türen verschlossen.

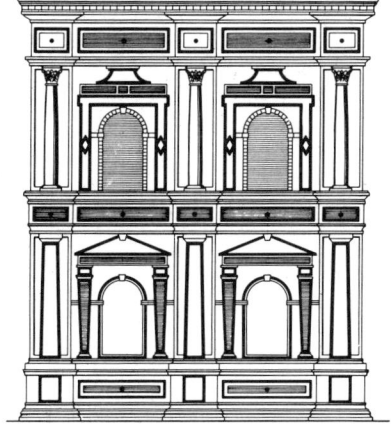

Bild 92.
Fassadenschrank

Fassadenschrank

Schrankform der Renaissance und des ganz frühen Barock. Grundsätzlich aus zwei übereinander gestellten Truhen entstanden. (Über die ganze Schrankhöhe gehende Türen sind in der Regel noch unbekannt.) Fassadenartig dekorierte Schauseite, wobei Ober- und Unterteil stets eine andere Gliederung aufweisen.

Bild 93.
Wellenschrank

Wellenschrank

Wuchtiger Barockschrank. Tiefe Kehlungen und kräftige Wülste auf den Frontpartien vermitteln mit dem Glanz der Politur den Eindruck starker plastischer Bewegung.

Bild 94.
Meuble à deux corps

Meuble à deux corps

Typisch französisches Prunkmöbel der Hochrenaissance. Kredenzförmiger zweitüriger Unterteil mit aufgesetztem schmalerem Oberteil.

Bild 95.
Meuble à trois corps

Meuble à trois corps

Im deutschen Sprachgebrauch auch Schreibschrank oder Tabernakelschrank genannt, wenn wie hier dargestellt, eine mittlere Tür im Oberteil vorhanden ist. Oberteil manchmal auch als Vitrine (verglast) ausgebildet.

Bild 96.
Kredenz

Kredenz

Halbhohes, meist zweitüriges, schrankartiges Möbel. Wurde zur Zeit der Renaissance aus der Truhe entwickelt. Diente vorwiegend zur Geschirraufbewahrung. Die große Platte wurde zum Anrichten der Speisen benützt, daher die deutsche Bezeichnung Anrichte.

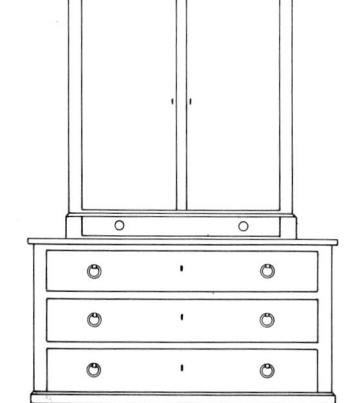

Bild 97.
Aufsatzkommode

Aufsatzkommode

Grundsätzliche Bezeichnung für eine Kommode mit einem aufgesetzten Oberteil irgendwelcher Art. Aufsatz meist schrankartig oder als Vitrine.

Bild 98.
Sekretär

Sekretär

Schrankförmiges hohes Schreibmöbel. In geschlossenem Zustand mit senkrecht stehender Schreibklappe. In der unteren Partie meist drei Schubladen oder Türen. Tritt schon in der Renaissance auf, im Klassizismus stark verbreitet.

Bild 99.
Bureau plat

Bureau plat

Langer flacher Schreibtisch, zur Zeit des Barock in Frankreich entwickelt. Abbildung ist Louis-seize.

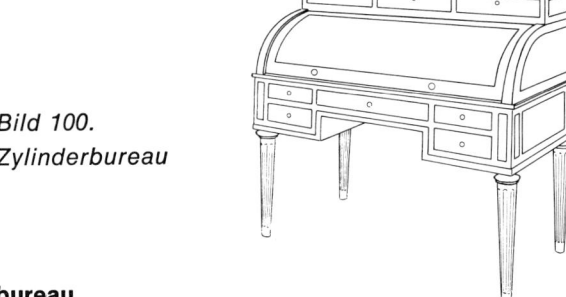

Bild 100.
Zylinderbureau

Zylinderbureau

Eine Schöpfung der zweiten Hälfte des 18. Jahrhunderts. Hat seine Bezeichnung nach dem zylindrischen Verschlußdeckel. Fälschlicherweise manchmal auch Rollbüro genannt. Einfachere bürgerliche Exemplare haben als Unterteil Schubladen wie eine Kommode (bessere Raumausnutzung).

Bild 101.
Schreibkommode

Schreibkommode

Kommode mit Schreibaufsatz. Hinter dem schrägen, zum Schreiben herunterklappbaren Deckel sind kleine Schubladen und Fächer.

Bild 102.
Bonheur du jour

Bonheur du jour

Kleines elegantes Damen-Schreibmöbel auf hohen schlanken Beinen. Auf den Flächen sind häufig Gegenstände des Haushalts (z. B. Geschirrteile, Schere, Nadel und Faden etc.) dargestellt. Die Damen des 18. Jahrhunderts sollten damit wohl an ihre häuslichen Pflichten erinnert werden.

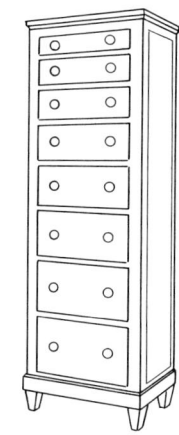

Bild 103.
Pfeilerkommode

Pfeilerkommode (Chiffonière)

Schmale hohe Kommode mit mehreren Schubladen. Bei manchen werden diese nach oben kontinuierlich niedriger. Wie der Name schon sagt, diente sie zur Aufstellung vor dem Wandpfeiler zwischen zwei Fenstern.

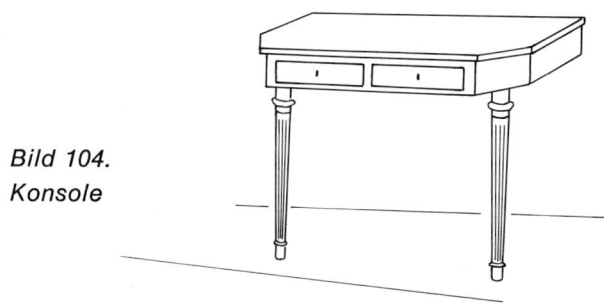

Bild 104.
Konsole

Konsole

Tischartiges Möbel, an die Wand zu stellen. Es hat nur vorn Beine, hinten ist es an der Wand befestigt. (Im Gegensatz dazu hat der Konsoltisch vier Beine.) In der Regel wurde ein Spiegel darüber gehängt.

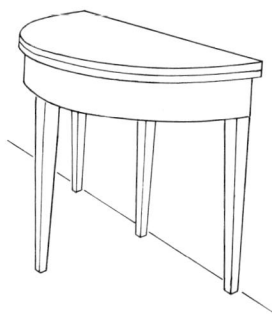

Bild 105.
Demi lune

Demi lune

Konsoltisch mit halbkreisförmiger Platte (Halbmond). Beim abgebildeten Möbel kann die Platte aufgeklappt und das mittlere Bein ausgeschwenkt werden, so daß sich ein normaler runder Tisch ergibt.

Bild 106.
Eckschrank

Eckschrank

Hohes oder halbhohes Schrankmöbel mit dreieckigem Grundriß, zur Aufstellung in einer Zimmerecke. Sehr oft paarweise ausgeführt.

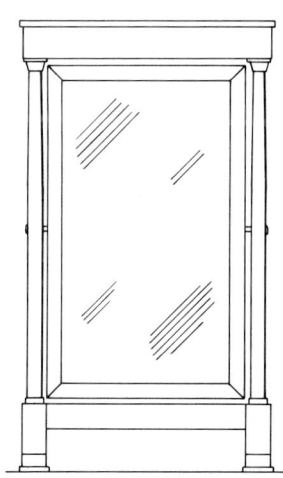

Bild 107.
Psyche

Psyche

Hoher, auf den Boden gestellter schwenkbarer Spiegel, in dem man sich vollständig betrachten kann. Im Empire und z. Z. der Restauration sehr beliebt.

Echt oder falsch?

Weit verbreitet ist die Meinung, antike und damit wertvolle Möbel seien aus Massivholz gearbeitet — neue und damit weniger wertvolle seien furniert. Im 16. oder 17. Jahrhundert hätte diese Auffassung zwar ihre Berechtigung gehabt; aber heute sind die Kriterien „massiv" oder „furniert" kein Maßstab für das Alter und also auch kein Wertmaßstab. Denn seit der Renaissance sind dekorative Furnierungen gang und gäbe; ja man kann sie sogar schon bei Möbeln der Spätgotik hin und wieder antreffen.

Natürlich darf man sich diese frühen Furnierungen nicht wie die in späteren Perioden vorstellen. Das Furnier wurde zunächst sparsam angewendet, meist waren nur die Schauseiten furniert — oft auch diese nur zum Teil — oder allein die Füllungen. Mit Rücksicht auf die mühevolle Herstellung (die Furniere wurden von Hand gesägt, vgl. Seite 20) waren ihre Dimensionen noch bescheiden. Dafür hatten sie eine Stärke von 3 bis 6 mm, während heutige Furniere oft nur 0,5 mm messen. Erst als die Furnierschneidemaschine erfunden war, wurden großflächige Furniere allmählich preiswerter. Und die Weiterentwicklung dieser Erfindung machte dann die Herstellung der Sperrhölzer, genauer gesagt der Furnierplatten möglich, wie sie dann etwa ab 1900 für Schrankrückwände oder Schubladenböden eingesetzt werden.

Ich glaube überhaupt, daß die Frage „echt oder falsch?" so simpel nicht gestellt werden darf. Denn „echt" sind schließlich unsere heutigen modernen Möbel auch, „echt 20. Jahrhundert". Die Frage sollte vielmehr lauten: „Ist das Möbel aus der Zeit?" Aus der Zeit nämlich, aus der es nach Form und Stil zu sein vorgibt.

Das einfachste ist natürlich, dem Verkäufer offen diese Frage zu stellen und seine Antwort blindlings zu glauben. Ich will auch gar nicht bestreiten, daß die überwiegende Mehrheit der Händler unser Vertrauen in ihre Sachkenntnis und in ihre Moral verdient. Der Boom im Antiquitätenhandel hat aber in den letzten Jahren zu viele neue Antiquitätengeschäfte, Trödlerläden und Flohmärkte aus dem Boden schießen lassen. Und auch ohne diesen Händlern von vornherein schlechte Absichten unterstellen zu wollen, ist hier doch eine gewisse Vorsicht geboten. Nach meinen Erfahrungen liegt bei ihnen der Schwerpunkt mehr auf „Handel" als auf einer exakten Kenntnis ihrer Handelsobjekte.

Bei wertvolleren Erwerbungen sollten Sie sich die mündlichen Zusicherungen schriftlich geben lassen. Seriöse Händler sind dazu auch ohne weiteres bereit. Außer einer Beschreibung des Möbels (Maße!) sollten Angaben über sein Alter gemacht werden, über die Stilperiode und die (vermutete) Herkunft. Auch ob die Beschläge original sind oder nachträglich angebracht bzw. ergänzt wurden, ist von Interesse, ebenso was von bisher vorgenommenen Restaurierungen bekannt ist. Versehen mit Verkaufsdatum, Stempel und Unterschrift des Händlers ist so eine Expertise eine verläßliche Unterlage — besonders dann, wenn sich nachträglich herausstellen sollte, daß Ihr Kauf den Erwartungen nicht entspricht.

Nun, bei einfacheren Möbeln kann man es verschmerzen, wenn man sich einmal getäuscht hat (oder vielleicht sogar getäuscht wurde). Aber wo es um den Erwerb eines wertvollen alten Stückes geht, da sollte, wer nicht ganz sattelfest ist, den Rat eines Fachmannes einholen. Manchmal braucht man sogar zwei: den Kunsthistoriker für die stilistische Begutachtung und den Restaurator für die handwerklichen Aspekte.

Falls Sie sich jedoch selbst einiges Wissen auf diesem Gebiet aneignen wollen, um sich auf das glatte Parkett der Antiquitäten-Beurteilung zu begeben, sollten Sie zuerst ein erhebliches Maß an Stilkunde erwerben. Denn zunächst gilt es, das fragliche Stück nach seinem Aussehen zeitlich einzuordnen. Solche Kenntnis läßt sich im Rahmen eines kurzen Kapitels nicht darstellen, und ich habe es mir auch nicht zur Aufgabe gemacht, den Leser in Stilkunde auszubilden. Dafür verweise ich auf die große Anzahl einschlägiger Werke, die Sie in jeder guten Buchhandlung vorgelegt bekommen.

Schöpfen Sie Ihr Wissen aber nicht nur aus Büchern. Gehen Sie fleißig in Museen, Galerien und Antiquitätenausstellungen und scheuen Sie sich nicht, immer wieder zu fragen.

Fälschung heißt ja nicht unbedingt, daß ein Möbel zwar alt aussieht, aber erst in unseren Tagen entstanden ist.

Es gibt Werkstätten, die heute alte Schränke usw. vollkommen original nachbauen, aber das ist ein so aufwendiges Verfahren, daß die Gestehungskosten kaum unter dem Wert wirklich antiker Stücke liegen. Häufiger ist die Kombination, bei der historische Einzelteile – u. U. auch verschiedener Epochen – zu einem „neuen" Möbel zusammengesetzt werden. Oder daß alte, originale Stücke durch nachträgliche schmückende Zutaten (Intarsien, Schnitzereien) „verschönt" und damit im Wert gesteigert werden sollen. Größere, etwas unförmige Möbel werden zerteilt und finden so eher einen Interessenten. Kurzum, hier ist dem Erfindungsreichtum kaum eine Grenze gesetzt, und es bedarf eines an vielen guten Stücken geschulten Blickes, um derartige Kunststücke zu erkennen. Immerhin wird eine Einteilung der in Betracht kommenden Möbel in vier grundsätzlich verschiedene Gruppen bei der Erläuterung von Echtheitsmerkmalen nützlich sein.

Möbel der historischen Stilrichtungen

Dazu rechnet man alle alten Möbel einschließlich des Biedermeier, d. h. vom Mittelalter bis etwa 1830/35. Romanische und gotische Möbel können wir in der weiteren Betrachtung ausschließen. Sie sind äußerst selten auf dem Markt und können praktisch nur noch in Museen bewundert werden.

Patina

Das erste ins Auge springende Merkmal ist die natürliche Patina der Oberflächen, die allerdings vom Laien nur schwer von einer künstlich aufgebrachten zu unterscheiden ist. Suchen Sie nun nicht im Lexikon nach, was Patina eigentlich ist, Sie werden die unbefriedigende Antwort finden: „Siehe unter Edelrost". Und dort heißt es: „Auf der Oberfläche von Kupfer und seinen Legierungen durch atmosphärische Einflüsse entstehender Überzug, auch künstlich erzeugbar." Natürlich ist auf den alten Möbeln kein Edelrost entstanden, aber im übertragenen Sinne meint man hier mit Patina die natürliche Veränderung des Farbtons der Hölzer im Laufe der Jahrzehnte unter Licht- und Lufteinwirkung, wobei Gebrauch und Pflege natürlich auch mitspielen. Eine andere, sehr zutreffende, aber wenig konkrete Formulierung war: „Durch hohes Alter entstandener ehrwürdiger, von den verschiedenen Momenten bewirkter, bis heute erhaltener Gesamteindruck."

Machen Sie sich einmal die Mühe und schrauben Sie die Griffplatte an einer Schublade ab. Da wird der farbliche Unterschied zwischen der abgedeckten und der dem Licht ausgesetzten Fläche sofort deutlich. So geht das Graubraun von Nußbaumholz in einen dunkleren, warmen Ton über, kann andererseits aber auch ausbleichen, wenn es lange intensivem Sonnenlicht ausgesetzt ist. Ähnlich verhält sich Kirschbaumholz. Das weiße Ahornholz vergilbt. Echtes Mahagoni nimmt einen golden schimmernden Ton an. Rosen-

holz verliert sein Rot und wird gelbbraun. In Marketerien verblassen die Töne künstlich gefärbter Hölzer, wie überhaupt Flächen, die aus ursprünglich kontrastierenden Hölzern zusammengesetzt sind, einen einheitlichen Ton annehmen. (Das wird z. T. auch durch die Politur verursacht; nach dem Abschleifen bei einer Restaurierung treten die Kontraste wieder deutlich hervor).

Zur Patina lassen sich auch noch vergilbte Polituren und Firnisse zählen, verkrusteter Schmutz und Staub in den Ritzen und Ecken des Möbels. Und schließlich auch tief in das Holz eingedrungene Tintenflecke, Fett- oder Petroleumflecke, Brandstellen und was sonst noch alles im Laufe der Zeit auf einem Möbel verschüttet wird und Spuren hinterläßt.

Beschädigungen

Ein deutlich erkennbares Merkmal der meisten alten Möbel sind die sichtbaren Schäden durch das natürliche Arbeiten des Holzes: aufgesprungene Furniere, Risse im Holz oder verzogene Flächen. Sie sind hauptsächlich an Kastenmöbeln, Betten und Tischplatten zu finden – weniger oder gar nicht an gepolsterten Sitzmöbeln, die ja keine größeren Holzflächen aufweisen. Ausgesprochen selten sind solche Schäden auch an Möbeln aus massivem Mahagoni, weil dieses Holz wenig arbeitet.

Bei Sitzmöbeln finden wir hingegen häufig mechanische Schäden durch Überbeanspruchung: Gebrochene und oft mit Hilfe von Schrauben und Nägeln wieder dilettantisch zusammengeleimte Beine und Lehnen, fehlende Sprossen und Stege, zerschlissene Polster und stark abgenützte Sitzbretter zeugen im allgemeinen von einem hohen Alter.

Weiter sind als mechanische Beschädigungen zu finden: Druck- und Schlagspuren, Kratzer, losgerissene oder fehlende Furnierstücke, Ecken und Leisten. Diese Spuren konzentrieren sich verständlicherweise an den exponierten Teilen des Möbels, auf Füße, Beine oder Sockel; ferner an den horizontalen Platten, auf denen man Gegenstände abstellt, oder an den Frontseiten (z. B. an Traversen unter Schubladen). Weitgehend verschont von solchen Gebrauchsspuren sind die Seitenwände und natürlich höher gelegene Partien, beispielsweise bei Schränken. Starke Abnützung dagegen zeigen die Fußstege von Sesseln und Tischen, die zum Aufstützen der Füße verführen (Bild 144). Rings um kleine, nur mit den Fingerspitzen zu fassende Schubladenknäufe findet man viele Fingernagelspuren.

Vor allem bei unrestaurierten Möbeln sind solche Merkmale zu erkennen. Bei den Überholungsarbeiten verschwinden sie größtenteils. Doch dann sind ergänzte neue Teile und ausgespänte Risse zu finden; tiefe Eindrücke, Abnützungen und auch manche Flecken sind bei genauer Betrachtung aber noch erkennbar.

Gegenüber dem bürgerlichen Gebrauchsmöbel sind die (aufwendigeren) höfischen Möbel viel weniger und schonender benutzt worden und deshalb auch in einem besseren Zustand.

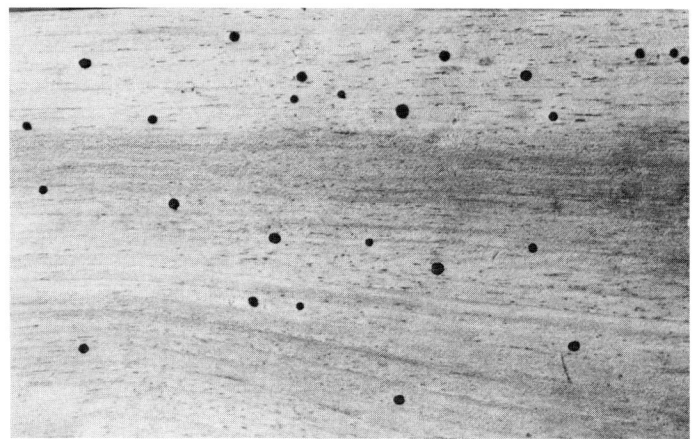

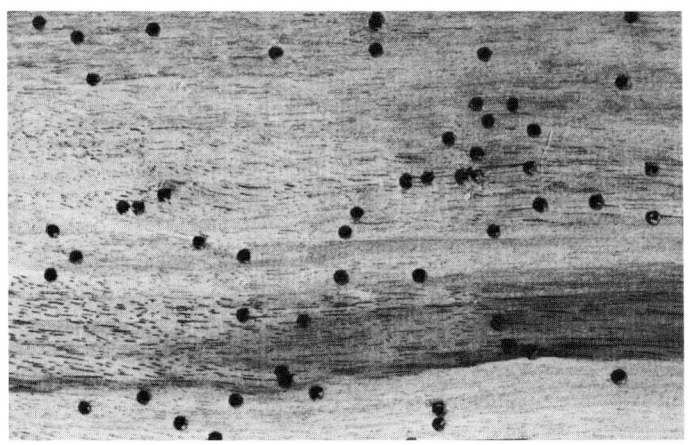

Bild 108. Echte Wurmlöcher sind scharfkantig.

Bild 109. Schrotkugeln quetschen sich ins Holz.

Wurmbefall

Der Vollständigkeit halber soll auch zu den sichtbaren Wurmlöchern etwas gesagt werden. Keineswegs alle Möbel dieser Alterskategorie weisen Wurmfraß auf. Tun Sie also bitte ein Möbel nicht deshalb als neu ab, weil Sie keine Wurmlöcher finden! Umgekehrt sind nicht alle Möbel antik, an denen der Wurm schon gefressen hat.

Manche Leute glauben felsenfest daran, daß die unzähligen Wurmlöcher im Holz lediglich das Ergebnis eines Schrotschusses seien. Das ist natürlich unsinnig. Keinem Fälscher, und sei er noch so ein Dilettant, würde so etwas einfallen. Betrachten Sie in Bild 108 und 109 den Unterschied zwischen den scharfkantigen kreisrunden echten Wurmlöchern mit unterschiedlichen Durchmessern und den eingequetschten Schußspuren (alle mit gleichem Durchmesser) auf diesem Nußbaumbrett. Solcher plumper Methoden bedient sich kein Fälscher. Wenn schon, verwendet er für sein Werk bereits wurmstichiges Holz von alten unbrauchbaren Möbeln oder er bohrt die Löcher mit einem Hochfrequenzschleifer ein. Daß bereits wurmstichiges Holz verwendet wurde, erkennt man oft daran, daß beim Hobeln oder Schleifen Fraßgänge der Länge nach großflächig angeschnitten sind; das ist kein Zeichen von Seriosität.

Marketerien

Marketerien dieser frühen Zeiten unterscheiden sich deutlich von solchen neueren Datums. Bild 110 zeigt einen Ausschnitt aus einer Marketerie von einem Möbel des späten 18. Jahrhunderts, Bild 111 eine wesentlich jüngere Arbeit. Man erkennt, wie die ältere Arbeit deutlich weniger exakt und regelmäßig ist, daß gerade Bänder und Filets nicht gleich breit sind und daß die Stoßfugen zwischen den Furnierteilchen reichlich „Luft" haben. Das liegt an der Herstellung: Bis ins Biedermeier wurden die Teile ausschließlich von Hand ausgesägt.

Profilleisten

Weil es noch keine maschinellen Hilfsmittel gab, wurden profilierte Leisten von Hand gehobelt. Durch die Arbeit mit dem Profilhobel entstanden Leisten, deren Dicke immer wieder etwas schwankt. Erst die gefrästen Profile von heute sind Meter für Meter exakt gleich.

Furnierdicke

Etwas vereinfacht kann man davon ausgehen, daß die Furniere bis zum Ende des 16. Jahrhunderts etwa 3 bis 6 mm dick und verhältnismäßig kleine Stücke waren. Bis zum

Bild 110. Alte Marketerie mit breiten Fugen

Bild 111. Neue Marketerien sind exakt gefügt.

Anfang des 19. Jahrhunderts geht die Furnierdicke auf 2,5 bis 3 mm zurück, und im Biedermeier sind aufgrund der verbesserten Herstellungsmethoden schon etwa 1,5 mm dicke Furniere zu finden. Auch werden die zusammenhängenden Furnierflächen jetzt wesentlich größer; ihr „Bild" läuft z. B. über die ganze Möbelfront hinweg durch.

Es genügt natürlich nicht, das Furnier nur an einer Stelle zu betrachten. Vielmehr sollte man seine Stärke an verschiedenen Stellen prüfen. Denn bei vorangegangenen Restaurierungen — und auch schon bei der Herstellung — kann das Furnier stellenweise weit heruntergeschliffen worden sein. So hat man Furniere für gewölbte Flächen schon vor dem Aufleimen dünn geschliffen, damit sie sich den Wölbungen besser anpassen ließen.

Vor allem aber ist das Blindholz dieser frühen Möbel nur außen, also einseitig furniert. Eine Ausnahme davon bilden etwa Schreibtischklappen von Sekretären und Schreibkommoden oder die Türen repräsentativer Schränke.

Konstruktion

Bei der Beurteilung eines Möbels muß man dieses aber vor allem eingehend auf seine Konstruktion untersuchen, auch von innen, von hinten und von unten. Hier werden die Merkmale von Alter bzw. Echtheit am deutlichsten. Was bei den einfachen alten Möbeln sofort auffällt, ist eine relativ unsorgfältige, primitive Ausführung, frei von jedem Perfektionismus.

Betrachten wir zunächst die **Schubladen.** Falls das Möbel noch nicht restauriert ist, sitzen sie schlecht im Korpus, d. h. sie wackeln durch ausgelaufene Führungen hin und her, klemmen und kippen beim Herausziehen. In Bild 112 und 113 sehen Sie eine abgelaufene Schubladenwand, abgenützte Lauf- und Streichleisten — in Bild 114 und 115 hat die Schublade eine neue Laufsohle bekommen und in den Korpus sind neue Lauf- und Streichleisten eingeleimt. (Eine andere Möglichkeit ist, die abgelaufenen Partien wegzufräsen und durch eingeleimte Hartholzstreifen zu ersetzen, vgl. Bild 116.)

Die Eckverbindungen an den vier Schubladenwänden sind fast ausschließlich Schwalbenschwanzzinken. Vorn gegen die Frontwand überwiegt die halbverdeckte, gegen die Rückwand die offene Zinkung, Bild 117. Die Schwalbenschwänze sind unregelmäßig in ihrer Form, ungleichmäßig in der Teilung und oft mit reichlich Spiel gefügt; manchmal hat man zum Spreizen kleine Keile ins Hirnholz geschlagen. Erst im Biedermeier nimmt die Genauigkeit bei der Ausführung zu. Bei Schubladen von Möbeln der historischen Perioden findet man gelegentlich die Seitenwände in die Frontwand eingenutet (Bild 118) und oft zusätzlich mit Holznägeln fixiert. Aber auch hier fällt die gegenüber modernen Nutungen recht ungleichmäßige, von Hand eingestemmte Nut auf.

Die Schubladenböden sind bei alten Möbeln von unten stumpf aufgesetzt und ringsum mit Holznägeln befestigt, Bild 119. Lediglich in das unten überstehende Schubladenvorderstück sind sie, von vorn unsichtbar, eingefalzt. Falz-

Bild 112. Schublade mit stark abgelaufener Seite

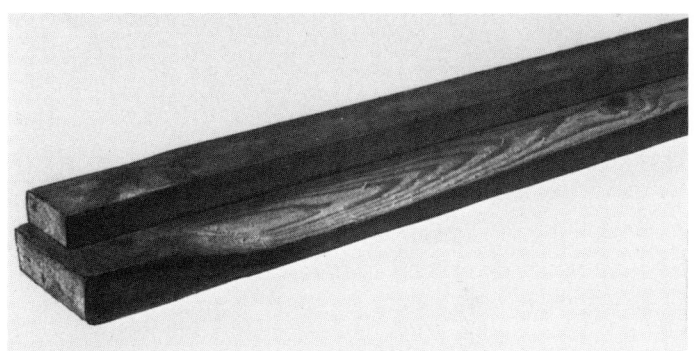

Bild 113. Abgenützte Laufleiste (ausgebaut)

Bild 114. Neu eingesetzte Laufsohle aus Buche an einer Schublade

Bild 115. Neue Schubladenführung in einer Kommode. Im Vordergrund links sieht man die eingeleimte Verstärkung der Traverse.

Bild 116. Hier wurde die Lauffläche der Laufleiste lediglich durch eine Aufdoppelung saniert. Die Streichleiste ist neu.

Bild 117. Alte Schubladenseite. Vorn (rechts) verdeckte Schwalbenschwanzzinkung, hinten offene Zinkung. Die Unregelmäßigkeit der Zinkung ist deutlich zu sehen.

Bild 118. Die Seitenwand ist in die Schubladenfront eingenutet und von vorn durch Holznägel gesichert. Die Frontseite ist durch eingesetzte Lamellen geradegerichtet.

Bild 119. Der Schubladenboden ist stumpf aufgesetzt und (mit Holznägeln) angenagelt.

Bild 120. Der Schubladenboden ist in Vorder- und Seitenwand eingefalzt und genagelt.

Bild 121. Der Schubladenboden ist in die Vorder- und die Seitenwände eingenutet.

verbindungen mit den Seitenwänden kommen hin und wieder auch vor, Bild 120. Die Schubladen gleiten also direkt auf den Bodenbrettern. — Erst später, seit dem Ende des 18. Jahrhunderts, werden die Böden auch seitlich ohne Leimzugabe in schmale Nuten lose eingeschoben und nur durch Nägel in die Rückwand gegen Herausrutschen gesichert, Bild 121. Jetzt gleiten die Schubladen also auf den überstehenden Seiten. Die Böden sind oben mehr oder weniger glatt geschliffen, auf der Unterseite jedoch meist roh belassen. Entsprechendes gilt für die Rückwände der Schubladen. Zu den Nuten hin sind die Böden unten grob konisch gehobelt.

36

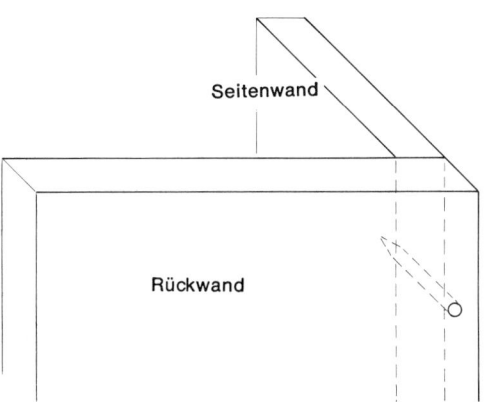

Bild 122. Stumpf aufgesetzte Rückwand

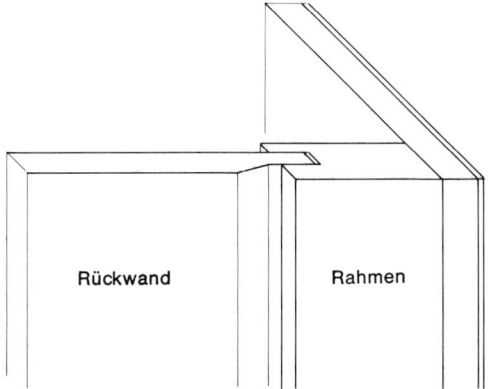

Bild 123. Eingefalzte Rückwand

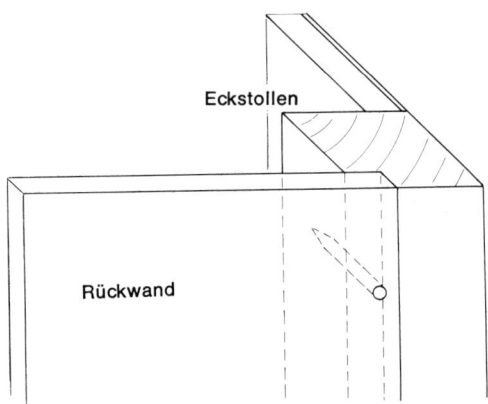

Bild 124. Eingenutete Rückwand

Bild 125. Spuren von der runden Schneide des Schrupp-hobels

Bild 126. Die unregelmäßigen Spuren der Handsäge

Bild 127. Spuren der Bandsäge an einer Stuhlzarge

Ähnlich wie die Böden mit den Schubladen sind auch die **Rückwände** von Kastenmöbeln mit dem Korpus verbunden (Bild 122 ff.). Bei ganz alten Stücken, etwa aus der Renaissance, findet man Rückwände stumpf auf die Seitenwände aufgesetzt. Später werden sie eingefalzt oder eingenutet. Bei Truhen ist das anders: Hier gehört die Rückwand als fester Bestandteil zur Gesamtkonstruktion und ist mit den Seitenwänden in der Regel verzinkt oder verzapft.

Feste Datierungen, bis wann das eine Konstruktionsprinzip gilt und ab wann das andere, lassen sich nicht nennen. Es gibt je nach Gegend und technischen Voraussetzungen des Herstellers erhebliche zeitliche Überschneidungen. Bürgerliche und vor allem bäuerliche Möbel halten länger an alten Prinzipien fest als höfische.

Alle verdeckten oder nicht direkt sichtbaren Flächen an und in diesen alten Stücken haben etwas Gemeinsames: Sie tragen deutliche Spuren der alten, einfachen Handwerkzeuge. Zur Verdeutlichung zeigt Bild 125, 126 die Spuren von Handsäge und Schrupphobel, Bild 128, 129 die von Kreissäge und Hobelmaschine. Falls Sie also solche Anzeichen moderner Maschinenarbeit entdecken, dürfen Sie an der Zuordnung des Stückes zu den echten historischen Stilen zweifeln. Es sei denn, es handelt sich um Teile, die von einer Reparatur oder Restauration stammen. In der Regel verraten sich diese ersetzten Teile aber durch ihr frischeres Holz.

Mehr als viele Worte erklären können, sieht man in Bild 130 aus dem Vergleich der Unterseite eines alten und eines neueren Tisches und Stuhles. Zweifellos gibt es für die alten Möbel noch eine ganze Reihe anderer charakteristischer Merkmale. Sie sind aber oft von außen nicht sichtbar und kommen erst beim Zerlegen zum Vorschein. Zum Verbinden der Holzteile wurden auch Holznägel und handgeschmiedete Eisennägel der verschiedensten Größe verwendet, vgl. Bild 155. Die heute üblichen maschinell hergestellten Holzschrauben gibt es erst seit etwa Mitte des 19. Jahrhunderts.

Noch bis Anfang des 19. Jahrhunderts wurden die Holzschrauben von Hand gefertigt. Zwar hatten sich gegen Ende des 18. Jahrhunderts schon Manufakturen entwickelt, die die Schraubenherstellung in einzelne Arbeitsgänge aufteilten und so rationeller arbeiteten als die ursprünglichen Kleinschmiede. Um die Jahrhundertwende wurden dann die ersten Drehbänke für die Schraubenproduktion entwickelt. 1824 wird die erste Holzschraubenfabrik in Deutschland genannt. Die Maschinen arbeiteten zunächst mit Wasserkraft, wobei diese Antriebsenergie in trockenen Sommern oder strengen Wintern ausbleiben konnte. Etwa ab 1860 werden die Maschinen zur Schraubenherstellung mit Dampfkraft betrieben.

Bild 130. Untersicht eines antiken Tischs

Bild 131. Untersicht eines neuen Tischs

Bild 128. Schnittspuren einer Kreissäge

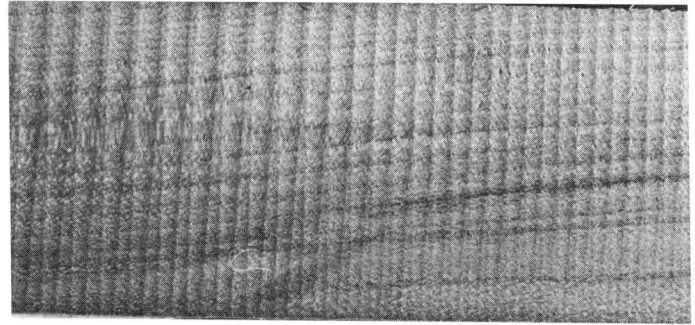

Bild 129. Wellenförmige Spuren der Hobelmaschine

Bild 132. Antiker Stuhl, von unten gesehen

Beschläge

Sofern Beschläge und Schlösser noch im Original vorhanden sind, stellen sie typische Erkennungsmerkmale dar. Sie sind aber im Laufe der Zeit häufig beschädigt worden oder verloren gegangen und mußten also ersetzt werden. Speziell im späten 19. Jahrhundert hat man versucht, alte Möbel durch neue „schönere" Beschläge aufzuwerten. Da aber an den neuen Beschlägen die Befestigungslöcher nur ganz selten die gleiche Distanz wie an den ursprünglichen hatten, sind diese darunter sichtbar.

Anfänglich wurden Griffe, Schlüsselschilder usw. massiv in Bronze oder Messing gegossen oder aus Messing- oder Eisenblech von Hand ausgesägt und getrieben. Gegen den späten Klassizismus werden diese Dinge aus dünnem Messingblech gepreßt. Im späteren 19. Jahrhundert werden wieder Nachgüsse aus Bronze gefertigt. Beim reichen bürgerlichen und vor allem beim höfischen Möbel werden die Beschläge vergoldet. Das war ursprünglich die Feuervergoldung, die nur auf der Schauseite angewandt wurde. Die späteren Nachbildungen sind galvanisch vergoldet, und zwar auf beiden Seiten. Die Nachgüsse weisen hinten auch oft Zahlen oder Buchstaben auf, was man bei den Originalen nicht findet.

Im Biedermeier waren Schlüssellochschilder aus Horn sehr beliebt, oder es wurde eine Einfassung aus kontrastierendem Holz eingelegt. Griffe blieben vielfach ganz weg.

Die Schlösser weisen nach Gestalt und Größe mannigfaltige Variationen auf. Schon auf den ersten Blick erkennt man die etwas ungefüge Handfertigung. Oft sind sie verrostet und gehen schwer. Beim Möbelschloß gibt es, zugleich auch in der zeitlichen Abfolge, drei Typen:

das aufgesetzte Schloß, Bild 134,
das eingelassene Schloß, Bild 135, und
das eingesteckte Schloß, Bild 136.

An leichten Holzprofilen, die wie z. B. Türrahmen von Vitrinen zu dünn für ein Einsteckschloß waren, wurden stets aufgesetzte Schlösser montiert. Bis spät in den Klassizismus hinein befestigte man die Schlösser mit geschmiedeten Nägeln, später mit Schrauben.

Bild 134. Aufgesetztes Schloß

Bild 135. Eingelassenes Schloß

Bild 133. Neuer Stuhlrahmen, von unten gesehen

Bild 136. Eingestecktes Schloß

Bild 137. Alter Schubladengriff

Bild 140. Neuer Schubladengriff

Bild 138. Alter Schubladengriff

Bild 141. Neuer Schubladengriff

Bild 142. Neues Schlüssellochschild

Bild 139. Alter Schubladengriff

Bild 143. Neuer Schubladengriff

40

„Unter Verwendung alter Teile"

Die große Nachfrage nach Antiquitäten hat dazu geführt, daß immer häufiger aus Fragmenten zusammengesetzte Möbel, sogenannte „Mariages", anzutreffen sind. Solche kombinierten Stücke sind natürlich längst nicht so wertvoll wie vergleichbare vollständige Originale. Mit Vorliebe werden Säulentische und Aufsatzkommoden auf solche Weise zusammengesetzt; das geht relativ einfach. Der Händler ist an sich verpflichtet, den Käufer darauf aufmerksam zu machen; aber die Versuchung, das zu vergessen, ist groß. Allerdings verraten sich solche Mariages dem Kennerauge recht bald. Sie wirken formal meist recht unharmonisch, die Hölzer passen oft nicht so recht zusammen, und es soll sogar Kombinationen aus Teilen verschiedener Stilarten geben. Bei Säulentischen sieht man beispielsweise an der Verbindungsstelle von Platte und Säule meist die Spuren der Anpassungsarbeiten: Abdrücke der' ursprünglichen Befestigungselemente, Schraublöcher, alte Leimspuren, ausgerissenes und verfärbtes Holz usw. (Bild 130, 144). Sind solche Relikte mit großer Mühe verdeckt oder sonstwie unkenntlich gemacht, liegt der Verdacht auf unlautere Absichten desto näher.

Zu dieser Gruppe erlaube ich mir auch alle jene Möbel zu zählen, bei denen ein echtes altes Fragment mit einem wesentlichen Anteil neuer Teile „ergänzt" wurde. Leider wird dies heute immer häufiger praktiziert und ist vor allem bei Stühlen und Sesseln sehr beliebt. Aus einem einzelnen Stuhl wird so ein Pärchen gemacht, aus drei Stühlen entstehen vier und so weiter. Dieses Spiel ist ja auch zu verlockend, denn der Stückpreis ist bei kompletten Garnituren wesentlich höher als bei Einzelmöbeln. Anständige Händler allerdings weisen auf so einen Sachverhalt hin.

Fälschungen von Möbeln der historischen Stile

Damit meine ich jene Möbel, die bereits in der Absicht hergestellt wurden, den Käufer zu täuschen, und nicht etwa harmlose Kopien oder sog. „Stilmöbel", über die allenfalls ein Laie einmal stolpern könnte.

Freilich, eine meisterliche Fälschung — aber ich betone: eine wirklich meisterliche Fälschung — vermag auch das geübte Auge des Fachmannes zu täuschen. Da ist man praktisch machtlos, trotz bester Kenntnis des oben gesagten. Wissenschaftliche Untersuchungen können so etwas aufdecken; aber sie sind für Möbel der unteren und meist auch der mittleren Kategorie zu teuer. (Etwa die C_{14}-Methode zur Altersbestimmung des Holzes, womit die Echtheit des Möbels freilich auch noch nicht bewiesen ist.) Das fragliche Stück zu zerlegen, könnte auch Klarheit schaffen, etwa anhand der Spuren von Maschinenarbeit an verdeckten Flächen. Aber wer zerlegt schon ein Möbel, bevor er es kauft?

Deswegen sollten Sie sich jedoch nicht entmutigen lassen. Ich behaupte nämlich, daß solche meisterlichen Fäl-

Bild 144. Alter Tischfuß. Das Furnier auf seiner Oberseite ist fast vollständig abgetreten. Der krasse Unterschied zu Sockelring und Säule ist deutlich zu sehen.

schungen äußerst selten sind. Das sage ich nicht aus einem unumstößlichen Glauben an das Gute im Menschen, sondern einfach, weil es sich nicht lohnt. Der Zeitaufwand für eine lupenreine Fälschung ist viel zu groß. Wohlgemerkt: diese Überlegungen beziehen sich auf Möbel der unteren und mittleren Preisklasse. Bei Möbeln der oberen Kategorie oder gar bei Kunstwerken liegen die Verhältnisse

Bild 145. Vom Autor gefälschtes Tischchen

ganz anders. Da lohnt sich das „kunstgerechte" Fälschen, und da wird dann auch mit allen Tricks gearbeitet. Lesen Sie dazu das im Verlag Ullstein erschienene Buch von Andre Mailfert „Denn sie wollen betrogen sein", die Bekenntnisse eines Antiquitätenfälschers.

Man könnte mir vielleicht entgegenhalten, daß aufwendige Fälschungen zwar bei den heutigen hohen Löhnen unrentabel seien; diese Kosten wären aber vor 20, 30 oder 50 Jahren wesentlich niedriger gewesen. Das stimmt, aber damals war auch die Nachfrage nach Antiquitäten wesentlich geringer, und es ließen sich folglich auch nur erheblich kleinere Preise erzielen. So gab es kaum eine Verlockung, einfache Stücke zu fälschen.

Dazu ein Beispiel, das Tischchen auf Bild 145. Um es gleich vorwegzunehmen: Es ist eine Fälschung, und sie stammt von mir. Ich habe sie aber nicht in böser Absicht hergestellt, sondern es hat mir einfach Spaß gemacht. Und daß mir bereits einige Fachleute und Antiquitätenhändler auf den Leim gegangen sind, war mir eine Genugtuung. Das Blindholz-Gestell aus Tanne ist tatsächlich recht alt. Die Marketerien aus Obstbaumhölzern sind teils aus alten, teils aus neuen Furnieren geschnitten und künstlich gealtert. Ein sichtlich neues Tischbein unter drei eindeutig alten unterstreicht noch die vermeintliche Echtheit. Um mich nicht dem Vorwurf auszusetzen, ich würde durch Veröffentlichen entsprechender Rezepte zum Fälschen animieren, will ich die einzelnen Methoden und Tricks nicht verraten, obwohl sie in einschlägigen Kreisen wohlbekannt sind. Was ich mit dieser Geschichte jedoch sagen will, ist folgendes: Angenommen, ich könnte und würde dieses Tischchen als echt an den Mann bringen, so wäre der Erlös 1500 bis höchstens 2000 Franken. Verglichen mit der eingesetzten Arbeitszeit gäbe das weniger als ein Hungerlöhnchen. Selbst wenn ein Profi mit einiger Routine nur die halbe Zeit bräuchte, wäre das ganze noch lange kein „Geschäft".

Wenden wir uns aber von den raffinierten Fälschungen ab und betrachten wir die weniger guten. Sie können das Auge des Kenners kaum täuschen, eher jedoch das des Laien. Schon äußerlich machen diese Stücke einen irgendwie zu neuen Eindruck. Die Flächen „stehen" noch zu gut, die durch den natürlichen Gebrauch abgestoßenen Kanten und Ecken fehlen, die Marketerien sind viel zu exakt gefügt. Obschon oft mit Druckstellen, Schlagspuren und Kratzern übersät, erscheinen diese eher künstlich aufgebracht; es wiederholen sich nämlich über das ganze Möbel genau die gleichen Abdrücke — manchmal an den unpassendsten Stellen. Ein Zeichen, daß sie mit dem Hammer oder sonst einem stumpfen Gegenstand eingeschlagen wurden. Die „Patina" ist mit Farbe künstlich aufgetragen, oft sind sogar noch die Pinselstriche zu erkennen. Großflächig freigelegte und dann ausgespachtelte Fraßgänge des Holzwurms deuten darauf hin, daß wohl altes Holz verwendet, dieses aber nachträglich bearbeitet wurde. Die Furniere sind selten so dick, wie es ihrem angeblichen Alter gemäß wäre, vielmehr wurden moderne Furniere mit Stärken unter 1 mm verwendet.

Gelegentlich stolpert ein Fälscher auch bei der Auswahl der zeitentsprechenden Hölzer. So ist es z. B. ein Anachronismus, bei der Nachahmung eines Mahagoni-Möbels im Stile Louis-seize Afrikanisches Mahagoni statt richtig Westindisches zu nehmen, oder gar einem frühbarocken Stück Mahagoni-Marketerien zu verpassen.

Betrachten wir nun das fragliche Möbel von hinten, unten und innen. Die sichtbaren Flächen des Blindholzes sind meist dunkel gebeizt, um ihnen das frische Aussehen zu nehmen. Da und dort sind vielleicht noch schlecht ausgeschliffene Spuren von Kreissäge oder Hobelmaschine zu erkennen. Striche vom Schrupphobel mit seiner bogenförmigen Schneide fehlen in der Regel — oder sie sind auf einer bereits glatten Fläche vereinzelt nachträglich eingehobelt. Starke Abnützungen an den Schubladenführungen fehlen meist. Die Eckverbindungen der Schubladen sind zu exakt gearbeitet. Also auch von Innen grundsätzlich ein neuer Gesamteindruck. Arge Dilettanten verzichten sogar auf die Schwalbenschwanzverbindungen und nehmen die einfacher zu fertigende gerade Zinkung, Bild 67.

Sehen Sie sich auch die Unterseite der Möbelfüße an. Bei billigen Fälschungen ist die Schnittfläche noch sauber und gerade, bestenfalls gebeizt. Die Standflächen eines Möbels aus der Zeit sind dagegen abgestoßen, ausgefranst und zerfressen, und vor allem weisen sie einen dikken verkrusteten Schmutzbelag auf.

Als Beschläge werden vorwiegend neue Abgüsse verwendet, die man vor der Montage mit Säuren künstlich patiniert und die somit auf Vorder- und Rückseite die gleiche einheitliche Verfärbung aufweisen.

Seien Sie skeptisch und vorsichtig, wenn man Ihnen ein bestimmtes Stück überschwenglich anpreist und unter Aufbietung aller Überredungskünste zu verkaufen sucht. Nein, auch dann *muß* es sich nicht um eine Fälschung handeln. Aber der Verdacht liegt nahe, daß mit diesem Stück etwas nicht ganz in Ordnung ist. Es könnte auch zu einem Ladenhüter geworden sein, im Preis zu hoch liegen, oder es ist zuviel daran ersetzt. Nach meinen Erfahrungen bedarf ein gutes und preiswertes Möbel keiner großen Anpreisung. Über kurz oder lang verkauft es sich von selbst.

Kein renommierter Antiquitätenhändler wird versuchen, Ihnen eine plumpe Fälschung anzudrehen. Außerdem können Sie sich weitgehend absichern, indem Sie beim Kauf ein genau formuliertes Echtheitszertifikat verlangen, das auch das Rückgaberecht für den Fall einschließt, daß sich das Stück später nachweisbar als Kopie herausstellt, oder nicht als das, wofür es verkauft wurde. (Vgl. Seite 32.)

Dringend abraten und warnen möchte ich jedoch vor dem Kauf von „Antiquitäten" im südlichen Ausland. Zumindest sollte man dort Trödler und Hinterhofhändler meiden, solange man nicht selbst über gut fundierte Kenntnisse auf diesem Gebiet verfügt. Sonst ist das Risiko zu groß, daß sich eine vermeintliche Trouvaille zu Hause als ein auf alt getrimmtes Stilmöbel herausstellt. Dem südländischen Erfindergeist sind da manchmal keine Grenzen gesetzt. Vor Jahren bin ich selbst einmal bei so einem Trödler in Mailand gelandet. Im Halbdunkel einer Ecke, unter viel anderem Gerümpel versteckt, entdeckte ich eine aus der Distanz nicht genau definierbare Poudreuse im Stil Louisseize. Ausgegraben und ans Tageslicht gezerrt, entpuppte sie sich sofort als ein etwas strapaziertes Stilmöbel neueren Datums. Die überschwenglichen Lobpreisungen des Händlers wirkten beinahe überzeugend und ließen mich im Zweifel, ob er nicht gar selbst an die Echtheit seines Prunkstückes glaubte. Auch mein Einwand, die Schubladen hätten ja Böden aus Sperrholz, konnte ihn nicht erschüttern. „Aber mein Herr", hielt er mir mit der treuherzigsten Miene entgegen, „Sperrholz gibt es doch schon sehr lange!" (In Deutschland ist Sperrholz erst etwa ab 1900 im Möbelbau nachweisbar.)

Antike Möbel des Eklektizismus (Historismus)

Mit dieser Periode ist die Zeit etwa zwischen 1835 und 1880 gemeint, also im Anschluß an das Biedermeier. 1880 ist eine willkürliche Grenze, denn der Eklektizismus hört da keineswegs auf — er reicht weiter (wenn Sie die Stilmöbel dazurechnen, gibt es ihn heute noch). Aber nach allgemeinem, wenn vielleicht auch fragwürdigem Übereinkommen bedeutet „antik" ein Mindestalter von 100 Jahren.

Diese Epoche des 19. Jahrhunderts entwickelte keinen eigenen Bau- und Möbelstil, sondern ahmte die vergangenen historischen Stile nach — von der Gotik bis zum Biedermeier —, wandelte sie ab und kombinierte sie. Man hat diese aus der Retrospektive entwickelten Formen lange etwas verächtlich angesehen. Erst in den letzten Jahren befaßt sich auch die wissenschaftliche Kunstgeschichte mit diesen Möbeln und deutet sie, auch in Anlehnung an das damals wachsende allgemeine Geschichtsbewußtsein, nicht mehr nur negativ.

Man darf aber eben einen „neubarocken" Sessel aus der Mitte des 19. Jahrhunderts nicht mit einem Stück von 1700 gleichsetzen — und genau an dieser Stelle liegt für den Laien die Gefahr. Täuschung und Verwechslung sind hier viel eher möglich als bei tatsächlichen Fälschungen. Denn allein vom materiellen Standpunkt erreichen die Schöpfungen des 19. Jahrhunderts nie den Wert der Möbel historischer Möbelstile, denen sie nachempfunden sind. Es gibt sogar renommierte Antiquitätengeschäfte, die, um Verwechslungen von vornherein auszuscheiden, diese Möbel nicht mehr führen, ja ihnen sogar den Anspruch auf die Bezeichnung „antik" aberkennen.

Lassen Sie mich diese Möbel etwas vereinfachend und willkürlich in vier Gruppen einteilen:

a) Möbel in historischen Stilen mit eigenen Abwandlungen
b) Möbel in historischen Stilen
c) exakte Nachbildungen historischer Möbel
d) Stilkombinationen

Wer über einige Stilkenntnis verfügt, wird die Schöpfungen der Gruppe d leicht erkennen und dem Eklektizismus zuordnen. Denn wohin sonst könnte z. B. ein Möbel gehören, das sowohl gotische als auch Rokoko-Formen in sich vereinigt. (Keine Regel ohne Ausnahme: Schon im England des späten 18. Jahrhunderts gab es eine gewisse Vorliebe für gotische Stilelemente. Denken Sie etwa an Chippendale.)

Schwieriger wird die Beurteilung der Gruppen a bis c. Generell gilt auch hier, daß ein gewissenhafter Händler solche Stücke immer als das ausgibt, was sie wirklich sind. Aber man kauft ja auch einmal von privater Seite, und da neigt der Verkäufer in seiner Unkenntnis gern dazu, ein freundliches Stück aus Großvaters Zeiten maßlos zu überschätzen.

So ist neben Formgefühl und Stilkunde wieder der kritische Blick auf konstruktive Details und ähnliche handgreifliche Spuren gefordert. Diese Möbel sind weitgehend von der beginnenden Industrialisierung und Mechanisierung der Betriebe geprägt. Die Erfindung und Entwicklung der Holzbearbeitungsmaschinen eröffnet dem Schreinerhandwerk neue Möglichkeiten — nicht zuletzt auch die Herstellung dünner gemesserter Furniere an Stelle der bisher gesägten dickeren. So werden jetzt oft auch die Innenseiten und sogar die Rückseiten der Möbel furniert, bei Tischplatten auch ihre Unterseite. Nicht furnierte Innenflächen sind meist glatt bearbeitet. Die Schwalbenschwanzzinken sind gleichmäßig und exakt. Waren früher einzelne Bretter, z. B. die Seiten einer Schublade, verschieden dick (Handbearbeitung!), so weisen sie seit Einführung der Hobelmaschine durchweg eine gleichmäßige Stärke auf.

Grundsätzlich kann von einer Zunahme der Fertigungsqualität gesprochen werden — bei den historischen Möbeln sind die nicht sichtbaren Teile ja oft recht lieblos behandelt. Ab und zu lassen sich auch Spuren von Kreis- oder Bandsäge nachweisen oder die „Wellen" der Hobelmaschine. Die Kehrseite der exakten Herstellung und der genauen Symmetrie ist eine Einbuße an Lebendigkeit, die die Möbel oft etwas schablonenhaft wirken läßt. Sie zeigt sich am Möbel insgesamt wie auch am einzelnen Dekor, das jetzt von der Maschine vorgefertigt und nur noch von Hand nachgearbeitet wird. Das erkennt man besonders deutlich, wenn man die Möglichkeit des direkten Vergleichs hat.

Sieht man von einigen unbedeutenden Abwandlungen ab, hat diese Zeit keine grundsätzlich neuen Möbeltypen geschaffen. Dafür gibt es — außer den oben erwähnten fertigungstechnischen Neuheiten und der Erfindung der Bugholzmöbel durch Michael Thonet — einige charakteristische Entwicklungen im Detail. So wurde es recht beliebt, an den Beinen von Sitzmöbeln oder Tischen Rollen zu montieren. Bei den Polsterungen stand besonders in der Zeit Napoleon III. das Kapitonieren in Hochblüte, Bild 211; dabei durften unten die Fransen nicht fehlen. Experimente mit neuen Materialien, z. B. mit Papiermaché, wurden gemacht, blieben aber ohne dauernde Auswirkungen. Man

Bild 146. Rückwand einer Kommode, zweite Hälfte 18. Jahrhundert

Bild 147. Rückwand einer Schreibkommode, Mitte 19. Jahrhundert

entwickelte Verfahren, um auf billige Serienmöbel Marketerien aufzudrucken.

Was die Holzarten betrifft, so zeigt sich zu Anfang dieser Epoche im Anschluß an das Biedermeier eine Vorliebe für einfache helle Hölzer. Nach einer gewissen Abstinenz im Spätklassizismus kommen beim Neurokoko (Napoleon III.) wieder die klassischen exotischen Hölzer des 18. Jahrhunderts zum Zuge: Rosenholz, Violettholz, Palisander usw. Später, zur Zeit der Gründerjahre, entdeckt man vor allem in Deutschland eine große Schwäche für Eichenholz.

Stilmöbel

Das sind Möbel unserer Tage, die in ihren Formen historische Stile nachahmen. Sie reichen von soliden Produkten der modernen Möbelindustrie bis zur billigen Massenware, die vorwiegend aus Italien und Spanien importiert wird. Eigentlich hatte ich über solche in jedem Warenhaus erhältlichen Produkte schweigen wollen. Aber kürzlich betrachtete ich im Schaufenster eines Geschäftes für Inneneinrichtungen so eine billige, im Kunstharzglanz strahlende

„Barockkommode" und belauschte dabei die Unterhaltung eines jungen Paares, das sichtlich voll Erfurcht dieses Stück bestaunte. Sie: „Schaurig schön!". Er: „Wird auch wahnsinnig teuer sein . . ." Sie: „Ja, sie ist sicher auch sehr alt."

Deshalb wiederhole ich: Falls Sie einmal vor so einem Möbel mit „Hammerschlagpatina" in Unkenntnis des Gebietes unsicher sind, schauen Sie das Möbel von innen und hinten an. Es ist aus modernen Werkstoffen nach Gesichtspunkten rationeller Serienproduktion konstruiert und nicht einmal als Kopie zu betrachten. Für das Blindholz werden Preßspan- oder Tischlerplatten genommen, die Schubladenböden sind aus Sperrholz, die Rückwand ist eine Hartfaserplatte, meist mit Heftklammern befestigt (Bild 148).

Seriöse Stilmöbel sind solider konstruiert. Aber auch hier genügt ein Blick ins Innere, um zu erkennen, daß es sich eben nicht um ein historisches Stück, sondern um eine Schöpfung von heute handelt. Das gilt auch für hochwertige Kopien, die unter Verwendung auserlesener Materialien in Einzelanfertigungen weitgehend von Hand hergestellt sind, Bild 149.

Seit einiger Zeit begegnet man immer wieder Kopien, die unter der Bezeichnung „Replik" verkauft werden. Diesen Namen tragen sie zu Unrecht, denn unter einer Replik versteht man die Wiederholung eines Werkes durch den gleichen Meister oder zumindest durch die gleiche Werkstatt, die das Original geschaffen hat. Formal und konstruktiv halten sich solche Stücke genau an ein historisches Vorbild. Man verwendet altes Holz, zum größten Teil auch alte Techniken und bringt Gebrauchsspuren an. Durch den hohen Arbeitsaufwand sind sie recht teuer — und trotzdem keine Antiquitäten.

Kürzlich stand ich vor einem aus England importierten Stück. Ich muß gestehen, es hat mich beinahe getäuscht, so echt waren die Alters- und Gebrauchsspuren. Die künstliche Patina der Beschläge und die Rückseite des Möbels waren jedoch eindeutig.

Bild 148. Rückwand aus Holzfaserhartplatte

Bild 149. Bonheur du jour, moderne Kopie

Die Stilperioden

Bild 150 gibt einen Überblick über die Bezeichnungen der Stile in den verschiedenen europäischen Ländern. Die Graphik beschränkt sich in geographischer wie in zeitlicher Hinsicht auf die Bereiche, mit deren Schöpfungen wir heute praktisch konfrontiert werden können. Altertum und Mittelalter sind nicht berücksichtigt; diese Möbel findet man heute fast nur noch im Museum, und da sind sie auch besser aufgehoben als in unseren oftmals überheizten Räumen.

Die oberste Zeile gibt eine ganz grobe Reihenfolge der europäischen Stilepochen als ersten, allgemeinen Überblick. Dann folgen die Bezeichnungen in den verschiedenen Ländern. Es liegt in der Natur der Sache, daß dabei keine scharfen zeitlichen Grenzen zu ziehen sind. In der Regel entwickelt sich die neue Stilrichtung aus der vorangegangenen und diese klingt allmählich aus. So ergeben sich zwangsläufig Überschneidungen. Vielfach entstehen die neuen Auffassungen auch in den Residenzen und haben sich in den großen Städten längst durchgesetzt, während sich in abgelegeneren ländlichen Bezirken noch die alte Richtung hält. So gibt es etwa alpenländische Möbel aus dem Anfang des 19. Jahrhunderts, die nach Form und Konstruktion ausgesprochen gotischen Charakter tragen.

Umgekehrt können äußere Einflüsse fast „über Nacht" einen neuen Stil entstehen lassen, wie das etwa beim französischen Directoire der Fall war. Nach der Revolution und der Absetzung des Königs Louis XVI. 1792 wurde in Frankreich alles abgeschafft, was noch an die Monarchie erinnerte. Im Möbelbau entwickelte sich sehr schnell ein schlichter und strenger, man könnte fast sagen ein „Revolutionsstil". Das ging soweit, daß bei bestehenden Möbeln, sofern sie nicht zerstört wurden, jeglicher „royalistische" Schmuck entfernt und durch Embleme der Revolution ersetzt wurde.

Zwischen den einzelnen Ländern gibt es auch je nach der politischen Situation wesentliche Unterschiede. Frankreich als zentralistisch regierte Monarchie entwickelte praktisch über das ganze Land einen jeweils einheitlichen Stil mit kaum feststellbaren Unterschieden im Mobiliar zwischen den einzelnen Provinzen. Versailles, der Sitz des Königs, war das Zentrum, von dem alle kulturellen Impulse ausgingen und wo alle Entwicklungen wieder zusammentrafen.

In Deutschland und Italien mit ihrer Gliederung in verschiedene Königs-, Herzog- und Fürstentümer gab es dagegen jeweils mehrere Zentren, und wir finden gleichzeitig verschiedene Richtungen und Entwicklungen. Während sich in Norddeutschland Einflüsse aus England und Holland auswirkten, wandte sich der süddeutsche Raum mehr der französischen und italienischen Geschmacksrichtung zu. Nicht zuletzt werden dadurch auch genauere zeitliche Abgrenzungen erschwert.

Schwierig wird die präzise Datierung auch oft in den Übergangsperioden, speziell bei einfachen bürgerlichen Möbeln. Hier treten am gleichen Stück die Merkmale verschiedener Perioden auf und erschweren nicht nur dem Laien, sondern auch dem Fachmann die exakte Bestimmung. Als Beispiel sehen Sie in Bild 252 eine Truhe aus dem Übergang von Renaissance zu Barock.

In Frankreich haben diese Übergangsstile eigene Namen. So heißt der Übergang von Louis-quinze zu Louis-seize „Transition", der von Louis-quatorze zu Louis-quince „Regence". Ähnlich könnte man auch das Directoire als Übergangsstil von Louis-seize zum Empire ansprechen.

Schwieriger wird die Situation für das ungeübte Auge bei der Beurteilung von Möbeln aus der Zeit des Eklektizismus, vgl. auch Seite 43. Als man im 19. Jahrhundert aus einer romantischen Gefühlswelt heraus und wohl auch, weil allgemein verbindliche neue Ideen fehlten, die historischen Stile kopierte, ließ man von der Gotik bis zum Biedermeier nichts aus. Ein Möbel aus dieser Zeit weist alle Merkmale des Alters auf: Abnützungsspuren, Patina, usw. Gerade in solchen Fällen sollte der weniger Versierte vor einem Kauf einen Kenner zu Rate ziehen, wenn es um höhere Beträge geht. Es ist kaum möglich, für die Aufeinanderfolge der einzelnen Stilerneuerungen eine klare Reihenfolge anzugeben, zumal Neugotik, Neurenaissance, Pseudobarock, Neurokoko und zweites Biedermeier vielfach nebeneinander herlaufen. Dazu kamen Inspirationen aus Japan und China. Vereinfachend kann man auch von einem „Stil der Gründerzeit" sprechen, nach der Reichsgründung von 1871, oder auch vom „Stil der beginnenden Mechanisierung". Denn dies ist die Zeit, in der die Dampfmaschine und Ausnutzung der Wasserkraft und eine Reihe von Arbeitsmaschinen den Serienbau von Möbeln ermöglichen. Interessant und vielsagend finde ich, daß um diese Zeit das Sammeln von Antiquitäten seine bescheidenen Anfänge nahm.

Die bei uns üblichen Bezeichnungen wie Barock oder Rokoko sind in Frankreich nicht gebräuchlich. Hier werden die Stilperioden, wie auch in England, jeweils nach dem Herrscher benannt, in dessen Regierungszeit die entsprechende Periode gefallen ist.

Frankreich als Ausgangsland der Gotik hat an diesem Stil sehr lange festgehalten und sich hartnäckig gegen die klassischen Einflüsse der italienischen Renaissance gewehrt. Erst etwa um die Mitte des 17. Jahrhunderts konnte sie sich hier bescheiden entwickeln, um dann während der Regierungszeit Henry IV. und Louis XIII. (nach dem auch die französische Renaissance benannt wird) voll zur Entfaltung kommen.

In Deutschland klafft zwischen Renaissance und Barock eine deutliche Lücke. Es ist dies die Zeit gegen Ende des 30jährigen Krieges und danach, als die allgemeine Not keine handwerklich schöpferische Tätigkeit zuließ.

In manchen Werken liest man, Italien kenne praktisch kein Rokoko, sondern sei vom Barock direkt zum Klassizismus übergegangen. Abgesehen von den Höfen des Adels, wo sehr viele Louis-quinze-Möbel importiert wurden, war zumindest Norditalien im Rokoko auch selbst schöpferisch, selbst wenn dabei keine Ausmaße wie etwa in Deutschland erreicht worden sind. Auch haftet diesen Möbeln — dem italienischen Pathos entsprechend — immer eine gewisse barocke Wucht an.

Ergänzend seien noch einige Stilbegriffe kurz definiert, die in der Graphik Bild 150 nicht vorkommen.

Manierismus
Stilrichtung zwischen Renaissance und Barock, etwa 1530 bis 1610. Im Möbelbau kaum von Bedeutung, beeinflußte vor allem die Ornamentik.

Laub- und Bandelwerkstil
Bezeichnung für gewisse Ornamentformen des späten Barock (Louis-quatorze), etwa 1690—1730.

Ohrmuschelstil
Bezeichnung für gewisse Ornamentformen des späten Barock, etwa 2. Hälfte des 17. Jahrhunderts.

Neoklassizismus
Name für den Klassizismus des 18. und 19. Jahrhunderts.

Transition
Übergangsstil in Frankreich von Louis-quinze zu Louis-seize, etwa 1755—70. Bei Kastenmöbeln z. B. erkennbar an dem bereits gradlinigen Aufbau mit teilweise schon klassizistischer Ornamentik und immer noch geschweiften Rokoko-Beinen.

Konsulat-Stil
Andere Bezeichnung für Directoire, etwa 1800.

Romantik
Keine Stilbezeichnung für Möbel und Baukunst, sondern für Literatur und Schöne Künste, etwa 1795—1830.

Historismus
Andere Bezeichnung für Eklektizismus (19. Jahrhundert), vgl. Seite 43.

Style Charles X.
In Frankreich gebräuchliche Bezeichnung etwa für die Zeit von 1825 bis 1835, Untergruppe des Restaurations-Stiles. Meist helle Möbel mit dunklen Einlagen.

Zweiter Neoklassizismus
Stilrichtung um die Wende des 20. Jahrhunderts, die das Formengut von Zopfstil, Empire und Biedermeier aufnimmt.

Jugendstil
Etwa 1895—1910. Wenn seine Schöpfungen auch noch nicht zu den Antiquitäten zählen, so werden sie doch bereits zu recht ansehnlichen Preisen gehandelt. Diese Stilströmung war die Reaktion auf die vorangegangene, schöpferisch recht sterile Zeit. Man kehrte sich von allen historischen Formelementen ab und suchte neue Ornamente in schwungvoll abstrahierten Pflanzenformen.

In England teilt man die Epochen nach der vorwiegend verwendeten Holzart ein:

Age of oak
Zeitalter des Eichenholzes, etwa 1500—1660.

Age of walnut
Zeitalter des Nußbaumholzes, etwa 1660—1720.

Age of mahogany
Zeitalter des Mahagoniholzes, etwa 1720—1770.

Age of satinwood
Zeitalter des Satinholzes, etwa 1770—1820.

Sehr gebräuchlich ist für englische Möbel des 18. und des frühen 19. Jahrhunderts die Einteilung nach den berühmtesten Möbelentwerfern.

Chippendalestil
Thomas Chippendale (1709—1779) war der Schöpfer einer Art englischen Rokokos. Ging später, Adam folgend, auf klassizistische Formen über.

Adamstil
Robert Adam (1728—1792) war Architekt und Möbelentwerfer. Er führte den Klassizismus in Architektur und Möbelbau in England ein.

Sheratonstil
Thomas Sheraton (1751—1806) war Möbelentwerfer. Nach seinen Vorlagen werden Möbel bis weit in das 19. Jahrhundert hinein gebaut.

Hepplewhitestil
George Hepplewithe (gest. 1786) war Kunstschreiner und Möbelentwerfer. Seine Schöpfungen ähneln denen Sheratons.

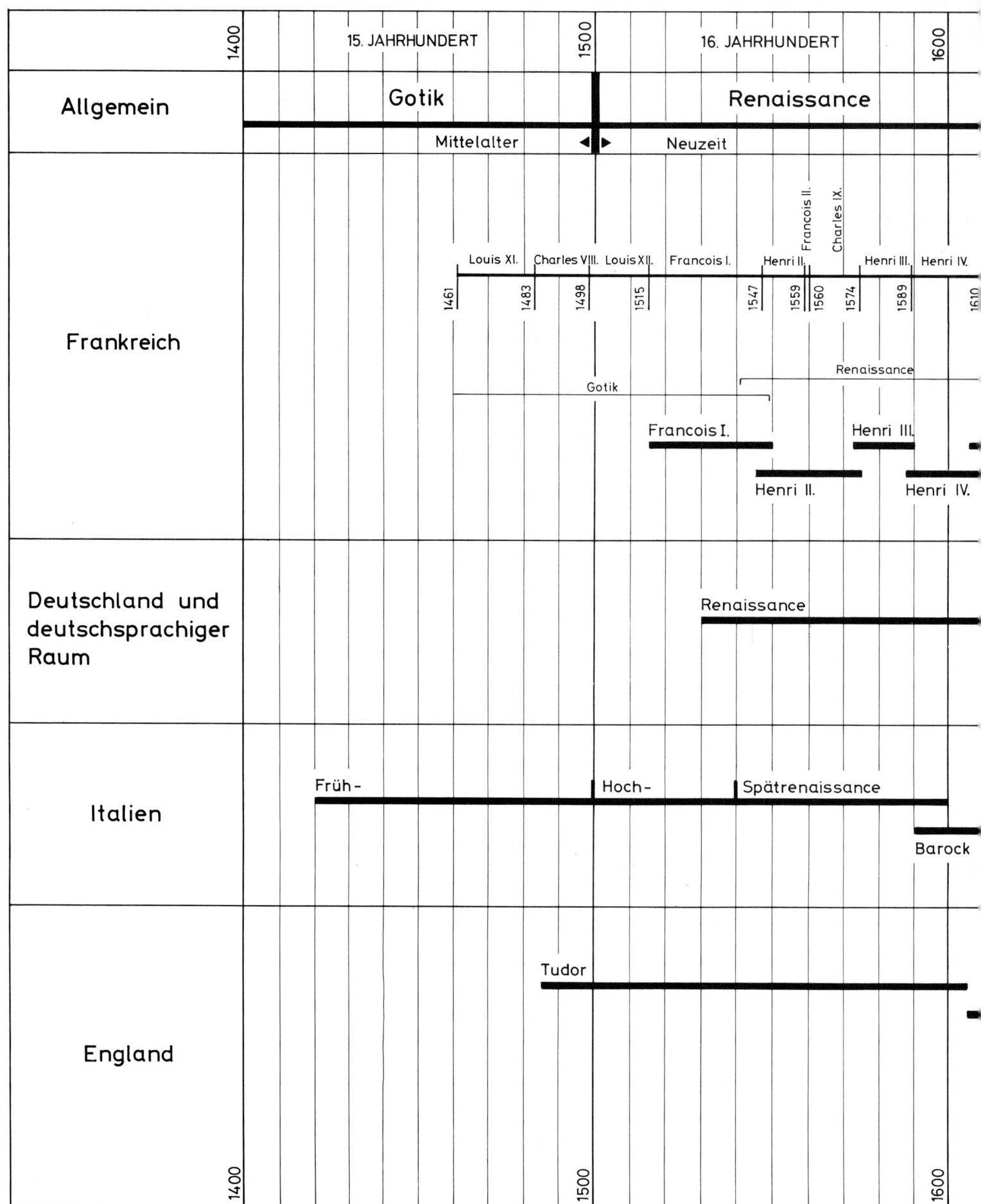

Bild 150. Übersicht über die Stilperioden

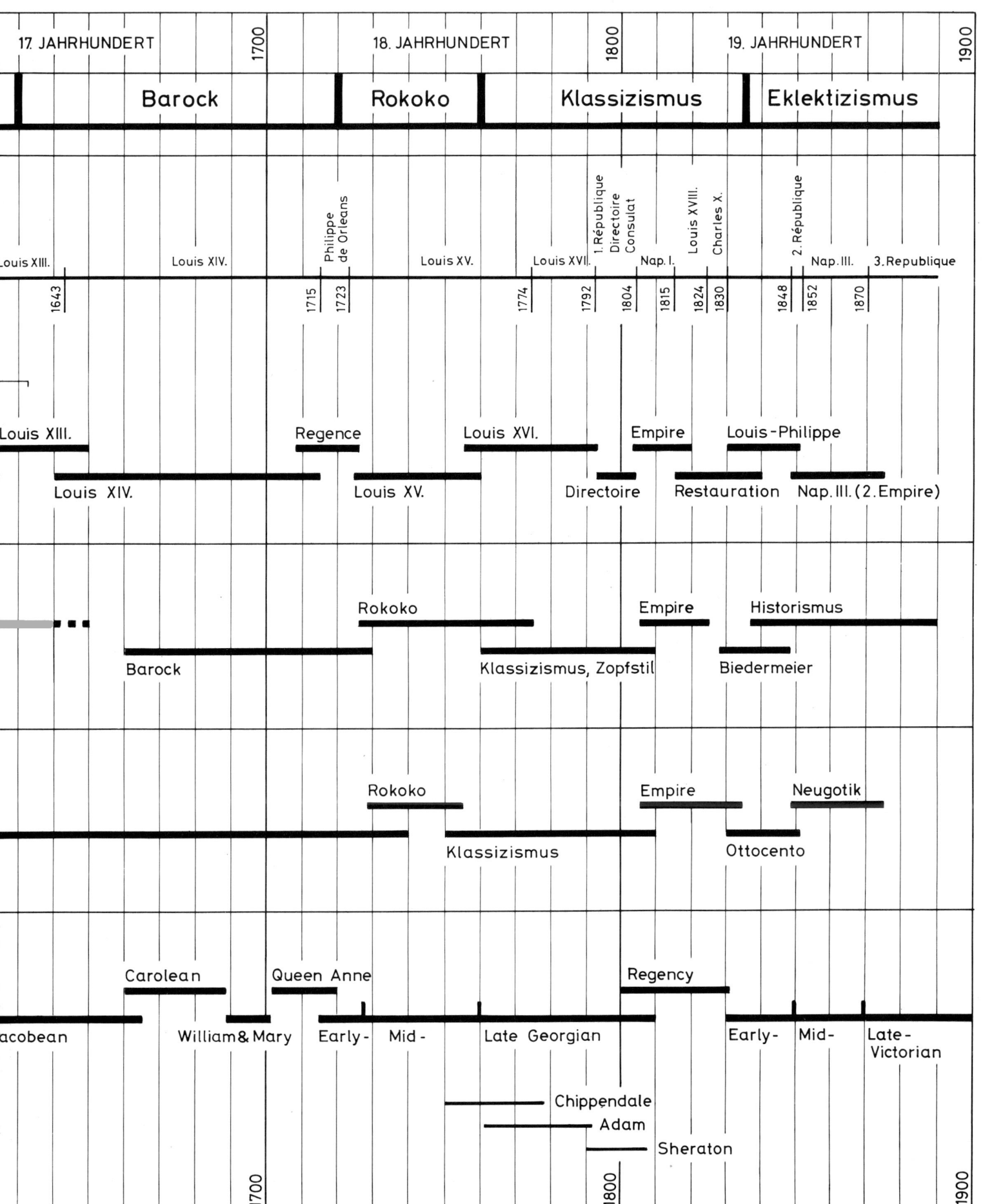

17. JAHRHUNDERT | 1700 | 18. JAHRHUNDERT | 1800 | 19. JAHRHUNDERT | 1900

Barock | **Rokoko** | **Klassizismus** | **Eklektizismus**

Philippe de Orleans

1. République / Directoire / Consulat

Louis XVIII. / Charles X.

2. République

Louis XIII. | Louis XIV. | Louis XV. | Louis XVI. | Nap. I. | Nap. III. | 3. Republique

1643 | 1715 | 1723 | 1774 | 1792 | 1804 | 1815 | 1824 | 1830 | 1848 | 1852 | 1870

Louis XIII. | Regence | Louis XVI. | Empire | Louis-Philippe

Louis XIV. | Louis XV. | Directoire | Restauration | Nap. III. (2. Empire)

Rokoko | Empire | Historismus

Barock | Klassizismus, Zopfstil | Biedermeier

Rokoko | Empire | Neugotik

Klassizismus | Ottocento

Carolean | Queen Anne | Regency

Jacobean | William & Mary | Early- Mid- Late Georgian | Early- Mid- Late-Victorian

Chippendale

Adam

Sheraton

1700 | 1800 | 1900

Das Restaurieren

Die verschiedenen Arbeitsvorgänge sollen an einem konkreten Beispiel demonstriert werden: die Reparatur und Restaurierung des Zylinderbureaus, Bild 152. Ich möchte diese Ausführungen aber weder als Lehrgrundlage für werdende Berufsrestaurateure verstanden wissen, noch soll damit den „Profis" eine Konkurrenz gezüchtet werden. Andererseits wird das Möbelrestaurieren, wenn man den Antiquitätenhändlern glauben will, immer mehr zu einem preislichen und fachlichen Problem. Ich erzähle deshalb einfach, wie ich es mache, und wenn der eine oder andere Hobby-Restaurateur daraus etwas Neues und Brauchbares erfährt, haben diese Seiten ihren Zweck erfüllt. Wenn jemand durch sie animiert wrd, es einmal selbst zu versuchen — desto besser!

Der handwerklich unbegabte Anfänger sei aber vor solch einem Abenteuer gewarnt. Zumindest sollte er seine Fähigkeiten zuerst an einem kleinen, einfachen und nicht so wertvollen Stück erproben. Man muß schon so selbstkritisch sein und wissen, was man sich zutrauen darf und was nicht. Nicht zuletzt müssen auch die räumlichen Voraussetzungen gegeben sein. Küche oder Wohnzimmer eignen sich nicht für solche Arbeiten. Man braucht Platz zum Arbeiten und muß die Teile auch liegen lassen können. Sollten Sie sich unter falschen Voraussetzungen an die Arbeit gemacht haben und im Laufe der Zeit merken, daß Ihnen das Werk nicht gelingt, so legen Sie jeden falschen Ehrgeiz beiseite und gehen Sie zu einem Schreiner. Er wird das Stück vielleicht noch für Sie retten können.

Wer als Fachmann meine Zeilen liest, möge bitte nicht die Nase über meine Methoden rümpfen. Sie sind vielleicht nicht immer ganz konventionell, aber ich denke, sie haben sich in der Praxis bewährt. Ich werde mich aber auch nicht scheuen, Mißerfolge und Fehler einzugestehen. Ich habe durch sie gelernt. Von vorneherein sei betont, daß ich nicht vom Fach bin, sondern mir meine Kenntnisse im Laufe der Jahre mit viel Geduld und Probieren autodidaktisch angeeignet habe.

Eine Liste über das nötige Handwerkszeug halte ich für unsinnig. Der passionierte Bastler hat schon einiges Werkzeug, und der Anfänger wird aus der Beschreibung rasch herausfinden, was man so alles braucht. Es ist für den Anfang nicht viel.

Mir stand neben dem üblichen Handwerkszeug, samt Bohrmaschine und Vibrationsschleifer, noch eine fünffach kombinierte Holzbearbeitungsmaschine mit Kreissäge, Abricht- und Dicktenhobelmaschine, Kehl- und Langlochbohrvorrichtung zur Verfügung, ferner eine kleine Bandsäge. Der Besitz solcher Maschinen ist jedoch keine unbedingte Voraussetzung. Man hat immer noch den Tischler in der Nachbarschaft, der einem hie und da aushilft und einen berät. Ich sage es nochmals: Scheuen Sie sich nicht, von dieser Möglichkeit Gebrauch zu machen. Und wenn Sie keine handwerklichen Talente haben, lassen Sie mit Vorteil die Finger ganz von diesen Arbeiten.

Bevor wir anfangen, noch ein Ratschlag: Arbeiten Sie nicht hastig, dafür um so sorgfältiger und überlegter.

Zunächst eine kurze Beschreibung des zu restaurierenden Möbels:

Zylinderbureau, klassizistisch

Dieses Möbel entdeckte ich bei einem Antiquitätenhändler in Österreich und konnte es nach einigem Feilschen recht günstig für 1850.— Fr. (1976) erwerben. Sein Zustand war allerdings sehr schlecht. Erfreulicherweise waren noch alle Beschläge und Schlösser im Original vorhanden.

Zeitlich läßt es sich etwa „um 1800" datieren und ist dem Zopfstil zuzuordnen. Die etwas schwerfällige Form, die dem Vergleich mit den viel eleganteren französischen Möbeln dieser Zeit nicht standhält, läßt auf seine Herkunft aus dem deutschsprachigen Raum schließen.

Die Konstruktion ist relativ einfach. Das Blindholz ist aus Tannenholz, das Furnier ein dunkler Nußbaum, lebhaft gemasert. Die Eckstollen, Schreibplatte und obere Deckplatte bestehen aus massivem Nußbaum. Schlichte Bandintarsien auf den Stirnseiten der Platten und der Sockelleiste unterstreichen die Teilung des Möbels in den Kommodenteil und den Schreibaufsatz. Zwischen dem Zylinderdeckel und der Schreibplatte besteht keine mechanische Kombination.

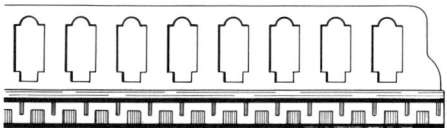

Bild 151. Bandintarsie in den Stirnseiten der Platten und in der Sockelleiste. Einlagen aus Nußbaum, Mahagoni, Ahorn und Palisander. Die Balustrade (oben) ist schwarz gefärbt.

Bild 152, 153. Das Zylinderbureau geöffnet in Schreibstellung (oben) und geschlossen

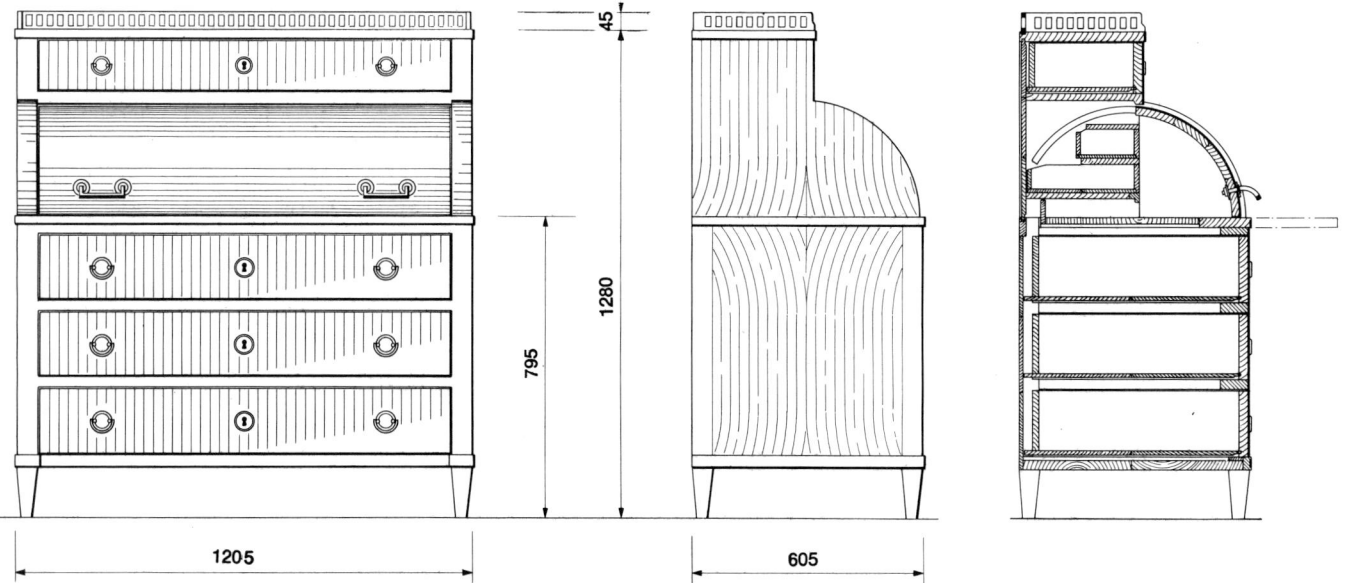

Bild 154. Ansichten und Schnitt durch das Zylinderbureau

Beschläge abmontieren

Als erstes werden die Beschläge wie Griffe, Schlüssellochschilder, Schlösser etc. abgeschraubt und in einer Schachtel aufbewahrt. Lassen Sie diese Teile nicht irgendwo lose herumliegen. Sonst ist garantiert dieses oder jenes nicht mehr zu finden, wenn Sie es in einem halben Jahr wieder suchen. Werfen Sie die alten Schrauben und die handgeschmiedeten Nägel nicht fort. (Vielfach sind die Schubladenschlösser mit solchen angenagelt; ein Argument für die Echtheit.) Wer nicht weiß, wie handgeschmiedete Nägel aussehen betrachte Bild 155, auch zwei Holznägel sind dabei.

Es wäre unsinnig und am falschen Ort gespart, wollte man die Beschläge am Möbel belassen und sie zu ihrem Schutz mit Wachs oder Klebestreifen abdecken. Man kann dann nicht zügig arbeiten, stößt beim Ablaugen, Schleifen oder Polieren immer an und ärgert sich zum Schluß, wenn die

Metallteile doch zerkratzt oder beschädigt wurden. Außerdem haben sie es meist sowieso nötig, separat gereinigt und behandelt zu werden (siehe Seite 71).

Bei dieser Gelegenheit ein kleiner Tip: Ist eine Holzschraube so fest eingerostet, daß sie sich mit einem guten und passenden Schraubenzieher nicht lösen läßt, so würgen Sie nicht daran herum, bis der Schlitz ganz und gar ausgefranst ist. Versuchen Sie es mit einem satten Hammerschlag auf den Kopf (auf den der Schraube natürlich). Läßt sie sich immer noch nicht lösen, so heizen Sie Ihren Lötkolben gut an und wärmen Sie damit die Schraube. Notfalls geht das auch mit der Spitze eines heißen Bügeleisens. In ganz hartnäckigen Fällen bleibt nur noch die Gewaltmethode: Die Schraube mit der Maschine herauszubohren, siehe unten.

Beim Versuch, eingerostete Nägel mit der Beißzange zu ziehen, reißt vielfach der Nagelkopf ab. Falls der Nagelstumpf nicht stört, schlägt man ihn mit dem Durchschlag

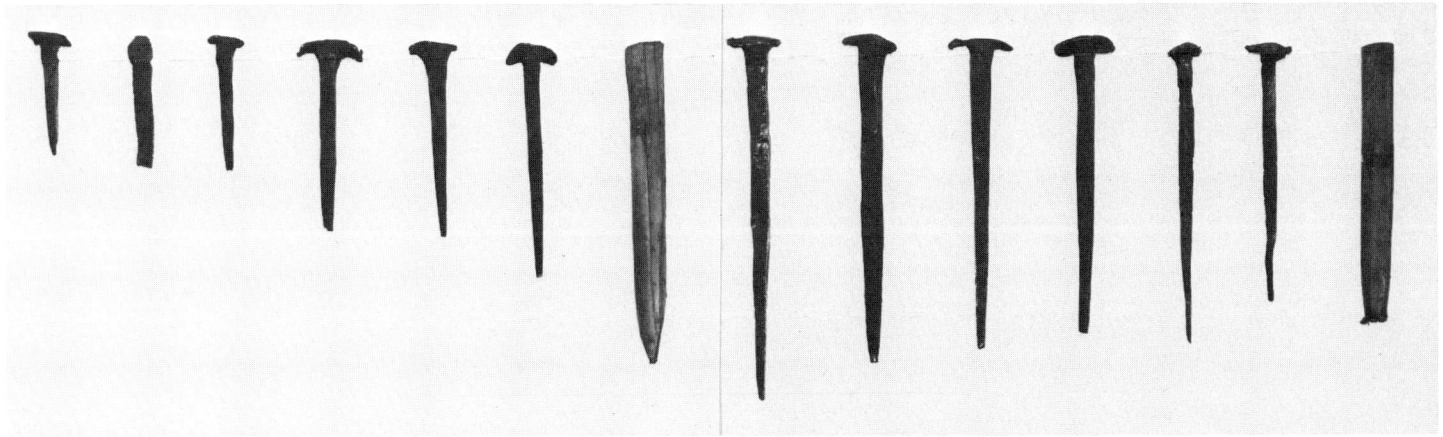

Bild 155. Handgeschmiedete Eisennägel und zwei Holznägel

(oder mit einem kräftigen vorn stumpf gefeilten Nagel) tiefer in das Holz ein. Muß er jedoch entfernt werden, weil vielleicht an derselben Stelle wieder ein Nagel oder eine Schraube gesetzt werden muß (Schloßbefestigung!), so bohrt man ihn mit einem Hohlbohrer heraus. Besorgen Sie sich dazu in einer Schlosserei oder einer Autowerkstatt ein etwa 100 mm langes gerades Stahlrohr mit 4 bis 5 mm Innendurchmesser und 1 bis 1,5 mm Wandstärke. An der Stirnseite, die schön rechtwinklig abgesägt sein muß, schlagen Sie mit dem Meißel einige kleine Kerben ein (oder feilen Sie sie ein), und fertig ist der Hohlbohrer. Damit bohren Sie das Holz um den Nagelstumpf (oder die Schraube) ringförmig aus, bis er sich mit der Spitzzange leicht herausangeln läßt. Das Loch verschließen Sie mit einem eingeleimten Holzdübel.

Ablaugen

Als nächstes werden alle losen Kleinteile wie Holzecken, Furnierstückchen usw., die bei der kommenden Bearbeitung ganz abzufallen drohen, säuberlich entfernt und aufbewahrt. Nun kommt eine der weniger angenehmen Arbeiten an die Reihe: das Ablaugen des alten Lackes. Ablaugepasten gibt es in Drogerien, Farbgeschäften oder Do-it-yourself-Läden, und zwar in verschiedenen Arten. Lassen Sie sich vom Verkäufer die für Ihre Absichten am besten geeignete Sorte empfehlen. Prüfen Sie aber vor dem Kauf, ob das Mittel noch frisch ist. Durch lange Lagerung dicken manche Mittel ein und verlieren durch Verflüchtigung der Lacklöser an Kraft: Am einfachsten kontrolliert man dazu das aufgedruckte Einfüllgewicht auf der Waage.

Beachten Sie die Gebrauchsanweisung und werden Sie nicht ungeduldig. Lassen Sie das Mittel die vorgeschriebene Zeit auf den alten Lack einwirken, aber auch nicht länger. Nehmen Sie sich auch keine zu großen Flächen auf einmal vor; die Front einer Kommodenschublade ist für einen Arbeitsgang gerade richtig. Beim Abspachteln des aufgeweichten Lackes sollten Sie möglichst immer in der Faserrichtung des Holzes schaben und darauf achten, daß keine Kratzspuren entstehen. Bei Profilleisten, Schnitzereien und dergleichen richtet man mit dem Spachtel nicht viel aus. Da greift man zur Drahtbürste (aber Vorsicht damit!), spitzem Messer oder Hartholzstäbchen.

Haben Sie hartnäckige Lackstellen, so wiederholen Sie dort das Abbeizen.

Die Gebrauchsanweisungen der Abbeizmittel empfehlen das Arbeiten mit Schutzbrille und Handschuhen. Für eine Brille spricht viel — aber mit Handschuhen kann ich persönlich einfach nicht arbeiten. Sollten Sie einmal einen Spritzer auf die Haut bekommen — es brennt ziemlich — so halten Sie die Stelle sofort unter kaltes fließendes Wasser.

Wenn die ganze Fläche abgebeizt ist, müssen Lack und Abbeizer bis auf den letzten Rest entfernt werden. Ich mache das — nicht ganz orthodox, aber mit Erfolg so: Ich reibe die Fläche mit einem Bund Stahlwolle, den ich häufig in warmes Wasser tauche, und unter Zugabe von einem Scheuermittel wie Vim oder Ajax gründlich ab. Mit Wasser wird dabei nicht gegeizt; was natürlich nicht heißt, daß man das Stück in der Badewanne ertränkt! Zwischendurch wischt man den entstehenden schmierigen Brei immer wieder mit einem feuchten Schwamm ab. Anschließend wird die Fläche noch einmal mit klarem Wasser und einem sauberen Schwamm gründlich abgewaschen, manchmal sogar mit dem Gartenschlauch abgespritzt und sofort mit einem alten Frottiertuch trockengerieben. Mit Föhn oder Heizstrahler trocknet man das Holz möglichst rasch; natürlich ohne die Fläche zu überheizen. Das Trocknen geht auch gut an der Sonne, aber auch dabei darf das Holz nicht mehr als handwarm werden.

In der einschlägigen Literatur steht, angenäßtes Holz soll möglichst langsam trocknen, damit es nicht reißt oder sich verzieht. Das ist mir absolut unbegreiflich. Frisch geschlagenes Holz muß zweifellos langsam getrocknet werden, zumal als Stamm oder Bohle, um seinen „Saft", seine natürliche Feuchtigkeit allmählich zu verlieren. Aber das gilt nicht für trockenes Holz, das nur an der Oberfläche feucht gemacht wurde. Stellen Sie sich vor, Sie legten das nasse Stück in einen kühlen Raum und ließen es langsam trocknen. Dann hätte das Wasser ja viel länger Zeit, noch tiefer in das Holz einzudringen und somit Schäden anzurichten.

Das viele Wasser bewirkt manchmal, daß da und dort eine Leimstelle aufgeht oder das Furnier sich löst. Meines Erachtens ist das kein Nachteil: Diese Leimstellen waren sowieso „faul" und wären früher oder später auseinandergegangen. Nur später, am fertig restaurierten Möbel, ist so etwas viel unangenehmer.

Gewisse Einschränkungen muß ich bei dieser Wassertherapie allerdings doch machen. Ich wende sie nur bei Möbeln aus Massivholz an, bei solchen, die flächig furniert sind und bei marketierten oder intarsierten Stücken, die eine solche Prozedur ohne große Schäden überstehen. Feingliedrige, empfindliche Arbeiten schleife ich ausschließlich trocken ab.

Die abgelaugten Flächen werden sobald wie möglich mit grobem Schmirgelpapier (80er oder 100er) vorgeschliffen und mit einer alten Kleiderbürste gründlich gereinigt. Dieser baldige Schliff ist unerläßlich. Denn die Stahlwolle hinterläßt ganz feine Stahlsplitterchen, die nach kurzer Zeit rosten und kaum zu beseitigende kleine schwarze Flecken im Holz hinterlassen. Anfänglich habe ich darauf nicht geachtet und mich später immer wieder gewundert, wo diese „Sommersprossen" herkamen.

Jetzt sollte das Möbel nach Möglichkeit für einige Wochen in einem trockenen und warmen Raum abgestellt werden, um gründlich durchzutrocknen. So können sich Spalten und Risse voll entfalten, um dann im Zuge der Restaurierung in vollem Umfang ausgefüllt zu werden. Spänt man nämlich eine gerissene Fläche vorher aus, so kann man sicher sein, daß schon während der ersten Heizperiode der

Bild 156. Bei einem Biedermeierstuhl wurde das Sitzbrett zu feucht aufgeleimt und ist gerissen.

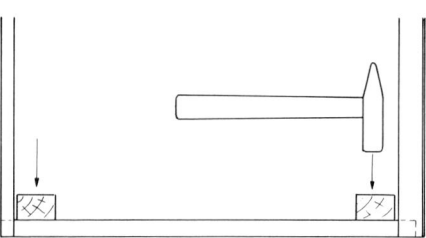

Bild 157. Zerlegen einer Schublade

Schnitt

Bild 158. Begradigen der ausgelaufenen Schubladenseite

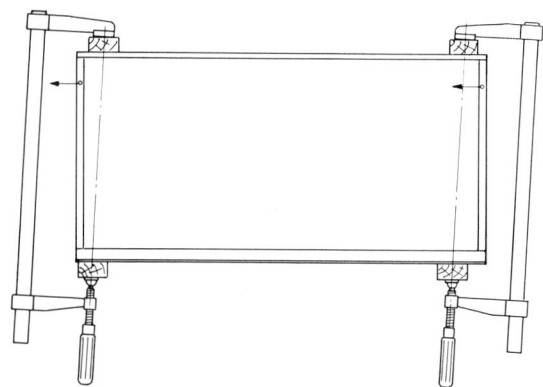

Bild 159. Ist der Schubladenrahmen nicht rechtwinklig, kann man das durch schief angesetzte Zwingen ausgleichen.

alte Riß wieder aufgeht oder sich neue bilden. Das gleiche gilt sinngemäß für den Arbeitsraum: Er sollte trocken und nicht zu kalt sein.

Die Schubladen

Jetzt aber wieder zurück zu unserem Zylinderbureau. Als erstes habe ich mir die drei Schubladen des Kommodenteils vorgenommen. Die Laufflächen ihrer Seitenwände waren durchweg stark abgenützt (Bild 112) und mußten repariert werden. Da die Eckverbindungen auch schon etwas wackelig waren, habe ich die Schubladen in ihre fünf Einzelteile zerlegt. Zuvor wurden die zusammengehörenden Teile unverwechselbar bezeichnet. Vergessen Sie das ja nicht, sonst müssen Sie später unter Umständen stundenlang probieren, welche Seitenwand zu welcher Front gehört. Suchen Sie die Lade nach Nägeln ab und ziehen Sie sie heraus. Dann lösen Sie die Eckverbindungen durch satte, aber vorsichtige Hammerschläge von innen. Schlagen Sie nicht direkt auf die Bretter, sondern legen Sie ein Stück Holz dazwischen. Klopfen Sie abwechselnd links und rechts und vorn und hinten (Bild 157).

Meine Schubladen gingen sofort auseinander. Einerseits waren, wie schon erwähnt, die Verleimungen von Haus aus nicht mehr solid, andererseits hatte das Wasser noch das übrige dazu getan. Einige beim Zerlegen abgebrochene Ecken der Schwalbenschwänze wurden sofort wieder angeleimt und mit Klebestreifen fixiert. Die alten Leimreste habe ich mit einer Zahnbürste und heißem Wasser vollständig herausgebürstet. Die alten Knochenleime sind ja wasserlöslich.

Die Einzelteile reinigt man, grobe Unebenheiten werden egalisiert. Dann wurden die „ausgelaufenen" Laufflächen der Seitenwände auf der Kreissäge gerade geschnitten. Dabei muß der Schnitt genau rechtwinklig zur Schubladenfront geführt werden (Bild 158), sonst liegt die Schublade zum Schluß schief im Möbelkorpus.

Nun sollten die vier Wände wieder miteinander verleimt werden. Dazu muß man sich zwei besonders lange Schraubenzwingen besorgen. Natürlich muß man beim Zusammenpressen auf Rechtwinkeligkeit achten, entweder anhand eines großen Anschlagwinkels oder noch besser, indem man die beiden Diagonalen nachmißt. Sind sie nicht gleich lang, setzt man die Zwingen etwas schräg an (Bild 159). Damit der Schubladenrahmen beim Verleimen eben bleibt und sich nicht verwindet, spannt man ihn auf eine kräftige Platte auf. Dabei legt man die vorher begradigten Kanten der Seitenwände (siehe oben) nach unten.

Setzen Sie die Zwingen immer möglichst nahe bei den Eckverbindungen an und legen Sie Hölzer dazwischen. Da in meinem Fall die Schwalbenschwänze teilweise sehr viel Spiel hatten, habe ich für diese Verleimung Zwei-Komponenten-Epoxidleim verwendet. Er füllt Hohlräume gut aus, da er beim Abbinden im Gegensatz zu den wasserhaltigen

Weißleimen (fast) nicht schwindet. Über die Fugen gesetzte Klebestreifen verhindern, daß Leim herausfließt. — Bei gut sitzenden Eckverbindungen nimmt man natürlich Weißleim; herausgequollenen Leim wischt man tunlichst sofort mit einem feuchten Lappen gut ab. Weißleim ist der in allen einschlägigen Geschäften erhältliche weiße Polyvinylacetat-Leim; seine Markenbezeichnungen enden meist auf . . . coll.

Nach dem Trocknen wurden alle Innenseiten zweimal mit Hartgrund gestrichen.

Schließlich habe ich die neuen Laufsohlen aus Eiche geschnitten und gehobelt. Ihre Länge und Breite richtete sich nach den Schubladenseiten, die Dicke nahm ich 2 bis 3 mm größer als nötig (siehe Seite 61). Anschließend habe ich sie mit je 3 oder 4 Senkholzschrauben befestigt (nicht anleimen!). Beim Einschieben der Schubladenböden muß man recht vorsichtig vorgehen. Meist klemmen sie jetzt in ihren Führungen und müssen in ihrer Breite oder Dicke nachgearbeitet werden. Treiben Sie die Böden niemals mit Gewalt hinein, sie zersprengen sonst die Seitenwände. Damit waren die Schubladen für den Moment erledigt.

Der Korpus

Die nächste Etappe umfaßte die Arbeiten am Kommodenkorpus. Weil nur noch ein Fuß und drei unbrauchbare Stümpfe vorhanden waren, habe ich alle vier Füße mit dem Fuchsschwanz abgesägt — bündig mit der Korpusunterkante und so rechtwinklig wie möglich. (Anfertigen der neuen Füße siehe Seite 60.) Das Entfernen der Rückwand war problemlos. Meist sind sie wie Schubladenböden eingefalzt oder von unten in Nuten eingeschoben und mit einigen Nägeln gesichert.

Wie bei so einem alten Stück üblich, waren die Lauf- und die Streichleisten stark ausgelaufen. Dabei hatte der mechanische Verschleiß noch durch den Holzwurm tatkräftige Unterstützung erfahren. Merkwürdigerweise hatte er aber nur die Laufleisten stark zerfressen, Streichleisten und Seitenwände aber fast verschont. Entweder hatte dem „Wurm" gerade dieses Holz besonders gut geschmeckt oder der Schreiner hatte für diese verdeckten Stellen seinerzeit schon wurmstichiges, minderwertiges Holz genommen. Damit die Schubladen später einwandfrei laufen, mußte man alle diese Teile ersetzen. Dabei ließ sich einige Gewalt nicht vermeiden. Im vorliegenden Fall waren die Leisten nicht nur mit den Seitenwänden verleimt, sondern auch noch mit je zwei Holznägeln fixiert und vorn in den Eckstollen eingezapft (am hinteren Eckstollen nur stumpf gestoßen).

Durch das Verziehen und Arbeiten der Seitenwände hatten sich die Verleimungen erfreulicherweise schon weitgehend gelöst. Einige satte Hammerschläge von oben und unten lockerten die Leisten weiter, so daß die Holznägel mit einem Metallsäge-Blatt zwischen Wand und Leiste durchtrennt werden konnten. Sitzen die Leisten sehr fest,

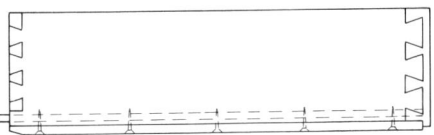

Bild 160. Die neue Laufsohle wird zunächst nur aufgeschraubt.

löse ich sie mit Hartholzkeilen, die ich von oben und unten zwischen Seitenwand und Leiste treibe, Bild 161. Das geschieht mit aller Vorsicht, damit die Wand nicht zersprengt wird oder sich von den Eckstollen löst. Empfohlene Größe für diese Keile aus Eiche oder Buche: Länge 100 bis 120 mm, Breite 50 mm, Dicke oben 8 bis 10 mm.

Nach dem „Ausschlachten" wurden alle Flächen wie oben beschrieben abgebeizt. Dabei empfiehlt es sich allerdings, lose Furnierteile schon vorher wieder zu verleimen. Das gilt besonders für Stellen, wo das Abbeizmittel unter das Furnier dringen kann (z. B. Furnierstöße) und später kaum mehr zu entfernen ist.

Durch die „Gewaltanwendungen" hatten sich inzwischen auch die beiden Sockelleisten auf den Seiten gelockert; sie wurden wie vorstehend beschrieben vollends vom Korpus abmontiert. Im Zuge einer so weitgehenden Restaurierung zieht das eine das andere nach sich. Zum Schluß steht man vor einem total zerlegten Möbel, obwohl man zu Anfang gar nicht die Absicht hatte, so weit zu gehen. Aber ich halte das eigentlich für keinen Nachteil; denn für eine gründliche und sorgfältige Reparatur sind neue Verleimungen mit den bedeutend besser haltenden modernen Leimen nur von Vorteil. Außerdem läßt sich an den Einzelteilen einfacher ausbessern, ersetzen oder schleifen als am zusammengebauten Stück. Daß man mehr Zeit dafür braucht, spielt solange keine Rolle, wie man nicht professionell arbeitet.

Die beiden Sockelleisten gaben die Schwalbenschwanz-Verbindungen zwischen Seitenwänden und Boden frei. Auch hier hatten sich die Verleimungen teilweise gelöst. Aber auch noch diese Teile voneinander zu trennen, um sie frisch zu verleimen, ist mir trotz allem zu viel gewesen.

Bild 161. Durch das Eintreiben von schlanken Holzkeilen werden die Schubladenführungen vorsichtig gelöst.

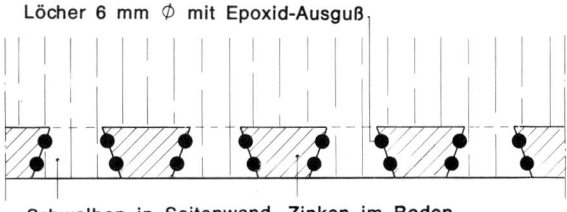

Löcher 6 mm Ø mit Epoxid-Ausguß

Schwalben in Seitenwand   Zinken im Boden

Bild 162. Um locker gewordene Verzinkungen ohne Zerlegen zu festigen, gießt man sie mit Epoxidharz aus.

Dazu hätte ich ja auch die vorderen Traversen von den Stollen lösen müssen, und die saßen noch sehr fest. Statt dessen habe ich zwischen den Zinken und den Schwalben je zwei Löcher von 6 mm Durchmesser gebohrt, die Ritzen so gut wie möglich von altem Leim und Schmutz gereinigt, die Löcher mit Epoxidleim ausgegossen und die Flächen zusammengespannt, Bild 162.

Man muß sich bewußt sein, daß eine solche Verleimung später praktisch nicht mehr zu lösen ist. Außerdem war das Saubermachen der Ritzen recht mühselig, und auch das Zusammenspannen bot Probleme. Alle Zwingen waren viel zu kurz, und so behalf ich mich schließlich mit einem Wagenheber, wie Bild 163 zeigt. Vergessen Sie in solch einem Fall weder ein kräftiges Kantholz zur Druckverteilung unterzulegen, noch einen Streifen Plastikfolie über die Leimstellen zu breiten, damit Sie nicht das Kantholz an die Kommode leimen!

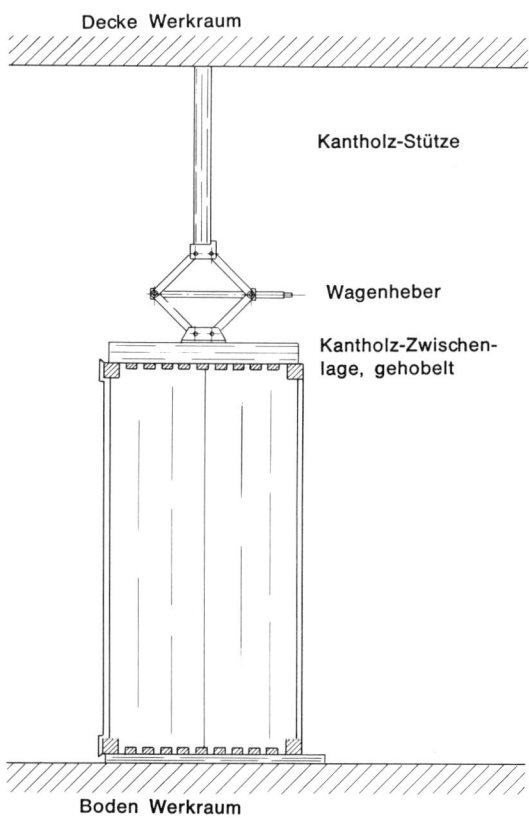

Decke Werkraum

Kantholz-Stütze

Wagenheber

Kantholz-Zwischenlage, gehobelt

Boden Werkraum

Bild 163. Beim Verleimen sehr großer Teile kann ein Wagenheber gute Dienste leisten.

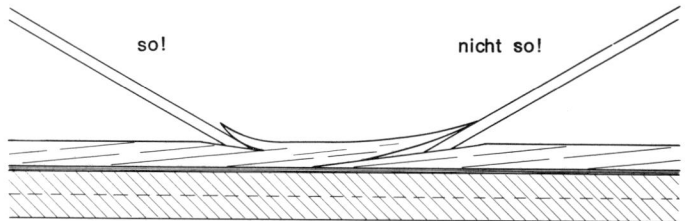

so!   nicht so!

Bild 164. Beim Abstemmen eines eingeleimten Spans muß man mit der Faser stechen.

Risse im Holz und lose Stellen im Furnier

Als nächstes kam das Ausspänen der vielen, teilweise einige Millimeter breiten Risse in den Seitenwänden an die Reihe. Zunächst wurden die Risse mit einem scharfen Bastlermesser und einem schmalen Sägeblatt gereinigt, begradigt und u. U. auch erweitert. Einige Mühe kostete dann das Anfertigen von passenden Spänen (Holzstreifen). Sie sollten nicht nur möglichst satt in die Spalten passen, sondern auch im Farbton dem umgebenden Holz gleichen. Es wird kaum gelingen, die Streifen auf die volle Länge sowohl im Umriß als auch im Querschnitt ganz passend anzufertigen. Man schleift die Späne leicht keilförmig und klopft sie unter reichlicher Zugabe von Weißleim mit mäßigen Hammerschlägen in die Spalten. Das muß vorsichtig geschehen, sonst bekommt die Seitenwand zuviel Spannung, wirft sich oder wird wellig. Es genügt, wenn die Späne 6 bis 7 mm tief sitzen. Herausgequollenen Weißleim wischt man sofort mit einem feuchten Lappen oder Schwamm ab. Nach dem Trocknen wird das überstehende Holz abgestemmt und grob bündig geschliffen. Stemmen Sie aber wie auf Bild 164 gezeigt, immer mit der Faserrichtung des Spans, sonst könnte er zu tief einreißen. Schmale Risse können Sie gut mit Furnierstreifen füllen; u. U. leimt man mehrere zusammen. Kurze oder oberflächliche Risse spachteln Sie mit plastischem Holz aus.

Schließlich gießt man die auf der Rückseite der Bretter verbleibende Spalte mit Polyester- oder Epoxidharz aus (Bild 165).

Versuchen Sie jedoch nie, eine gerissene Fläche lediglich unter Leimzugabe mit viel Gewalt wieder zusammenzupressen. Die Fläche wird wieder reißen. Erfolg hat diese Methode nur, wenn sich der Riß ganz ohne Kraftaufwand zusammendrücken läßt.

Eine langwierige Arbeit war das Verleimen der abgelösten Furnierstücke und der unzähligen Furnierblasen ("Kürschner" in der Schreinersprache). Lose Furnierteile

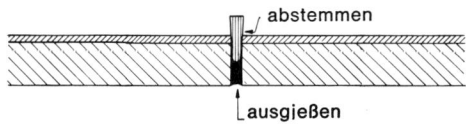

abstemmen

ausgießen

Bild 165. Der Riß wird ausgespänt und dann von hinten mit Kunstharz ausgegossen.

am Rand der Fläche hebt man vorsichtig an und kratzt Schmutz und alten Leim mit einem spitzen Messer heraus. Der alte Leim muß nicht restlos entfernt werden; der Weißleim hält trotzdem. Er wird mit einem Messerchen eingeführt und vor dem Ansetzen der Zwingen durch Daumendruck im Spalt verteilt.

Um den Leim unter die Furnierblasen zu bringen, also an lose Stellen innerhalb der Fläche, benützen Sie am besten eine Injektionsspritze. Vielleicht schenkt Ihnen der Arzt oder Zahnarzt eine gebrauchte Einwegspritze; sonst müssen Sie sie in einer Apotheke kaufen. Verdünnen Sie einen kleinen Vorrat Weißleim mit kaltem Wasser etwa auf die Konsistenz von Kaffeerahm, damit er gut durch die Spritze geht. Bewahren Sie ihn in einem gut verschließbaren Gefäß auf. Bohren Sie in Blasenmitte ein Loch von 2 mm Durchmesser durch das Furnier, bei größeren Blasen zwei oder drei Löcher. Setzen Sie die Spritze ohne Nadel senkrecht auf das Loch, drücken Sie sie gut dichtend an und spritzen Sie eine kräftige Portion Leim unter das Furnier. Versuchen Sie nicht, mit der Injektionsnadel und ohne vorgebohrtes Loch das Furnier zu durchstechen. Die Nadel verbiegt sich, das Holz splittert; so bringen Sie nie genug Leim unter das Holz.

Mit einigen Daumendrücken wird der Leim gut unter der Blase verteilt und, was wieder herausquillt, sauber abgewischt. Mit einer Zwinge und Holzzwischenlagen wird das Furnier heruntergepreßt. Die Holzzwischenlagen sollen eben, großflächig und dick genug sein, daß sich der Anpreßdruck gut verteilt. Dünnes Sperrholz oder gar Karton ist dafür absolut ungeeignet. Ziehen Sie auch die Zwingen nicht zu fest an, sonst gibt es häßliche Druckstellen, die sich nicht mehr beseitigen lassen. Mir ist es anfangs einmal so gegangen. Da war das Blindholz unter einem Kürschner stark vom Wurm zerfressen und brach unter dem hohen Druck regelrecht ein. Bild 167 zeigt, wie sich der Zwingendruck je nach Dicke der Zwischenlage auf eine kleinere oder größere Fläche verteilt.

Wo man mit den Zwingenarmen nicht mehr hinreicht, hilft man sich mit einer Hebelübersetzung, Bild 168. Auch hier darf die Zwinge nicht übermäßig angezogen werden, weil sonst am Ende neue Schäden entstehen könnten (im Bild 168 könnte z. B. die Seite vom Eckstollen losgedrückt werden).

Natürlich kann man nur so viele Verleimungen auf einmal in Angriff nehmen, wie man Zwingen zur Verfügung hat. Allerdings kann man die Trockenzeit etwas verkürzen, indem man die Holzzwischenlagen in der Backröhre gut vorwärmt. Wo sich der Leim schlecht oder gar nicht unter das Furnier spritzen läßt, spritzt man zuerst etwas heißes Wasser ein und befeuchtet den Kürschner von außen. Nach kurzer Zeit quillt das Furnier etwas und hebt sich vom Blindholz ab. So geht das Leimeinspritzen besser. Vergessen Sie nicht, nach der Arbeit die Spritze mit kaltem Wasser zu reinigen. Eingetrockneter Leim macht sie schnell unbrauchbar.

Prüfen Sie genau und systematisch, ob Sie auch wirklich alle Kürschner entdeckt haben, bevor Sie zu einer anderen

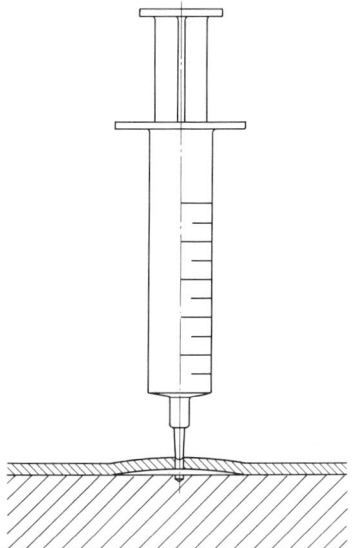

Bild 166. Der verdünnte Weißleim wird mit einer Injektionsspritze durch ein vorgebohrtes Loch unter den Kürschner gespritzt.

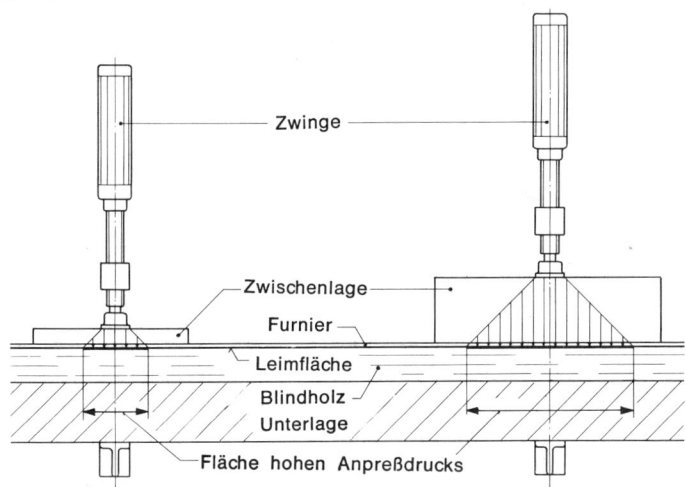

Bild 167. Je dicker die Zwischenlage, desto besser verteilt sich der Anpreßdruck einer Zwinge (schraffierte Fläche).

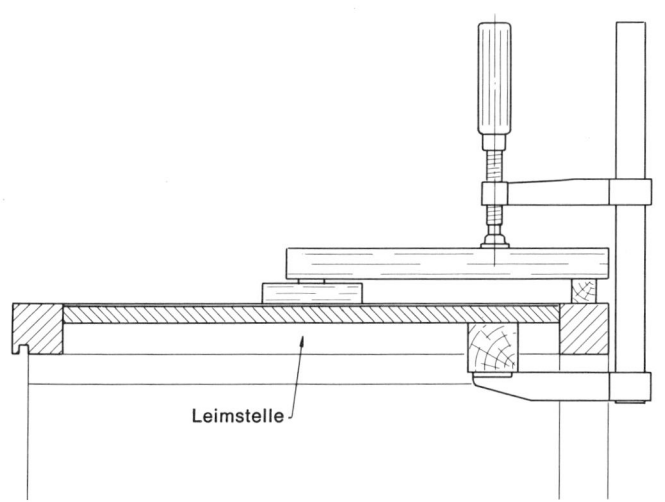

Bild 168. Durch solch eine Hebelkonstruktion läßt sich der Wirkungsbereich einer Zwinge vergrößern.

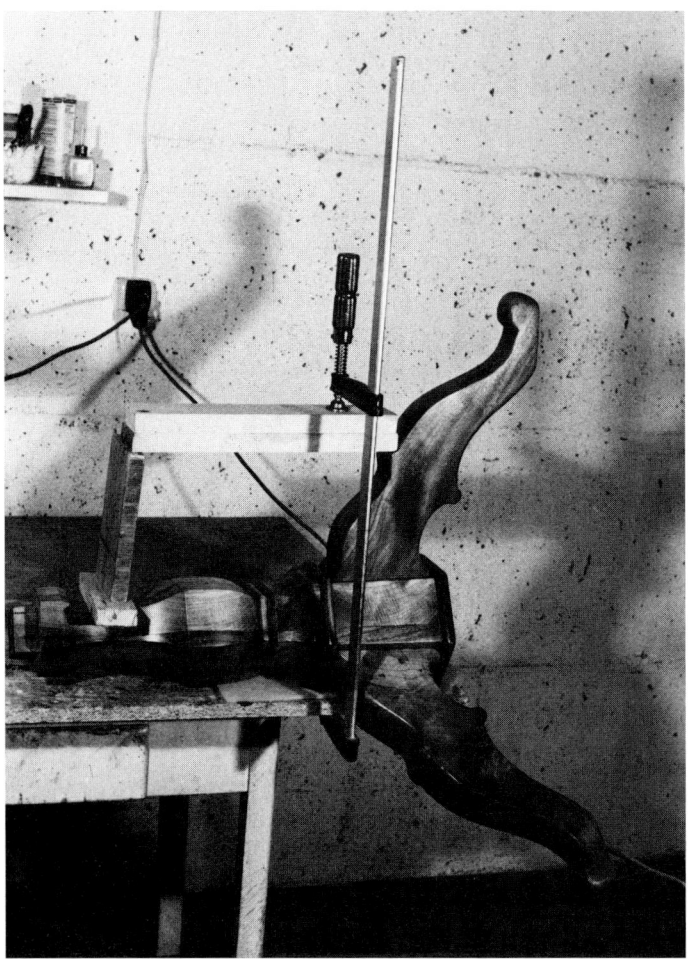

Bild 169. Manchmal braucht man abenteuerliche Hilfskonstruktionen, um geschweifte Teile zu verleimen.

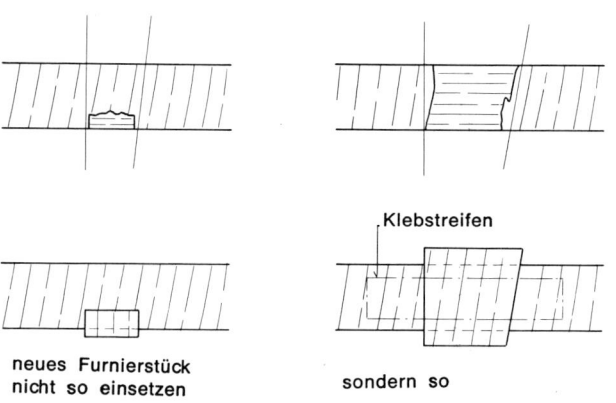

neues Furnierstück
nicht so einsetzen

Klebstreifen

sondern so

Bild 170. Ersetzen von ausgebrochenen Furnierstückchen, z. B. bei einer Traverse.

Fläche übergehen. Man erkennt die „faulen Stellen" am besten, wenn man mit der Fingerspitze unter leichtem Druck rasch über die Fläche streicht und dabei auf die Veränderung des Geräuschs achtet. Wo das Furnier nur lose aufliegt, klingt es hohler als an den richtig verleimten Flächen.

Falls Sie ein Pedant sind, bohren Sie die Einspritzlöcher nach dem Trocknen mit einem scharfen Bohrer kreisrund aus. Sie lassen sich dann von einem Wurmloch nicht mehr unterscheiden.

Mit der nötigen Vorsicht lassen sich die geschilderten Verleim-Methoden auch am fertig lackierten und polierten Möbel anwenden.

Furnier ausbessern

Wie meistens bei alten Schubladenmöbeln waren auch hier an den Traversen viele Furnierstücke ausgebrochen. Was noch vorhanden war, wurde sorgfältig eingeleimt. Eine erhebliche Zahl von Flickstücken mußte neu angefertigt werden. Dazu habe ich mir größere Stücke aus einem möglichst ähnlichen Nußbaumbrett geschnitten und mit der Maschine auf etwa die gleiche Stärke wie das alte Furnier gehobelt. (Wer keine Hobelmaschine hat, muß das durch Schleifen bewerkstelligen.)

Die zackigen Kanten der Ausbruchstelle wurden mit dem Messer geradegeschnitten — parallel zur Faser und so, daß sich zum leichteren Einpassen eine etwas keilförmige Fläche ergab, vgl. Bild 170. Entsprechend wurde aus dem neuen Furnier ein etwas längeres Paßstück geschnitten und nach Leimangabe (auch an den Stoßkanten!) sachte mit dem Hammer eingetrieben. Damit es beim Anziehen der Zwinge nicht verrutscht, fixiert man es mit selbstklebendem Papier-Klebeband (damit arbeitet sich besser als mit Film-Klebeband). Nach dem Trocknen wurden die überstehenden Teile mit der Feinsäge abgeschnitten und mit der Traverse bündig geschliffen.

Wählen Sie das Holz für solche Arbeiten sehr sorgfältig. Ein in Farbton und Maserung abweichendes Flickstück wirkt später sehr störend. Netzen Sie zum Vergleich beide Hölzer leicht mit Wasser an; so entsprechen die Farbtöne etwa dem lackierten bzw. polierten Zustand. Das neue Holz darf eher etwas heller als das alte sein. Dann kann man es später durch Beizen angleichen. Umgekehrt geht das nicht.

Hier noch einige Hinweise: Besonders bei Möbeln des späteren 19. Jahrhunderts, die dünne Messerfurniere haben, sind diese häufig nur kurz ausgebrochen. Aber auch in solchen Fällen sollte man ein durchgehendes Furnierstück einsetzen, Bild 170. Ein Ansatz quer zur Holzfaser bleibt immer sichtbar und störend.

Dünne Furniere schneidet man stets mit einem möglichst scharfen Bastlermesser entlang einem Stahllineal. Damit dieses nicht verrutscht, klebt man auf seine Unterseite einen Streifen grobes Schmirgelpapier, auf die ganze Länge, aber ein paar Millimeter schmaler als das Lineal.

Beim Schneiden längs der Faser sind viele Schnitte mit leichtem Druck besser als zu starker Messerdruck, bei dem das Holz leicht aussplittert. Quer zur Faser drückt man stärker auf.

Dicke Furniere schneidet man am besten mit einer Furniersäge, Bild 171.

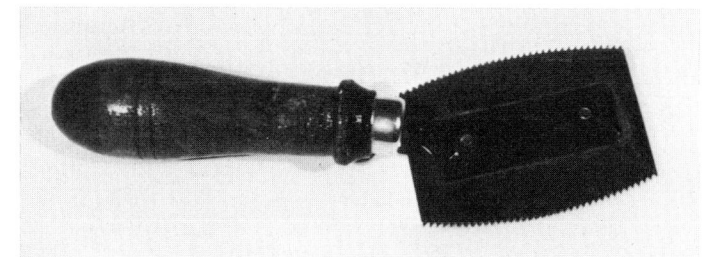

Bild 171. Furniersäge

Lauf- und Streichleisten

Nun waren die neuen Lauf- und Streichleisten für die Schubladen einzubauen. Die nötigen Maße für Längen und Querschnitte wurden an den alten Leisten abgenommen. Als Material habe ich Eichenholz genommen; Buche wäre wegen seiner glatteren Oberfläche noch besser. Jede Leiste muß einzeln ausgemessen werden; sicherheitshalber kontrolliert man das Maß durch Anlegen der Leiste an den Möbelkorpus. Die Laufleisten sollen gleich dick wie die Traversen sein. Diese sind bei alten Möbeln oft verschieden breit. Ich habe auch schon verschieden starke Eckstollen festgestellt: Diesem Maß soll die Dicke der Streichleisten entsprechen. In der Länge sollen Lauf- und Streichleisten etwas „Spiel" haben. Keinesfalls darf man sie mit Gewalt zwischen die Stollen eintreiben (Rißgefahr!).

Vor dem Einleimen entfernt man die alten Leimreste am Korpus und schmirgelt die Seitenflächen mit grobem Schmirgelpapier (80er Körnung) einigermaßen plan. Die Laufleisten sind oft vorn und hinten in die Eckstollen eingezapft und so in ihrer Lage fixiert. Vielfach sind sie aber nur vorn eingezapft, so daß man beim Einleimen darauf achten muß, daß die Laufleisten exakt im rechten Winkel zur Frontseite eingesetzt werden. Am besten richtet man die Laufleiste zunächst noch ohne Leim mit einem großen Winkelmaß genau aus und sichert sie durch Schubnocken gegen Verrutschen. (Das sind kleine Holzklötzchen, die man auf beiden Seiten der Leiste mit etwas Leim und einem Nägelchen an die Seitenwand fixiert, Bild 172.) Bis sie gut angetrocknet sind, nimmt man die Laufleiste wieder heraus, damit sie nicht mit festgeleimt wird. Wenn später die Laufleisten fertig eingeleimt und getrocknet sind, stemmt man die Schubnocken wieder heraus.

Manche Kommoden besitzen keine Eckstollen, sondern sind reine Brettkonstruktionen (Bild 259). Hier sind die Laufleisten in die Traversen eingezapft und dadurch vorn in ihrer Lage bestimmt. Streichleisten gibt es nicht; ihre Funktion übernehmen die Seitenwände.

Da normale Zwingen zu wenig Ausladung haben und ich die Leisten aber gern auf ihre ganze Länge mit der Seitenwand zusammenpresse, habe ich mir vom Schlosser zwei Spezialzwingen anfertigen lassen (Bild 173), die weit in den Korpus hineinreichen. Sie sind wohl etwas schwer und unhandlich, so daß man bei ihrer Handhabung zu zweit sein muß. Aber man braucht sie ja nicht alle Tage.

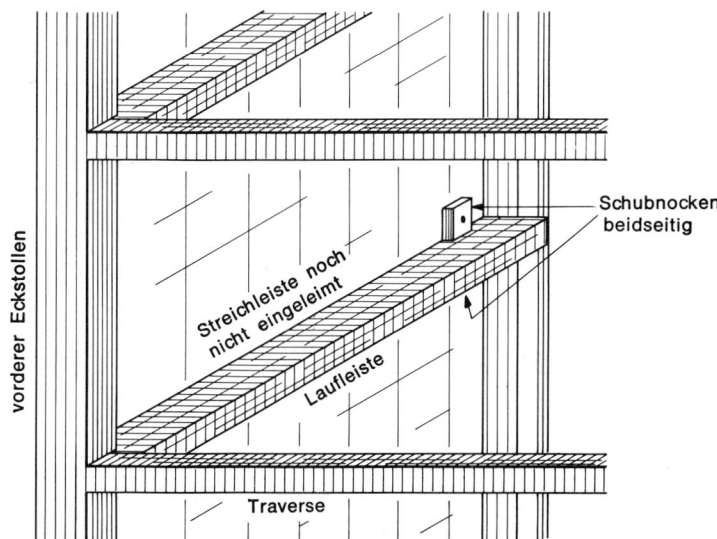

Bild 172. Einsetzen und ausrichten einer neuen Laufleiste

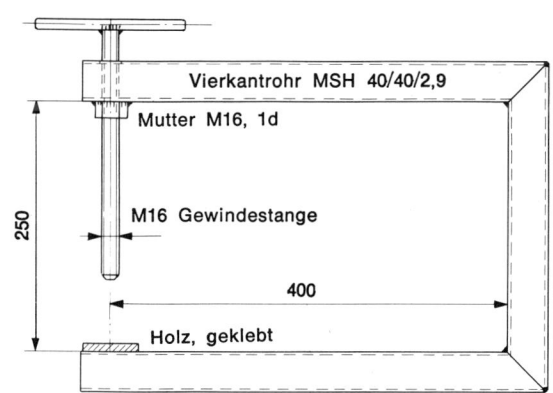

Bild 173. Spezialzwinge mit besonders langem Arm

Ich leime immer zunächst alle Laufleisten in den Korpus ein und danach dann die Streichleisten. Dazu legt man die Kommode auf die Seite: Seitenwand horizontal, Innenseite nach oben. Man kann auch zuerst jeweils Lauf- und Streichleiste miteinander verleimen und dann beide gemeinsam einbauen.

59

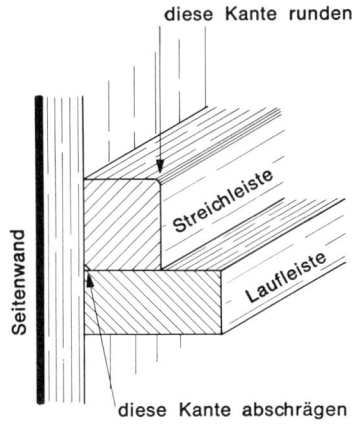

diese Kante runden

Seitenwand

Streichleiste

Laufleiste

diese Kante abschrägen

Bild 174. Schnitt durch die Schubladenführung

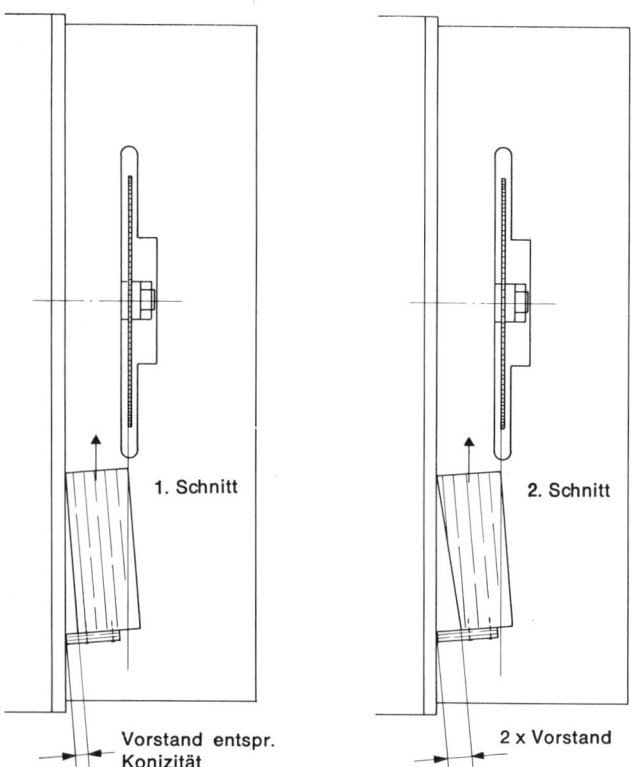

1. Schnitt

2. Schnitt

Vorstand entspr. Konizität

2 x Vorstand

Bild 175. Um den Fuß auf der Kreissäge konisch zuzuschneiden, heftet man eine Anschlagleiste an seine Standfläche.

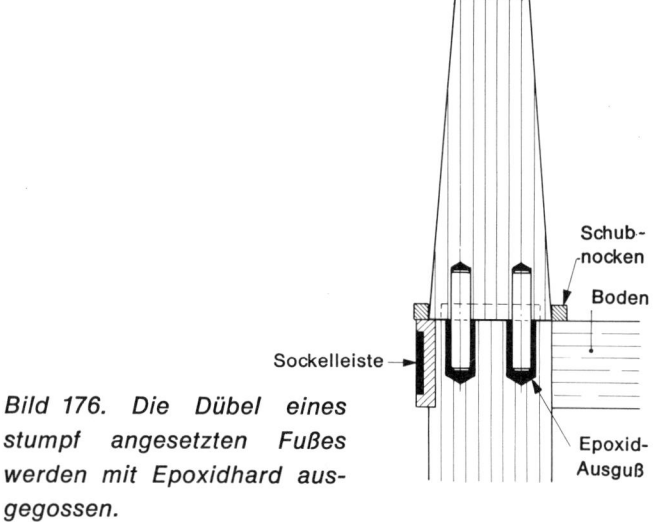

Schub- nocken

Boden

Sockelleiste

Epoxid- Ausguß

Bild 176. Die Dübel eines stumpf angesetzten Fußes werden mit Epoxidhard ausgegossen.

Noch einige Hinweise: Die Lauf- und die Streichflächen sollten möglichst glatt geschliffen sein, damit die Schublade leicht gleitet. Die obere Kante der Streichfläche sollte man abrunden, damit sie keine Rillen in die Schubladenseite schneidet.

Füße

Wie oben erwähnt, waren die Fußteile der Stollen unbrauchbar geworden, und deshalb hatte ich sie stumpf abgesägt (Seite 55). Beim Ansetzen eines Beines sollte man an sich das neue Stück mit einem schrägen Verbindungsstoß „anschäften". Bei einem freien Tisch- oder Stuhlbein geht das gut; hier war es den Umständen nach unmöglich. Ein sorgfältig ausgeführter stumpfer Stoß ist aber, sofern er nicht auf Biegung beansprucht wird, haltbar genug. Allenfalls stört der gerade Stoß optisch; aber hier liegt er ja verdeckt.

Da ich kein so dickes Nußbaumholz hatte, nahm ich Eichenholz — auch da mußte ich zunächst zwei Bretter zusammenleimen, um auf die nötige Dicke zu kommen — und furnierte sie später mit Nußbaum (siehe unten). Alle vier Stollen hatten überraschenderweise ziemlich genau den gleichen Querschnitt. So konnte ich ein Kantholz entsprechender Länge auf den Stollenquerschnitt zuschneiden, hobeln und dann alle vier Füße in ihrer definitiven Länge abschneiden.

Den Zuschnitt auf die gewünschte konische Form machte ich mit der Tischkreissäge. Man heftet dazu unten an das Fußstück eine Anschlagleiste, die soweit vorsteht, daß sich die gewünschte schräge Schnittführung ergibt (Bild 175). Der dritte und der vierte Schnitt entsprechen dem ersten und dem zweiten. Achten Sie darauf, daß kein Nagel in die Schnittebene der Säge gerät!

Zum Andübeln der neuen Füße braucht man eine Handbohrmaschine (sie kann auch handbetrieben sein) und Dübel. Dübelholz gibt es in Bastlergeschäften als 1 Meter lange runde Stangen mit verschiedenem Durchmesser. Für uns eignet sich solches aus Buche von 8 mm Durchmesser mit gerillter Oberfläche am besten. Die Rillen verteilen den Leim gut auf der ganzen Fläche und lassen den Überschuß aus dem Loch herausquellen.

In die neuen Füße bohrte ich je vier Dübellöcher von 8 mm Durchmesser. Die Tiefe sollte bei gesundem Holz etwa 2,5 mal Durchmesser sein, bei wurmstichigem Holz möglichst tiefer. Die Dübel wurden mit ziemlicher Überlänge zugeschnitten, etwas angespitzt und in die mit reichlich Leim versehenen Löcher satt mit dem Hammer eingeschlagen. Das darf nicht zu „streng" gehen, sonst platzt womöglich der Fuß.

Die Gegenlöcher in den Stollen wurden den Dübelabständen entsprechend angezeichnet, kräftig angekörnt und gebohrt. Es wäre aber unsinnig, die Paßlöcher mit dem gleichen Durchmesser wie die Dübel zu bohren. Denn im

Hirnholz läuft der Bohrer leicht etwas nach der Seite aus, und außerdem bohrt man freihändig nie ganz genau senkrecht. Deshalb macht man diese Löcher 4 bis 5 mm größer und vergießt die Dübel mit Epoxidharz-Leim. In diesem Fall waren die Stollen stark verwurmt. Ich fürchtete, das Vergußmaterial würde versickern und Hohlräume um die Dübel bilden. Ich habe die Löcher deswegen ganz mit Epoxidharz ausgegossen und für das ins Holz versickernde Harz so lange nachgefüllt, bis die Löcher voll waren. Nach dem Aushärten bohrte ich die Löcher nochmals nach (mit dem großen Durchmesser). Jetzt wurden die Dübel 2 bis 3 mm kürzer als die Lochtiefe abgesägt und die Füße probeweise aufgesetzt. Sollte ein Dübel doch noch im Loch klemmen, kann er etwas abgefeilt oder das Loch mit dem Hohleisen etwas vergrößert werden. Den exakten Stand er Füße sicherte ich, indem ich jeweils auf allen vier Seiten kleine Leistenstücke als Schubnocken befestigte und zwar mit Kontaktkleber (Bild 176).

Nachdem die Löcher reichlich mit Epoxidharz-Leim gefüllt waren, setzte ich die Füße auf. Dabei muß an der Stoßfläche genügend überschüssiger Leim herausquellen. Wenn nicht, nimmt man den Fuß wieder ab und füllt noch einmal Leim nach. Eile tut dabei nicht not, denn das Epoxidharz bleibt lange flüssig. (Nehmen Sie deshalb keinen schnellbindenden Epoxidleim!) Als alle vier Füße eingeleimt bzw. vergossen waren, sicherte ich sie mit Klebestreifen gegen Herausfallen und drehte die Komode um, um sie auf ihre eigenen Füße zu stellen. Das Eigengewicht der Kommode sorgt für genügend Anpreßdruck; andererseits kann man die Füße jetzt noch gut genau fluchtend ausrichten. Dazu genügt im allgemeinen ein gutes Augenmaß. Sonst nimmt man Winkel und Maßstab zu Hilfe. Wesentliche Voraussetzung dafür ist, daß die Stollen ursprünglich schön rechtwinklig abgesägt (oder entsprechend nachgearbeitet) wurden. Sollte ein Bein in der Luft stehen, so unterlegt man soviel, bis das Möbel gleichmäßig auf allen vier Füßen steht.

Noch etwas ist nachzutragen: Ich hatte die neuen Füße schon vor dem Ansetzen fertig poliert und nachgeölt, so daß mir daran herunterlaufender Leim keine Sorgen machte. Nach dem Aushärten kann man ihn von einer geölten Fläche ohne weiteres mit dem Fingernagel abziehen. Versuchen Sie nicht, ihn im noch flüssigen Zustand mit einem Lappen abzuwischen; denn dann fabrizieren Sie eine arge Schmiererei.

Füße neu furnieren

Kleinere Bauteile kann man gut selbst furnieren. Bild 177 veranschaulicht das am Beispiel der Kommodenfüße. Der Leim (Weißleim) wird mit dem Pinsel aufgetragen und zwar nur auf das Massivholz, nicht auf das Furnier. Es sollte eben soviel Leim angegeben werden, daß beim Anziehen der Zwingen ringsherum überall etwas Leim herausquillt. Eine

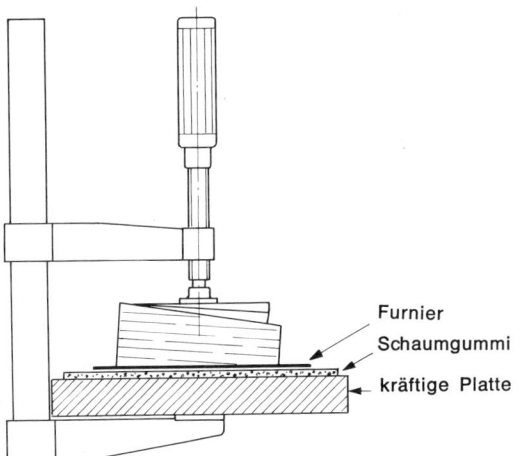

Bild 177. Kleinere Flächen wie z. B. ein Möbelfuß lassen sich unter der Schraubenzwinge furnieren.

Unterlage von 4 bis 5 mm dickem Schaumgummi gewährleistet eine gute Verklebung der Ränder. Setzen Sie soviele Zwingen an, wie Sie Platz haben, und legen Sie Keile unter, damit sie gerade stehen.

Bei den modernen dünnen Furnieren und grobporigem Holz (Nußbaum, Mahagoni, Eiche, Esche) schlägt der Leim leicht durch das Furnier durch und verklebt auf der Unterlage. Man vermeidet das, indem man eine Plastikfolie zwischen Furnier und Schaumgummi legt. Oder, noch besser, indem man die Poren des Furniers schließt. Dazu bestreicht man die spätere Innenseite des Furniers mit stark verdünntem Weißleim und läßt ihn vor dem Weiterverarbeiten trocknen.

Größere Flächen müssen beim Schreiner unter der hydraulischen Presse furniert werden.

Schubladen einpassen

Nachdem die Verleimungen der Füße ausgehärtet waren, kamen wieder die Schubladen an die Reihe: Sie mußten in den Korpus eingepaßt werden. Wie anfangs erwähnt, müssen alle Schubladen vor Beginn der Arbeiten nach Lage bzw. Reihenfolge unverwechselbar gekennzeichnet werden. So erspart man sich später umständliches Probieren. Nur wenn die Reihenfolge stimmt, ergibt sich auf der Frontseite das richtige Furnierbild. Auch findet man kaum ein Möbelstück, bei dem die Schubladen untereinander austauschbar wären, ohne zu klemmen oder zu wackeln.

Zuerst werden die Schubladen auf seitliches Klemmen untersucht. Dazu wurden die Laufsohlen wieder abgeschraubt (vorher kennzeichnen) und die Schubladen eingeschoben. Klemmstellen gegen die Streichleisten zeigten sich durch glänzende Flächen an den Seitenwänden. Sie sind noch deutlicher zu sehen, wenn man die Schubladenseite mit Kreide einstreicht. Diese Klemmstellen wurden solange abgeschmirgelt, bis die Schubladen leicht liefen.

Wer mit dem Hobel gut umgehen kann, nimmt diesen dafür zu Hilfe.

Ähnlich Schritt für Schritt paßte ich die Laden in der Höhe ein. Sie erinnern sich, daß die neuen Laufsohlen ursprünglich einige Millimeter dicker gefertigt wurden. Ich habe sie nun immer wieder etwas mit der Maschine abgehobelt, bis die Schubladen in der Höhe exakt paßten und leicht liefen. Ideal ist die Passung, wenn die Schubladenfronten gleichviel „Luft" gegenüber den Traversen darüber und darunter haben; sie dürfen nicht streifen. Falls bei einer Leiste einmal zuviel abgehobelt wurde, legt man einen Streifen Furnier zwischen Seitenwand und Laufsohle. Nun wurden die Laufsohlen endgültig unter die Schubladenseiten geleimt und mit den Schrauben und zusätzlichen Zwingen gut angepreßt. Nach dem Trocknen wurden sie wo nötig bündig geschliffen, hinten kufenförmig abgeschrägt (siehe Bild 160) und die Kanten leicht gerundet. Jetzt habe ich die Schrauben wieder herausgedreht und die Löcher als Schmiermittel-Depot mit Wachs gefüllt. Nach Wachsen der Lauf- und Streichleisten liefen die Schubladen fast wie auf Kugellagern!

Schubladen-Anschläge

Damit die Schubladen nicht zu weit hineinrutschen, werden vielfach Stopklötzchen an den Traversen angebracht, auf die die Frontwand mit der Rückseite unten anschlägt. Wenn jedoch der Boden etwas durchhängt, streift er leicht daran. Deshalb bringe ich lieber kleine Leistenstücke aus Hartholz hinten an den Stollen so an, daß die Schubladenseiten daran anschlagen. Den Schubladenboden sollte man nicht als Anschlag benützen; er quillt und schwindet, so daß die Schublade einmal vor- und dann wieder zurücksteht.

Schreibplatte

Die ausziehbare Schreibplatte bestand aus massivem Nußbaumholz. Seitlich waren Hirnleisten angebracht, die mit der vordersten Plattenleiste in Gehrung gefügt waren, um an der Vorderseite kein Hirnholz sichtbar zu lassen. Mechanisch war die Platte noch in einwandfreiem Zustand. Nach dem Ablaugen zeigten sich in der Oberfläche einige größere dunkle Flecken; vermutlich Tintenflecke, die im Lauf der Zeit braun geworden waren. Der Versuch sie herauszuschleifen war erfolglos, zu tief saß die Verfärbung im Holz. Auch ein empfohlenes Bleichmittel erwies sich als wirkungslos. So erschöpften sich hier die Restaurierungsarbeiten im Schleifen und späteren Polieren.

Zylinderdeckel

Wesentlich schlimmer war es um den Zylinderdeckel bestellt. Die Furniere hatten sich zum überwiegenden Teil gelöst und standen in dicken großen Blasen ab. Im Lauf der Zeit hatten sie immer wieder an der Traverse darüber gestreift und waren stellenweise nur noch papierdünn. In der Mitte war sogar eine handflächengroße Partie bis auf das Blindholz abgewetzt und ausgesplittert. Die gegenseitige Verleimung der Blindholzbretter hatte sich durchweg gelöst. Das Ganze hielt eigentlich nur durch drei kräftige gerundete Flacheisenbänder zusammen, die irgendwann einmal nachträglich dahinter geschraubt worden waren.

Nach langem Zögern entschied ich mich, diese Reparaturen doch einem Fachmann zu überlassen, einem Antiquitätenschreiner. Vor allem bereitete mir das Herunterleimen der Furniere auf die gewölbte Fläche einiges Kopfzerbrechen. Die Flacheisenbänder hätte ich eigentlich am liebsten abgenommen und die Rundung durch irgendeine andere Maßnahme gehalten. Ich mußte mich aber vom Fachmann überzeugen lassen, daß diese Eisen das kleinere Übel waren. Ohne sie wäre der Deckel vollständig in seine Einzelteile zerfallen, und man hätte ihn frisch zusammenfügen müssen. Als weitere Folge hätten alle Außenfurniere abgenommen und neu verleimt werden müssen. Zur Absperrung wäre dann auch die Furnierung der Innenseite angezeigt gewesen. Diese war jedoch sehr grob und unregelmäßig gehobelt und hätte vollständig von Hand rundgeschliffen werden müssen. Sie sehen: ein unverhältnismäßig großer Aufwand. Dabei wäre zudem nicht sicher gewesen, ob der Deckel seine exakte Kreisbogenform behalten oder sich nicht vielleicht dennoch verzogen hätte. Also blieben die Eisen drin.

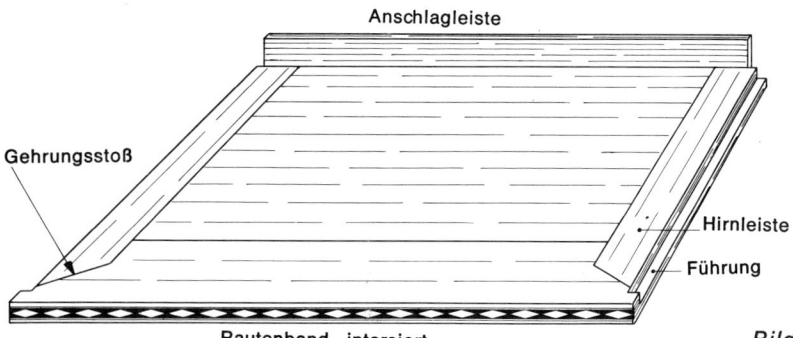

Anschlagleiste

Gehrungsstoß

Hirnleiste

Führung

Rautenband, intarsiert

Bild 178. Die Konstruktion der Schreibplatte

Nach einigen Monaten Drängen und Mahnen war der Deckel endlich fertig. Die Furniere waren schön heruntergeleimt, fehlende kleine Stückchen fast unsichtbar ersetzt und alles glatt vorgeschliffen. Bis auf diese Stelle in der Mitte: Hier war das fehlende Furnier nicht ersetzt, sondern mit plastischem Holz ausgespachtelt. Sie können sich vorstellen, wie dieser eintönige Fleck inmitten der sehr lebhaften Maserung aussah! Zudem war er durch Begradigung des umgebenden Furniers noch größer geworden. Aber was hätte der Schreiner sonst machen sollen? Neu eingesetztes Furnier hätte ebenso störend gewirkt, da das sehr lebhafte Austern-Furnier nicht harmonisch zu ergänzen war. Ich versuchte dann mit verschieden getönten Beizen und einem feinen Pinselchen die Maserung auf dem plastischen Holz nachzumalen. Auch dieses Ergebnis war absolut unbefriedigend. Glücklicherweise saugt plastisches Holz die Beize nicht tief ein, und so konnte ich meine Malerei mit Stahlwolle leicht wieder abschleifen. Vorerst blieb der Schandfleck, wie er war.

Beim Feinschliff und leichten Wässern zeigten sich auf dem Deckel noch einige kleine Furnierbläschen. Mit geraden Beilagen war auf der Wölbung nichts anzufangen. So fertigte ich nur einige spezielle Stücke aus Sperrholz mit aufgeleimten Leisten, vgl. Bild 179. Sie pressen sich beim Anziehen der Zwinge schön an die Rundung an. Das geht aber nur bei kleineren Flächen, bei größeren legt sich das Sperrholz nicht mehr richtig an und übt in der Mitte keinen Druck mehr aus. Der Leim wurde mit der Injektionsspritze unter die Kürschner gebracht, vgl. Seite 57.

Kommodenaufsatz

Wie in Bild 181 gezeigt, hatten sich die beiden Seitenwände des Möbeloberteils stark nach innen gewölbt, und das Ganze paßte nicht mehr in die Versatzung der Kommode. Damit hatten sich zugleich auch die Verzapfungen und die Verbindungen zwischen den Seitenwänden und den Querhölzern gelöst. Um hier dauerhafte Abhilfe zu schaffen, mußte der ganze Oberteil in alle seine Einzelteile zerlegt werden. Da die Leimungen nicht mehr recht hielten, ging das ohne große Schwierigkeiten. Etwas mühsam war das Herausnehmen des eingenagelten Schubladengestells.

Die Einzelteile wurden wo nötig abgelaugt, gewaschen und getrocknet. Wo die Seitenteile auf der Kommode auflagen, waren die Furniere stark ausgefranst. Deshalb habe ich sie auf der Kreissäge um einen halben Zentimeter gekürzt. Später wurde da eine Leiste aufgeleimt und genagelt, um einen neuen Zentrierungsversatz zu bekommen, vgl. Bild 185.

Um die Wände geradezurichten, habe ich zuerst zwei 50 mm tiefe und 8 mm breite Nuten in die Unterkante der Seitenbretter eingefräst und passende Eichenholzleisten eingeleimt, vgl. Bild 182. Dabei wurden die Wände beim Einleimen und Trocknen geradegespannt. Ich erzielte aber

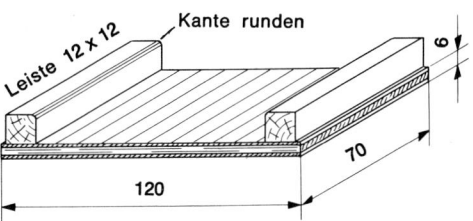

Bild 179. Zulage zum Furnieren von gewölbten Flächen

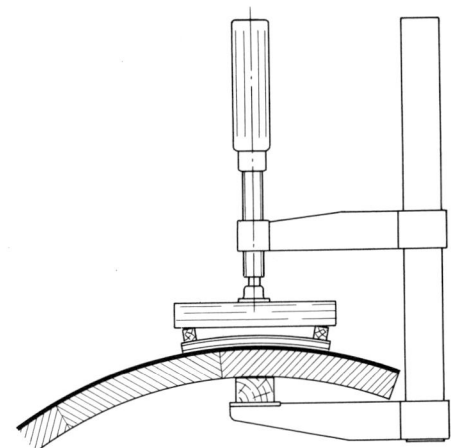

Bild 180. Anpressen einer Leimstelle auf einer gewölbten Fläche

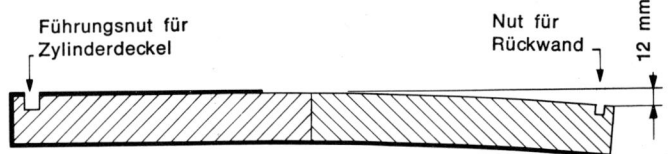

Bild 181. Die verzogene Seitenwand des Aufsatzes

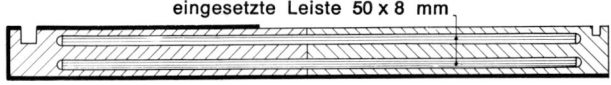

Bild 182. Eingenutete Leisten brachten keinen rechten Erfolg.

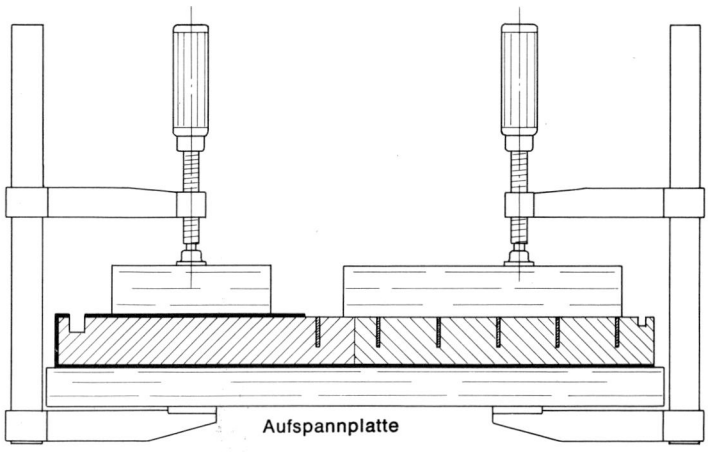

Bild 183. Nach Einschneiden der Seitenwände und Einleimen von Furnierstreifen wurde die Fläche eben gespannt.

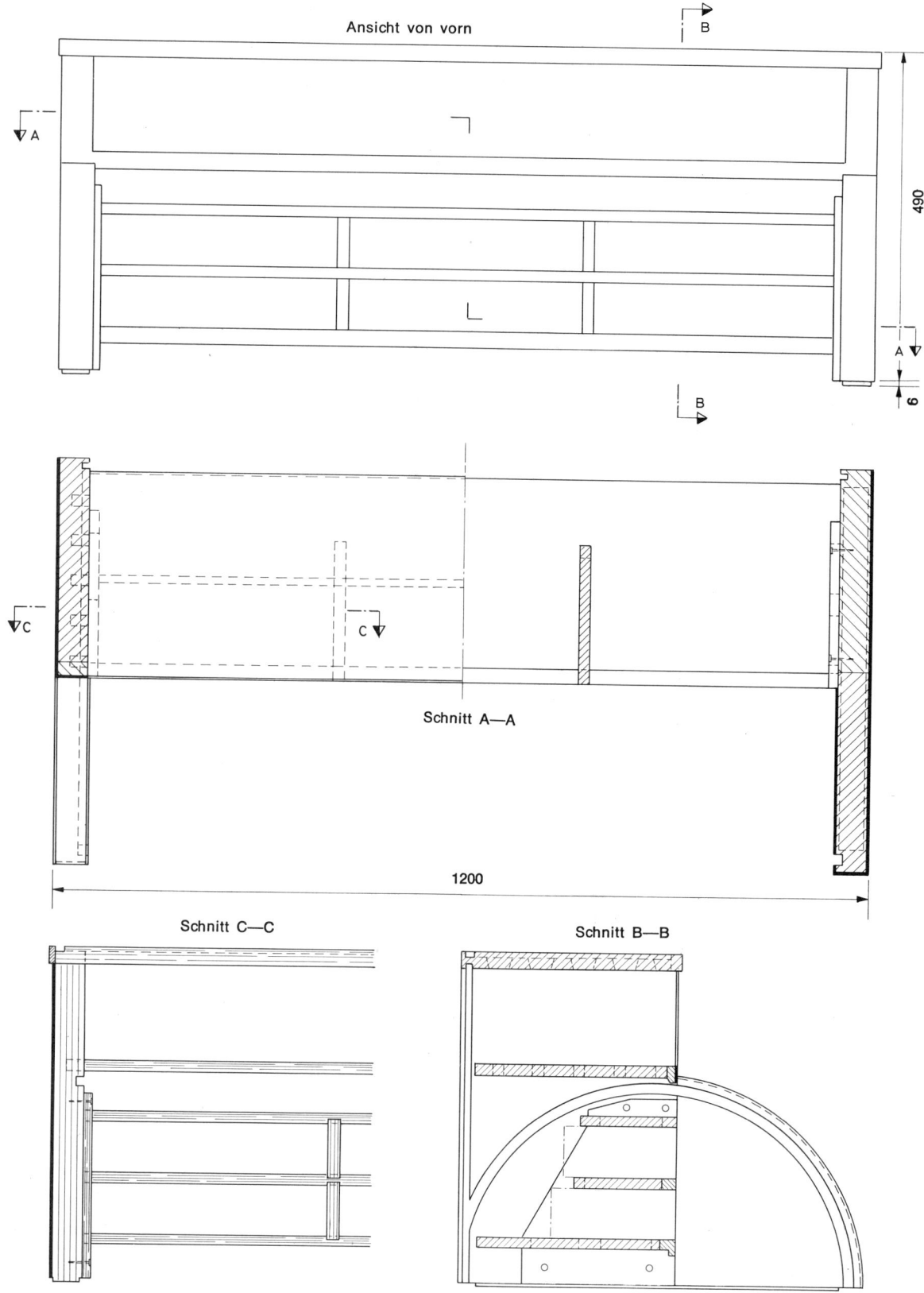

Ansicht von vorn

Schnitt A—A

490

6

1200

Schnitt C—C

Schnitt B—B

Bild 184. Ansicht, Grundriß und Schnitte des Kommodenaufsatzes

nur einen Teilerfolg; eine leichte Wölbung blieb immer noch zurück. Bei nicht so hohen Bauteilen könnte dieses Verfahren aber sicher gute Resultate bringen.

Beim zweiten Versuch, Bild 183, habe ich mit der Kreissäge einige recht tiefe Schnitte in die konvexe Seite gemacht und lose passende Furnierstreifen eingeleimt. Das

war ein hundertprozentiger Erfolg. Wichtig ist bei diesem Verfahren, daß die Furnierstreifen lose, also mit etwas „Spiel", in die Schlitze passen, und daß man einen spaltenfüllen Leim (Epoxidharz-Leim) verwendet. Das Werkstück muß dabei sorgfältig auf eine kräftige ebene Platte gespannt werden. Natürlich kann man dieses Verfahren nur

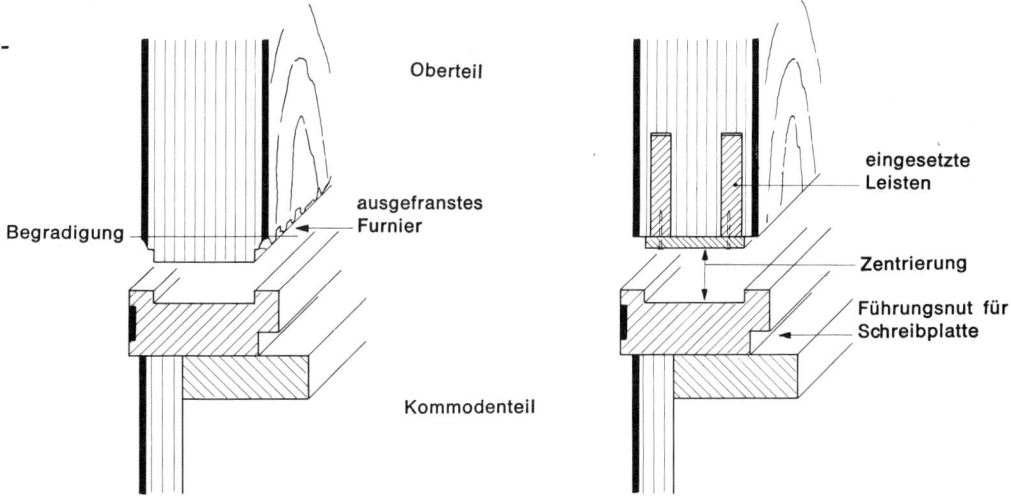

Bild 185. Reparatur des Zentrierungs-
versatzes zwischen Kommode und
Oberteil

Oberteil

Begradigung

ausgefranstes
Furnier

eingesetzte
Leisten

Zentrierung

Führungsnut für
Schreibplatte

Kommodenteil

anwenden, wo die Sägeschnitte so nach innen zu liegen kommen, daß sie am fertigen Möbel nicht mehr in Erscheinung treten. Grundsätzlich kann so aber jede verzogene Platte gerichtet werden.

Leider war ein Außenfurnier durch diese Kur rissig geworden und hatte sich weitgehend vom Blindholz gelöst. Zur bequemeren Weiterbehandlung habe ich es vollständig abgezogen, den alten Leim unter heißem Wasser abgebürstet, das Blatt getrocknet und dann zwischen zwei Spanplatten bis zum vollständigen Austrocknen gepreßt. Ich hätte das Furnier besser nicht abgelöst, denn es paßte jetzt an allen Ecken und Enden nicht mehr auf die Konturen der Seitenwand. Überall war es zu kurz. Nur mit zusätzlichen Furnierstreifen und durch leichtes Anfeuchten konnte ich es wieder halbwegs passend machen. Eigentlich sollte man Furniere aber nie in feuchtem oder gar in nassem Zustand aufleimen: Beim Trocknen schwinden sie und können dadurch reißen oder die ganze Konstruktion verziehen.

Benutzen Sie deswegen die hier folgende Beschreibung, wie man Furniere großflächig ablöst, wirklich nur im äußersten Notfall! Falls noch vorhanden, wird zuerst die alte

Lackschicht entfernt und das Furnier gut angenäßt. Darüber legt man ein nasses Tuch und wärmt die Fläche Stück für Stück mit einem mäßig heißen Bügeleisen. Durch Wärme und Feuchtigkeit wird der alte Knochenleich weich, so daß man das Furnier mit einem Spachtel anheben kann. Das Tuch muß immer wieder gut angefeuchtet werden. Je nach Furnierdicke und Holzart dauert diese Prozedur manchmal sehr lange. Die abgelösten Furniere wäscht man gründlich und trocknet sie zwischen zwei zusammengepreßten Holz- oder Spanplatten. Vor der Wiederverwendung müssen sie ganz trocken sein.

Auch die kleinen Schubladen des Schreibfaches wurden vollständig zerlegt. Die letzten Leimstellen lösten sich rasch nach dem Eintauchen in heißes Wasser (vorher Zusammengehörigkeit der Einzelteile bezeichnen!). Die einzelnen Teile habe ich unter warmem Wasser mit einer Nagelbürste und etwas Scheuermittel gut gesäubert und sie eingespannt für einige Tage zum Trocknen auf die Seite gelegt, Bild 186. Bei einigen Schubladen fehlten die Rückwände, bei anderen mußten die Böden ersetzt werden. Um fehlende oder unbrauchbar gewordene Teile zu ersetzen, sollte man unbedingt altes Holz verwenden (auf keinen Fall Sperrholz

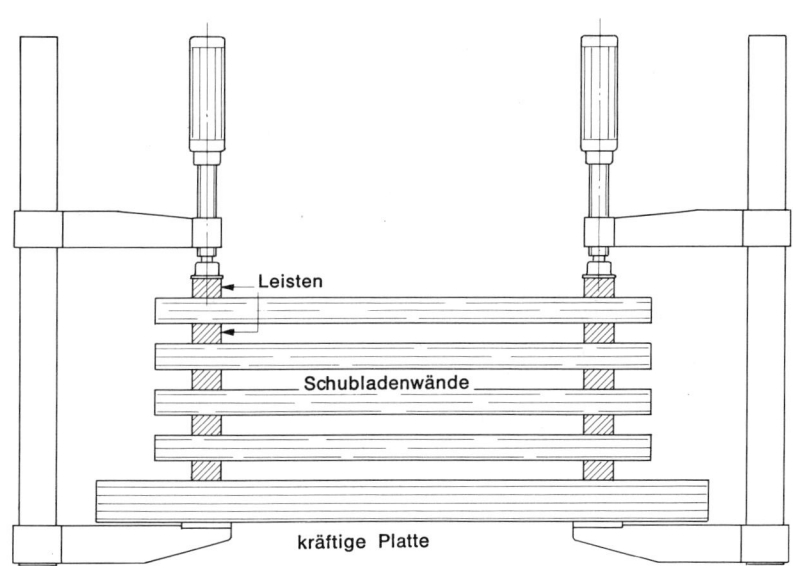

Leisten

Schubladenwände

kräftige Platte

Bild 186. Die Schubladenteile werden zwischen
Leisten eingespannt und zum Trocknen wegge-
stellt.

65

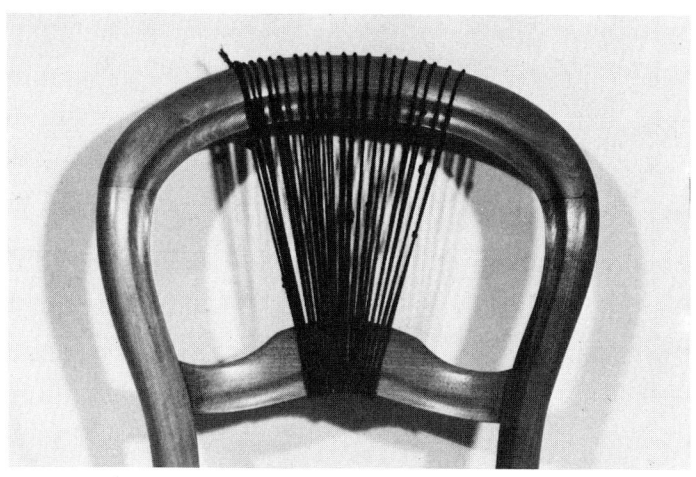

Bild 187. Beim Verleimen einer Stuhllehne leistet die Gummischnur gute Dienste.

Bild 188. Die Gummischnur preßt die Füße eines Tripods an die Säule. Die resultierende Kraft der einzelnen Windungen soll annähernd durch die Mitte der Leimfläche gehen.

Bild 189. Die vier Wände einer kleineren Schublade werden mit der Gummischnur zusammengepreßt und mit Hilfe einer Schraubzwinge eben gehalten.

für Schubladenböden!). Für solche Zwecke habe ich mir für wenig Geld bei einem Trödler einen Berg alter Schubladen, die sich im Lauf der Jahre bei ihm angesammelt hatten, und zwei Bettgestelle aus Großvaters Zeiten angeschafft. Vor dem Zusammenleimen wurden die Teile sorgfältig geschliffen; das geht in diesem Zustand besser als an der fertigen Schublade. Da bei solchen kleinen Schubladen die Böden unten meist stumpf angeleimt oder (mit Holznägeln) angenagelt sind, braucht man hier keine Laufflächen instandzusetzen. Weil sie auf der ganzen Fläche gleiten und auch nicht stark belastet sind, nützen sie sich wenig ab.

Durch meine bisherigen Schilderungen könnte der Eindruck entstehen, daß sich die einzelnen Arbeitsgänge auch in der Praxis an diese Reihenfolge hielten und so ganz systematisch ein Bauteil nach dem anderen vorgenommen wird. Das stimmt natürlich nicht: Besonders bei umfangreichen Stücken wird gleichzeitig an verschiedenen Ecken und Enden gearbeitet — nicht zuletzt, um Wartezeiten bei der Holz- oder Leimtrocknung zu überbrücken. Oder auch nur, weil man stundenlanges Schmirgeln durch eine „kreativere" Arbeit unterbrechen möchte. Es hat auch schon Perioden gegeben, wo ich zwei oder drei Stücke gleichzeitig in Arbeit hatte. Vor soviel Unternehmungsgeist sei jedoch eher gewarnt: Das Übermaß an bevorstehender Arbeit droht einen zu ersticken und die Versuchung wächst, flüchtiger und weniger gründlich vorzugehen. Außerdem ist es unangenehm, in einem Bastelraum zu arbeiten, der von halbfertigen Möbelfragmenten überquillt.

Doch zurück zu den kleinen Schubladen. Da alle meine Schraubenzwingen gerade anderweitig beschäftigt waren, habe ich zum Verleimen der Schubladenwände eine Gummischnur zu Hilfe genommen. Sie hat sich für das Zusammenpressen kleinerer Teile, die keinen großen Anpreßdruck brauchen, ausgezeichnet bewährt. Bild 187 bis 189 zeigt einige Anwendungsmöglichkeiten — vor allem auch dort, wo Zwingen kaum anzusetzen sind. Dagegen finde ich den bekannten Schnur-Knebel, Bild 190, weniger universal einsetzbar. Bei ihm muß man an den Kanten oft unterlegen, um Druckspuren zu vermeiden. Das ist bei der sanfteren Gummischnur nicht nötig, auch wenn man sie zweckmäßig beim Umwickeln so stark wie möglich anzieht. Allerdings muß die betreffende Verbindung leichtgängig sein; man darf von der Gummischnur nicht erwarten, daß sie eine klemmende Verzapfung zusammenpreßt. Ich verwende umsponnenen „Hutgummi" mit 3 mm Durchmesser und habe mir davon im Warenhaus 8 Meter gekauft.

Es wäre übrigens ein Irrtum zu glauben, daß in den guten alten Zeiten nur Qualitätsarbeit geleistet worden wäre. Gepfuscht wurde immer, wo Menschen ihre Hand im Spiel hatten. Schließlich standen auch in vergangenen Zeiten die Handwerker unter Preis- und Konkurrenzdruck oder gerieten in Zeitnot. Sie werden beim Zerlegen von Möbeln immer wieder auf Bestätigung stoßen. Sei es, daß irgendwo minderwertiges Holz verwendet, daß schlampig gezinkt, schief verleimt, außerwinkelig geschnitten wurde, usw.

Auch bei diesem Stück ist dem Schreiner offensichtlich ein Ausrutscher passiert und er hat sich nicht mehr die Zeit genommen, den Fehler zu korrigieren. Am Schreibfach war ein Zwischensteg um ganze 5 mm schräg eingesetzt. Die beiden Schubladen daneben sind dann ebenfalls schräg angefertigt und eingepaßt worden. Vermutlich ist der Fehler beim Anreißen und Einstemmen der Nut passiert. Wenn ich auch grundsätzlich der Meinung bin, ein altes Möbel sollte nicht verändert, sondern in seinem ursprünglichen Charakter belassen werden — hier konnte ich mir die Berichtigung nicht verkneifen. Der schiefe Steg und die schrägen Schubladen wirkten zu störend, in natura noch mehr als auf der Zeichnung, Bild 191. Die Fachbretter sind nämlich dunkler als die Schubladenfronten und treten stark hervor.

Nur die Schubladen Nr. 2 und 3 zu begradigen und dazwischen ein entsprechend dickeres Stegbrett einzusetzen, wäre keine Lösung gewesen. Nach einiger Überlegung habe ich Vorder- und Rückwand von Lade 2 und 3 begradigt und Nr. 6 auf die Breite von Nr. 3 gekürzt. Zum Ausgleich fertigte ich neue, dickere Stegbretter an; ihr Maß ergab sich mit 15,5 mm Dicke statt ursprünglich 13 mm. Zum Glück waren die alten Stegbretter recht schlank, so daß die neuen auch nicht klobig wirkten. Die Paßnuten in den horizontalen Brettern mußten neu angerissen und nachgestemmt werden. Wo sie nun zu breit waren, habe ich beim Zusammenpassen einen Holzspan eingeleimt.

Bild 190. Hier zieht ein scharf angezogener Schnurknebel die Seitenwände krumm.

Verleimen

Nachdem die letzten Furnierblasen heruntergeleimt und alle fehlenden Holz- und Furnierstückchen ersetzt waren, wurde außen und innen alles vorgeschliffen und dann das ganze Oberteil wieder zusammengesetzt, Bild 184. Machen Sie es sich zur Gewohnheit, vor dem endgültigen Verleimen alle Teile erst einmal „trocken" zusammenzufügen,

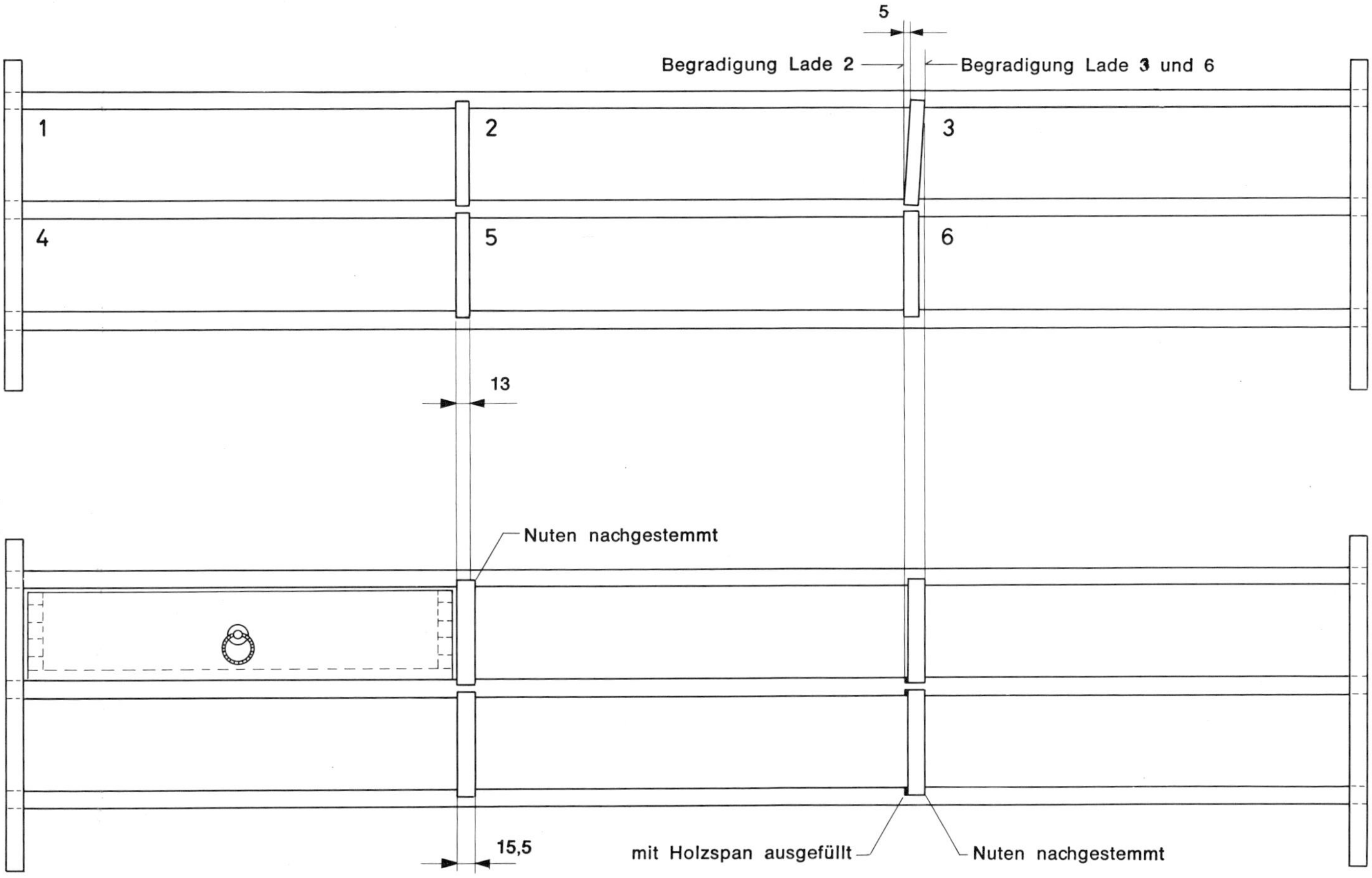

5

Begradigung Lade 2 ——→ ←— Begradigung Lade 3 und 6

1   2   3

4   5   6

13

Nuten nachgestemmt

15,5   mit Holzspan ausgefüllt ⌐   Nuten nachgestemmt

Bild 191. Richten eines schiefen Schubladenfaches. Oben der ursprüngliche, unten der neue Zustand

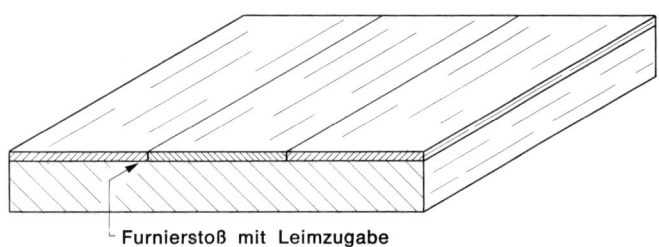

Furnierstoß mit Leimzugabe

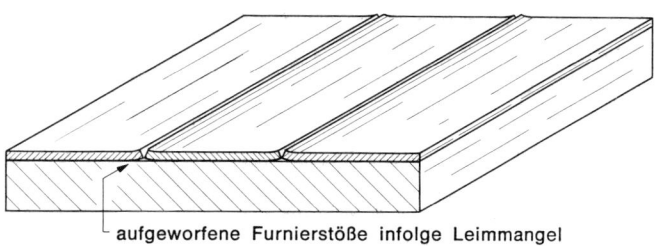

aufgeworfene Furnierstöße infolge Leimmangel

Bild 192. Bei dicken Furnieren muß auch in den Stoßfugen stets reichlich Leim angegeben werden.

die Zwingen mit ihren Beilagen anzusetzen, Rechtwinkeligkeit und Maßhaltigkeit zu prüfen. Meist gibt es noch irgend etwas nachzuarbeiten. Erst wenn alles stimmt, wird mit dem Verleimen begonnen. Es ist sehr unangenehm, wenn überall bereits Leim aufgetragen ist und man plötzlich merkt, daß Verzapfungen nicht mehr so recht ineinanderpassen, daß keine geeigneten Holzzwischenlagen zur Hand oder daß sogar zu wenig Zwingen verfügbar sind, um alles ordentlich zusammenzupressen.

Natürlich wäre es stilgerecht, keine modernen Leime zu verwenden, sondern wie seinerzeit üblich Haut- oder Knochenleim. Wenn nur ihre Handhabung nicht so umständlich wäre! Der Leim muß eingeweicht, im Wasserbad erhitzt und unbedingt warm verwendet werden. Dazu muß man größere Holzteile vorwärmen. Bei einfachen Verbindungen geht das noch. Aber stellen Sie sich vor, Sie müßten eine ganze Kommode auf diese Art verleimen: Platte, Seitenwände, Boden und alle Traversen in einem einzigen Arbeitsgang! Ich geriete dabei in Panik.

Der heute gebräuchlichste Leim ist der schon mehrfach erwähnte Polyvinylacetat-Leim oder Weißleim. Er wird kalt verarbeitet und bindet langsam ab, so daß man ohne Hast arbeiten kann. Bei Bedarf läßt er sich mit Wasser verdünnen. Bei größeren Verleimungen trage ich auf beiden Flächen Leim auf, bei kleineren nur auf eine. Bei Furnierungen kommt der Leim ausschließlich auf das Blindholz. Trägt man nämlich den Leim auf das dünne Furnier auf, so verwirft es sich wegen der Wasseraufnahme in Sekunden und läßt sich nicht mehr recht handhaben. Bei dicken Sägefurnieren sollte unbedingt auch auf die Stoßflächen genügend Leim aufgetragen werden, Bild 192.

Auf größere Flächen streicht man den Weißleim mit einem harten flachen Pinsel oder einem Zahnspachtel auf.

Bei kleinen Teilen nimmt man am besten den Finger. Der beim Pressen austretende überschüssige Leim sollte sofort mit einem feuchten Lappen abgewischt werden. Getrocknet läßt er sich schlecht entfernen und vor allen Dingen macht er Oberflächen wegen seiner Elastizität schlecht schleifbar. Als Trockenzeit muß man bei Weißleim mit mindestens 4 bis 6 Stunden rechnen; durch Wärme läßt sich das Trocknen beschleunigen. Aber bei Leimungen, die anschließend (z. B. durch die weitere Bearbeitung des Bauteils) beansprucht werden, sollte man mindestens doppelt so lange warten.

Für anspruchsvolle Verleimungen und für Stellen, wo „gefüllt" werden muß, verwende ich Zwei-Komponenten-Epoxid-Leim (z. B. Araldit Standard). Dabei muß man sich bei Mischung und Verarbeitung an die Gebrauchsanleitung halten. Hier beseitigt man den aus den Fugen gequollenen Leim erst nach dem Abbinden, am besten mit einem Stecheisen, einem Messer oder durch Abschleifen.

Kontaktkleber sind für unsere Zwecke ungeeignet. Man kann sie allenfalls für provisorische Verbindungen verwenden, die später wieder gelöst werden (z. B. Anheften von Schubnocken). Auch Polyesterharze eignen sich im Zusammenhang mit Holzarbeiten wenig. Einerseits härten sie sehr spröde aus, wenn man das Mischungsverhältnis nicht genau einhält, andererseits ist die Festigkeit ohne Glasfasereinlage gering. Manche Polyestersorten härten auf gerbsäurehaltigem Holz (Eiche) überhaupt nicht aus und bleiben ewig klebrig.

Balustrade

Die Balustrade, ein im Klassizismus beliebtes Attribut, besteht aus schwarz gefärbtem Nußbaumholz und ist in eine Nut auf der oberen Abschlußplatte eingesetzt. Sie setzt sich aus einer breiten Leiste, aus der arkadenartige Öffnungen ausgesägt sind, und einer stumpf daruntergeleimten flachen Sockelleiste zusammen. Als erstes habe ich den alten Lack trocken abgeschmirgelt. Zum Schleifen solcher feingliedriger Aussparungen wickelt man das Schmirgelpapier um eine flache Leiste oder um ein Dübelholz mit passendem Durchmesser. Da die Verleimung zwischen den beiden Leisten nicht mehr einwandfrei war, löste ich sie durch Eintauchen in heißes Wasser und bürstete dabei gleich die alten Leimreste ab.

Nach gutem Durchtrocknen habe ich die Teile wieder verleimt, wie in Bild 193 gezeigt. Dazu legte ich auf ein langes ebenes Brett (eine Preßspanplatte geht auch) eine Plastikfolie und fixierte sie mit Klebestreifen. Auf das Brett nagelte ich eine geradegehobelte Leiste als Anschlag. Schrittweise habe ich dann Leim angegeben und zum Zusammendrücken kurze Leistenstücke angenagelt, vgl. Bild 193. Diese Leisten müssen beim Annageln satt angepreßt werden; die Nägel schlägt man zur Vergrößerung des Anpreßdrucks schräg nach innen ein.

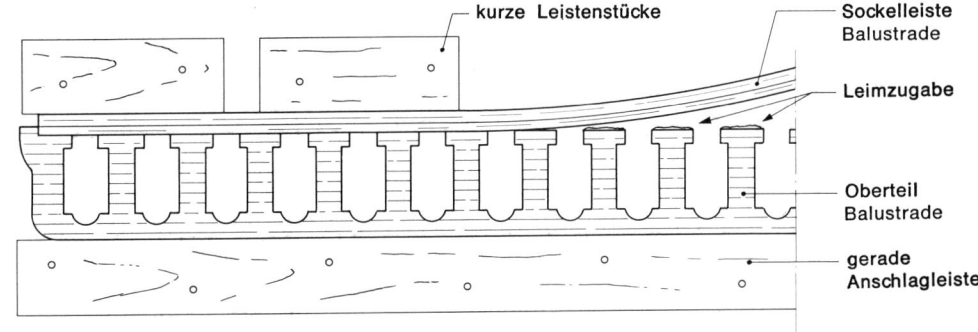

Bild 193. *Das Zusammenleimen der Balustrade*

Bei dieser Gelegenheit noch ein kleiner Tip: Sehr schlanke Leisten reißen leicht beim Einschlagen eines Nagels. Das kann man vermeiden, wenn man vorher die Nagelspitze abkneift. Der Nagel verliert dadurch seine Keilwirkung, neigt aber dafür leider zum schrägen Ablaufen; also vorsichtig hämmern!

Nach dem Schleifen und Verputzen habe ich die Balustrade wieder schwarz gebeizt, sie zweimal mit Hartgrund gestrichen und gut eingewachst. Dabei wurde der unterste Streifen, soweit er in die Nut der Platte eingeleimt wird, vor dem Grundieren mit Klebestreifen abgedeckt; denn der Leim hält nur auf unbehandeltem Holz. Endgültig eingeleimt wurde die Balustrade aber erst zum Schluß, nachdem das ganze Oberteil fertig poliert war.

Fertig schleifen

Nachdem damit die eigentlichen Reparatur- und Ergänzungsarbeiten langsam zu Ende gingen, kam das endgültige Schleifen der Oberflächen an die Reihe. Zuvor habe ich alle Innenseiten des Möbels bzw. das Blindholz, die inneren Teile der Schubladen, die Rückwände usw. zwei- bis dreimal mit Hartgrund gestrichen. Diese Oberflächenbehandlung schützt das Holz vor Schmutz und bremst vor allem auch den Feuchtigkeitsaustausch mit der umgebenden Luft.

Für das Schleifen gibt es einige wichtige Grundregeln:

1. Alle Flächen nur mit dem Schleifklotz bearbeiten, das Papier nicht mit der Hand oder den Fingerspitzen führen. Ausnahme: feingliederige, gebogene oder gewölbte Teile, bei denen man mit dem Schleifholz nicht richtig beikommt.
2. Der erste Schliff kann diagonal zur Faserrichtung erfolgen. Sonst möglichst immer in Richtung der Holzfaser schleifen. Wo das, z. B. bei schmalen querfurnierten Leisten, nicht geht (Traversen an Kommoden), ausschließlich feines Papier nehmen (240er).
3. Marketerien mit verschiedener Faserrichtung mit kreisenden Bewegungen schleifen.

4. Schleifstaub häufig von der Fläche abbürsten oder mit dem Staubsauger absaugen. Ebenso Schleifpapier häufig ausklopfen.
5. Schleifpapier oft erneuern; nicht mit stumpfem oder zugesetztem, verstopftem Papier arbeiten.

Für die Schleifklötze kann man Kork nehmen. Mir ist Balsaholz lieber, weil man es leicht von Fall zu Fall profilieren kann, wenn Wölbungen, Hohlkehlen oder Wülste zu schleifen sind (Bild 194). Balsaholz bekommt man in Modellbaugeschäften.

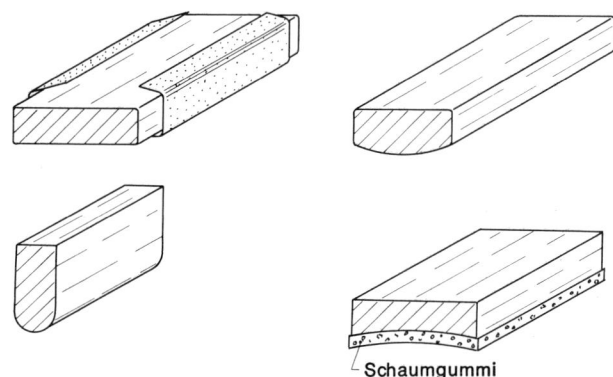

Bild 194. *Balsaholz läßt sich leicht zu Schleifklötzen zurichten.*

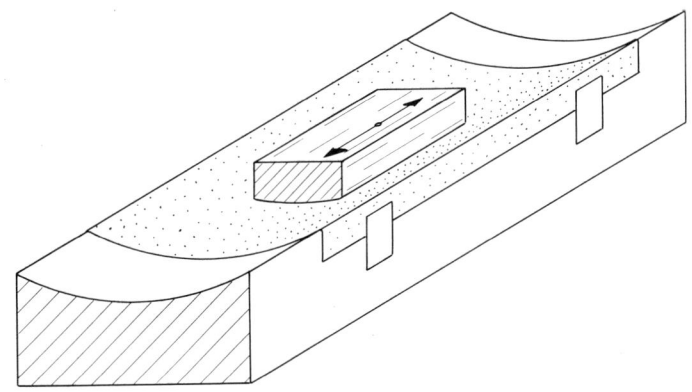

Bild 195. *Wenn man ein Schleifpapier auf das Werkstück klebt, läßt sich darauf der Balsa-Schleifklotz direkt zuschleifen.*

Zum ersten Schliff nehme ich Schmirgelpapier mit Körnung 80 oder 100, je nach der Empfindlichkeit des Teils. Größere Flächen bearbeite ich mit dem Vibrationsschleifer. Durch diesen Grobschliff werden Unebenheiten egalisiert und Verunreinigungen und Flecken entfernt. Vorsicht ist bei dünnen Furnieren und bei stark wurmstichigem Holz geboten. Schnell hat man bis auf das Blindholz oder bis zu den Fraßgängen des Holzwurms durchgeschliffen! Ich wollte einmal einen dunklen Fleck auf einer furnierten Tischplatte ausschleifen. Zu meiner Verwunderung wurde er aber immer größer statt kleiner. Bis ich endlich merkte, daß das Dunkle bereits die Leimfläche gegen das Blindholz war. Das sonst ziemlich dicke Sägefurnier hatte mich zur Sorglosigkeit verleitet. Vermutlich war diese Stelle aber von Anfang an oder bei einer späteren Aufarbeitung dünn, zu dünn geschliffen worden.

Mit dem zweiten Schliff wird die Oberfläche weiter verfeinert. Das geschieht mit Körnung 150. Zwischendurch erledigt man die letzten kosmetischen Operationen. Sie betreffen Druckstellen auf den Flächen, die zum Ausschleifen zu tief sind. Ich träufle mit der Injektionsspritze tropfenweise Wasser darauf und bringe es gleichzeitig mit der heißen Lötkolbenspitze zum Kochen. (Vorsicht, nicht das Holz ansengen!) Durch Feuchtigkeit und Wärme quillt das Holz und kommt wieder hoch. In hartnäckigen Fällen muß man das ein paar Mal wiederholen. Erfolgreich ist diese Methode bei Massivholz und dickem Furnier, vorausgesetzt daß das Holz nur gequetscht und nicht in seinem Gefüge zersplittert ist. Problematischer sind Druckstellen bei dünnem Furnier, die bis in das Blindholz gehen. Hier ist vor allen Dingen Vorsicht geboten, daß die Furnierverleimung sich nicht löst. Deshalb läßt man hier die Druckstellen, wie

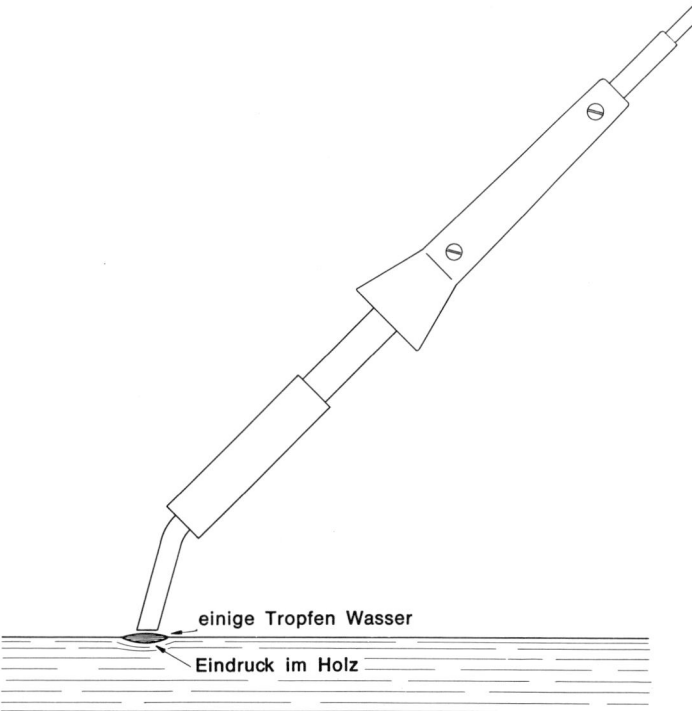

einige Tropfen Wasser
Eindruck im Holz

Bild 196. Das „Ausbeulen" von Druckstellen im Holz

sie sind, und tröstet sich mit dem Gedanken, daß sie ja schließlich auch zur Patina des Möbels gehören.

Als nächstes spachtelt man Wurmlöcher, freigelegte Fraßgänge und kleine Risse mit plastischem Holz aus. Es ist in den verschiedensten Tönungen in Eisenwarengeschäften erhältlich. Für diese Arbeit nimmt man einen Kunststoff-Spachtel; mit einem eisernen könnte man die Oberfläche zerkratzen. Ich persönlich stelle mir mein plastisches Holz selbst her. Dazu sammle ich allen Schleifstaub, der beim zweiten Schliff anfällt (beim ersten sind noch zuviel Verunreinigungen dabei) und bewahre ihn — nach Holzarten getrennt — in Schachteln auf. Ist genug Holzstaub beisammen, trennt man Holzmehl und Schmirgelkörner durch mehrmaliges Aufschwemmen. Man rührt dazu den Holzstaub in einem sauberen Gefäß mit reichlich Wasser zu einer dünnflüssigen Brühe an. Nach einigen Sekunden haben sich die Schmirgelkörner unten abgesetzt, und man gießt das Wasser mit dem darin schwebenden Holzstaub vorsichtig in ein anderes Gefäß um. Das wird zwei- oder dreimal wiederholt, wobei man vor dem Abgießen gut umrührt, damit das Holzmehl in der Schwebe bleibt. Es setzt sich dann über Nacht auf dem Boden des Gefäßes ab und man kann das fast klare Wasser abgießen. Der „Satz" wird im Backofen gut getrocknet, ohne ihn durch zuviel Hitze zu verbrennen. Bei Bedarf rührt man sich eine entsprechende Menge Holzmehl mit Hartgrund zu Spachtelmasse an. Eingetrocknete Reste lassen sich mit einigen Tropfen Nitroverdünnung wieder geschmeidig machen. Bei der Verwendung ist zu berücksichtigen, daß dieses plastische Holz beim Grundieren und Polieren immer etwas dunkler herauskommt als das ursprüngliche massive Holz.

Die aufgespachtelte Masse ist bei normaler Zimmertemperatur in etwa einer Stunde soweit trocken, daß die Stellen mit Papier der Körnung 150 plan geschliffen werden können. Meist ist es nötig, ein zweites und auch ein drittes Mal zu spachteln.

Dagegen sollte man Wurmlöcher und Risse nicht mit Hartwachs ausfüllen (das ebenfalls in allen Tönungen zu haben ist). Damit es tief eindringt, schmilzt man es im allgemeinen mit der Lötkolbenspitze, läßt es in das Holz einfließen und schabt das überflüssige Wachs mit einer Rasierklinge ab. Zwar ist dann das Wurmloch schön ausgefüllt, aber um jedes Loch bleibt ein kleiner dunkler Fettfleck, der nicht mehr wegzubringen ist. Außerdem läßt sich an den gewachsten Stellen nach meiner Erfahrung bei der späteren Schellackpolitur kaum der gewünschte Hochglanz erzielen. Hartwachs ist jedoch ein gutes Mittel, um am *fertig polierten Möbel* kleine Löcher und Risse auszufüllen. Das überschüssige Wachs kann man hier mit einem Terpentin-Lappen abreiben. Terpentin schadet keiner Politur.

Für den letzten Feinschliff nehme ich Schmirgelpapier der Körnung 240. Jetzt sollte man sehr ausgiebig schleifen und eine feine samtweiche Oberfläche erzielen. Zum Schluß bürstet man den Schleifstaub gründlich ab, feuchtet die Oberfläche mit warmem Wasser (nicht zuviel!) an und vollzieht nach guter Trocknung den allerletzten Schliff mit frischem 240er-Papier und leichter Hand. Dieses Anfeuchten („wässern" sagen die Schreiner) bewirkt, daß lose Holzfasern, die beim Schleifen nur „plattgewalzt" wurden, quellen und sich wieder aufrichten. Bei heiklen Marketerien, wo sich Wässern evt. nachteilig auswirken könnte, unterläßt man es besser.

Noch eine allgemeine Bemerkung: Legen Sie das Werkstück stets so, daß die zu bearbeitende Fläche horizontal und oben liegt, sei es beim Leimen, Schleifen, Beizen oder Polieren. Vergessen Sie auch nicht, unter das Möbel eine alte Wolldecke oder eine dünne Schaumgummimatte zu legen, damit diese Fläche nicht Schaden leidet.

Bevor das Polieren beginnen kann, sind noch einige zu hell geratene Furnierstückchen farblich ihrer Umgebung anzupassen. Dazu verwende ich Wasserbeize (Anmachen und Aufbewahrung siehe Gebrauchsanweisung auf der Packung). Allerdings nehme ich nur die Hälfte der dort angegebenen Wassermenge und erhalte so ein Konzentrat, das ich von Fall zu Fall in kleinen Portionen weiter verdünne. Diese Mischung probiere ich auf einem Holzstückchen aus und wenn sie im Ton richtig erscheint, beize ich ein zu hell geratenes Furnierstückchen mit einem kleinen Pinsel und trockne es sofort mit dem Föhn. Nach dem Auftupfen von etwas Hartgrund auf Flickstelle und Umgebung läßt sich beurteilen, ob die Mischung stimmt, oder ob sie dunkler (etwas Konzentrat zugeben) oder heller (weiter verdünnen) sein sollte. Wird ein etwas rötlicher Ton gewünscht (z. B. für italienisches Nußbaum), setzt man der Nußbaumbeize einige Tropfen Palisander- oder Mahagonibeize zu. Das zur Probe gebeizte Fleckchen wird wieder abgeschliffen, was deswegen leicht geht, weil die Beize durch das schnelle Trocknen kaum in das Holz eingedrungen ist (Vorsicht bei Weichholz!). Jetzt kann die endgültige Beize aufgetragen werden.

Alte Mahagonimöbel bestehen fast ausschließlich aus Kuba-Mahagoni, seltener aus Honduras-Mahagoni. Bei ihrer Reparatur stößt man auf die Schwierigkeit, daß Kuba-Mahagoni im Handel nicht mehr erhältlich ist, so daß man auf afrikanisches Mahagoni (Sapeli) zurückgreifen muß. Dieses unterscheidet sich aber, neben der schlechteren Polierfähigkeit, von Kuba-Mahagoni insbesondere dadurch, daß es beim Grundieren und Polieren nicht oder nur sehr wenig nachdunkelt. Wenn ein eingesetztes Furnierstück im rohen Zustand auch genau den gleichen Ton wie das Originalholz hat, wird es nach der Politur deutlich heller hervorstechen (siehe auch Seite 12). Man sollte deshalb diese Stücke vor dem Polieren mit Nußbaumbeize dunkler färben (richtige Tönung durch Probieren ermitteln).

Die letzten noch losen Teile wie Sockelleisten, obere Abschlußleisten oder Balustraden werden erst nach dem Fertigpolieren (Oberflächenbehandlung siehe Seite 79) angeleimt. Dazu muß die Politur vollständig getrocknet und hart sein. Auch dann muß man mit aller Vorsicht arbeiten, um nichts zu zerkratzen. Über die anzuleimenden Teile legt man eine saubere Plastikfolie und darüber eine dünne Lage Schaumgummi. Die Zwingen über den Holzbeilagen dürfen nur sachte angezogen werden. Damit austretender Leim leicht von der Politur abgezogen werden kann, ölt man die benachbarten Partien etwas ein. Müssen die Teile durch kleine Nägel gegen Verrutschen gesichert werden, schlägt man diese nicht ganz ein. So lassen sie sich hinterher leicht wieder herausziehen. Die Nagellöcher verschließt man mit Hartwachs.

Schlösser und Beschläge

Als letztes kommen nach dem Polieren die Schlösser und Beschläge an die Reihe. Schlösser und Eisenteile werden in Petroleum mit dem Pinsel gut ausgewaschen, Rost entfernt man mit Schmirgelpapier und Drahtbürste. Nach dem Trocknen ölt man die Teile mit Nähmaschinenöl leicht ein.

Um Bronze- und Messingbeschläge zu säubern, mache ich es wie manche Hausfrauen beim Silberputzen: Zuerst werden die Teile unter warmem Wasser mit einem Scheuermittel (Vim, Ajax etc.) und einer Nagelbürste vom ärgsten Schmutz befreit. Dann lege ich sie auf Aluminiumfolie in einen Aluminiumkochtopf, gebe Wasser und eine Handvoll Kochsalz dazu und lasse alles einige Minuten kochen. Der reinigende Effekt ist ausgezeichnet, und daß die Teile rot anlaufen, braucht Sie nicht zu erschrecken; nach dem Polieren sind sie wieder gelb. Die Teile werden unter fließendem Wasser abgebürstet und gut getrocknet. Zum Polieren wird ein handelsübliches Kupfer-Poliermittel verwendet. Wo man bei starker Profilierung mit dem Lappen nicht in die tieferen Partien kommt, nimmt man eine alte Zahnbürste.

Gepreßte Messingbeschläge sind vielfach verbeult und verbogen. Beulen werden vorsichtig von hinten ausgehämmert, und zwar mit einem entsprechend zugespitzten und abgerundeten Dübelholz auf einer Unterlage aus dem weichen Balsaholz. Verbogene Ränder richte ich mit einer Spitzzange, deren Spitzen mit Isolierband umwickelt sind.

Wenn man die Beschläge ohne Oberflächenschutz montiert, laufen sie in Kürze wieder an und sollten dann von neuem abmontiert und aufpoliert werden. Deswegen empfiehlt es sich, mit einem feinen, weichen Pinsel Zaponlack auf diese Teile aufzutragen. Dabei sollte

1. der Lack nicht zu dickflüssig sein, nötigenfalls Nitroverdünnung zugeben;
2. die Oberfläche des Beschlags ganz sauber, trocken und fettfrei sein. Reste des Poliermittels in den Fugen bürstet man mit der Kleiderbürste aus;
3. man die Metallteile nicht mit bloßen Fingern anfassen, sondern Zwirnhandschuhe überstreifen; Fingerabdrücke laufen später unter dem Schutzlack dunkel an;
4. man nur in staubfreier Umgebung arbeiten.

Zum Lackieren faßt man die Teile weit außen mit der Spitzzange. Zum Trocknen legt man sie auf ein sauberes Papier

71

oder hängt sie (Schubladengriffe) an eine frei gespannte dünne Schnur. Wenn der erste Anstrich nach einigen Stunden gut durchgetrocknet ist, sollte man noch einen zweiten auftragen.

Einsetzen einer neuen Marketerie

Trotz aller Perfektion befriedigte mich das fertig restaurierte und auf Hochglanz polierte Zylinderbureau nicht. Genauer gesagt: Der Schandfleck auf dem Zylinderdeckel wirkte zu störend. Nach langer Überlegung entschied ich mich für eine drastische Abhilfe, wegen der ich die strengen Fachleute um Nachsicht bitte: Ich habe ein Medaillon mit einem im Stil passenden Motiv angefertigt und es statt der „toten" Fläche eingesetzt. Es setzt sich aus Kirschbaum-, Bergahorn- und Olivenholz zusammen, ist in Boulle-Technik ausgeführt und quasi als Intarsie in ein aus dem Blindholz des Zylinderdeckels ausgestemmtes „Bett" eingeleimt. Natürlich mußte ich dann die durch das anschließende Schleifen beschädigte Politur des Deckels abziehen und erneuern. Ich möchte diese Arbeit aber nicht im einzelnen schildern — schon weil gegen eine solche unorthodoxe Maßnahme grundsätzliche Einwände bestehen. Auch ich bin im Prinzip dagegen, ein altes Möbel in seinem Charakter zu verändern. Aber hier wußte ich wirklich keinen anderen Ausweg. Darf ich zu meiner Entlastung noch anführen, daß auch in vergangenen Jahrhunderten Möbel historischer Stile immer wieder verändert wurden, sogar von namhaften Meistern.

Schon aus dieser Schilderung kann man ungefähr ermessen, wieviel Arbeitszeit man für ein sorgfältig restauriertes Möbelstück braucht. Ist es da noch verwunderlich, daß alte Möbel in gutem Zustand im Handel so teuer sind?

Die Oberflächenbehandlung

Bleichen und Beizen

In der einschlägigen Literatur wird manchmal empfohlen, die Möbel bzw. das Holz vor der Grundierung zu bleichen und dann wieder zu beizen. Viele Antiquitätenschreiner verfahren so. Ich halte das aber für eine Unsitte und frage mich immer, wozu das gut sein soll. Da wird dem Holz zunächst mit chemischen Mitteln wie Wasserstoffsuperoxid oder Oxalsäure seine natürliche Farbe und Patina entzogen und wegoxidiert — und anschließend wird das Holz mit chemischen Beizen wieder „angefeuert", wie man so schön zu sagen pflegt. Nach meiner Meinung hat es ein Edelholz überhaupt nicht nötig gebeizt zu werden, und das Ausbleichen halte ich ebenso für eine absolut unnötige Tortur. Aber offenbar gibt es Schreiner, die glauben, ein ungebeiztes Möbel sei einfach nicht fertig. Übrigens lassen sich nach meiner Erfahrung mit dieser Methode Flecken im Holz ohnehin nicht beseitigen, stammen sie nun von Tinte, Öl, Petroleum oder seien es gar Brandflecke. Da hilft allenfalls schleifen.

Eine gewisse Berechtigung räume ich dem Bleichen bei zu dunkel geratenen und störend wirkenden neu eingesetzten Partien ein. Das Arbeiten mit Gummihandschuhen ist hier unerläßlich. Zuerst streicht man die aufzuhellende Fläche satt mit verdünntem Salmiakgeist ein (1 Teil Salmiakgeist von 24° Bé + 2 Teile kaltes Wasser). Danach kommt auf die Fläche ein Auftrag von konzentriertem Wasserstoffsuperoxid (30 bis 40%ig), der gleichmäßig satt und längs der Faser verteilt wird (keine Pfützen!). Das geeignete „Werkzeug" ist ein Kunststoffschwamm. Man läßt die Fläche mindestens zwei, besser drei Tage horizontal liegend ruhen. Wärme beschleunigt den Bleichprozeß. Nach dieser unerläßlichen Wartezeit werden mögliche Reste des Wasserstoffsuperoxids durch Abwaschen mit warmem Wasser, dem man einen kleinen Schuß Salmiakgeist zugibt, neutralisiert. Nach der Trocknung folgt der letzte Schliff. Je nach Resultat kann der Bleichprozeß wiederholt werden. Aber lassen Sie das Bleichen nicht zur Gewohnheit werden!

Anfangs habe auch ich öfters mit Beizen gearbeitet. Heute beschränke ich mich aber darauf, neu eingesetzte Teile damit ihrer Umgebung anzupassen. Denn was sonst will man eigentlich beizen? Aus kontrastierenden Hölzern marketierte oder intarsierte Möbel kommen dafür sowieso nicht in Betracht. Also etwa ein schönes, lebhaftes Nußbaumholz, einen natürlich gedunkelten Kirschbaum oder gar ein golden schimmerndes echtes Mahagoni? Allenfalls bei einem hellen, etwas eintönig wirkenden Nußbaum könnte man zu so einer Nachhilfe versucht sein. Aber auch dieses Holz hat in seiner Schlichtheit einen eigenen Reiz.

Der Vollständigkeit halber sei der Vorgang beim Beizen aber doch kurz dargestellt. (Vergleiche dazu auch Seite 71.) Wichtig ist, daß die zu beizende Fläche horizontal liegt, damit die Beize nicht darüber hinunterläuft. Für das Auftragen nehme ich einen kleineren Kunststoffschwamm, keinen Pinsel. Nachdem die Fläche gründlich entstaubt ist, wird die Beizlösung satt und zügig aufgetragen. Überschüssige Lösung (Pfützen) nimmt man wieder auf und sorgt für möglichst gleichmäßige Verteilung. Über schon angetrocknete Stellen darf man nicht mehr fahren, da sie sonst dunkler herauskommen. Bei grobporigem Holz ist die Beize sehr satt aufzutragen, damit sie auch in die Poren gut einfließt.

Man muß aufpassen, daß benachbarte Flächen nicht angespritzt werden und daß die Beize an den Kanten nicht über die senkrechten Flächen hinunterfließt. Sollte das doch einmal geschehen, muß man das Heruntergelaufene sofort, solange es noch nicht trocken ist, mit kaltem Wasser gründlich wegwaschen. Wo sich nach dem Trocknen trotzdem Flecken zeigen, schleift man sie weg.

Vor der Weiterbehandlung sollte die gebeizte Fläche einige Stunden gut abtrocknen. Nachschleifen kann man jetzt nicht mehr; die Fläche würde fleckig. Sollte sie wieder rauh geworden sein, kann man sie allenfalls mit Stahlwolle leicht abziehen oder sie gründlich mit einer Roßhaarbürste bearbeiten. Über das Mischen und Ausprobieren der Beiztöne vgl. Seite 71.

Mattieren und Polieren

Diese Oberflächen-Veredelungen sollen nicht nur den optischen Eindruck des Möbels steigern, sie sind zugleich auch ein Schutz gegen schädliche Umwelteinflüsse. Welches Verfahren man wählt, sollte in erster Linie vom Alter, von der Stilperiode des Stückes abhängen, in zweiter Linie von Holzsorte und Machart. So wird man z. B. einem Renaissanceschrank keine hochglänzende Schellackpolitur verpassen. Umgekehrt schreit eine Empirekommode geradezu nach Hochglanz und würde matt sehr an Wirkung verlieren. Andererseits eignet sich Schellackpolitur schon wegen der Auftragetechnik nicht für stark gegliederte oder geschnitzte Möbel; ebensowenig ist sie zur Behandlung sehr grobporiger (Eiche) oder saugfähiger Hölzer (Nadelholz) geeignet.

Moderne Kunstharz-Decklacke oder Nitrozellulose-Deckmattierungen sind zwar einfacher aufzutragen und im Gebrauch widerstandsfähiger als Schellack, haben aber nach meiner Meinung auf alten Möbeln nichts zu suchen. Nicht nur, daß ihre Anwendung anachronistisch und stilwidrig wäre, auch der optische Eindruck bleibt unbefriedigend. Eine Ausnahme würde ich bei einer stark strapazierten Eßtischplatte machen und sie mit Kunstharzlack versiegeln. Kunstharzlacke werden mit der Spritzpistole aufgetragen und mit der Maschine auf Hochglanz gebracht. Der entstehende etwas graue, kalte Glanz hält aber keinen Vergleich mit dem warmen Ton einer traditionellen Politur aus.

Um vereinfachend zusammenzufassen: Bis etwa zur Mitte des 18. Jahrhunderts wurde vorwiegend Leinöl und Wachs zur Behandlung der Möbel verwendet. Obschon Schellack, wenn ich mich nicht irre, bereits seit dem 16. oder 17. Jahrhundert bekannt war. Später hat sich die Schellackpolitur verbreitet; seltener sind Polituren mit Kopal- oder Sandarakharzen. Sollte Ihnen einmal ein Barockmöbel mit Schellackpolitur begegnen, so ist sie sicher bei einer Restaurierung aufgebracht worden.

Beim **Mattieren** wird keine hochglänzende, sondern eine mattglänzende Oberfläche erzeugt, ihre Poren sind nicht ganz ausgefüllt. Dafür stelle ich Ihnen drei Möglichkeiten vor.

Variante 1

Dies ist die einfachste Methode. Auch ein Anfänger wird damit bei einem einfachen Stück Erfolg haben. Die Holzoberfläche muß sauber und vollständig trocken sein. Mit einem flachen Pinsel trägt man einen Hartgrundanstrich (auch: Einlaßgrund, Schnellschliffgrund) satt auf. Diese Grundierung schließt die Poren der obersten Holzschicht und verhindert damit, daß der folgende Auftrag zu tief einsinkt. Der Hartgrund sollte ziemlich verdünnt sein (Nitroverdünner), um selbst tief einzudringen und um keine sichtbaren Pinselstriche zu hinterlassen. Man läßt die Fläche etwa 1/2 Stunde trocknen, zieht sie leicht mit Stahlwolle ab, entstaubt sie und trägt auf die gleiche Weise einen zweiten Anstrich auf. Nach einer weiteren Trockenpause wird nochmals mit Stahlwolle abgezogen oder noch besser mit Bimsmehl und Schleiföl unter einem weichen Lappen fein geschliffen.

Dann trägt man mit einem sauberen weichen Lappen nicht allzu sparsam ein gutes Möbelwachs auf und reibt es gründlich in die Holzoberfläche ein. Nach einer weiteren Pause (siehe Gebrauchsanweisung auf dem Wachspräparat; sie ist nötig, damit das Lösungsmittel aus dem Wachs verfliegt) poliert man mit einem frischen weichen Lappen gut und ausdauernd. Bei Schnitzereien, Profilleisten u. ä. nimmt man dazu eine saubere Roßhaarbürste.

Variante 2

Zur Grundierung trägt man gekochtes Leinöl satt mit dem Pinsel auf oder reibt es mit einem Lappen in das Holz ein. Es folgt eine Wartezeit von 3 bis 4 Wochen, während das Öl verharzt. Dieses „Trocknen" ist chemisch gesehen eine Oxidation, bei der das Öl eine feste, unlösliche Schicht auf der Holzoberfläche bildet. Der Vorgang wird durch Licht und Wärme beschleunigt; deshalb stellt man das Möbel in einen gut durchlüfteten warmen und hellen Raum. Die Trockenpause muß unbedingt eingehalten werden, sonst ist der Erfolg in Frage gestellt. Danach wird mit einem Lappen gründlich abgerieben und wie unter Variante 1 gewachst.

Variante 3

Bei dieser wohl etwas unkonventionellen Methode reibt man zunächst Schleiföl mit einem Lappen in die Oberfläche ein. Bei hellen und marketierten Möbeln nimmt man helles, bei dunklen oder solchen, denen man einen tiefen, warmen Ton geben will, rötliches Schleiföl. Wer die Oberfläche noch weiter verfeinern will, kann etwas Bimsmehl darauf streuen und beim Einlassen zugleich schleifen. Das Bimsmehl soll aber nicht die Poren füllen und muß deswegen wieder gründlich weggebürstet werden. Nach zwei bis drei Tagen Ruhezeit trägt man mit einem weichen Pinsel eine Grundierung von sehr stark verdünnter Schellackpolitur auf. Da sie sehr schnell trocknet, muß man zügig arbeiten und zugleich sichtbare Pinselstriche vermeiden. (Als Verdünner nimmt man Industrie- oder Poliersprit, notfalls auch Brennspiritus.) Schellackpolitur ist in drei Tönungen im Handel: transparent, blond und rötlich. Man wählt den Ton nach den gleichen Kriterien wie beim Schleiföl, wobei jedoch zu beachten ist, daß dunkle bzw. rötliche Politur die Holzmaserung etwas verschleiert.

Nach dem Trocknen zieht man die Fläche mit Stahlwolle ab und bringt einen zweiten (bei stark saugendem Holz auch einen dritten und vierten), ebenfalls stark verdünnten Anstrich auf. Dieser wird dann mit Bimsmehl (auf die Flächen streuen) und Schleiföl unter einem weichen Stoffballen gut, aber vorsichtig geschliffen. Die Lackschichten dürfen nicht bis auf das Holz durchgeschliffen werden, sonst bleiben sichtbare Flecken zurück. Nach gründlichem Abbürsten wird wie unter Variante 1 gewachst.

Möbelwachs

Bei der Wahl des Wachses sollte man nicht sparen. Nehmen Sie kein billiges Wachs und auf keinen Fall Bodenwachs. Sehr gute Möbelwachse werden aus England importiert; man findet sie in Antiquitätengeschäften, die englische Möbel führen. Wer sich sein Möbelwachs selbst herstellen will, kauft sich in der Drogerie reines Bienenwachs, zerkleinert es und schmilzt es im Wasserbad unter ständigem Rühren mit der fünffachen Menge gereinigtem echten Terpentinöl. Das Wasserbad soll heiß sein, nicht kochen! Wenn sich das Bienenwachs vollständig gelöst hat, gießt man es in ein sauberes Gefäß mit Deckel ab. Nach dem Erkalten ist die Masse gebrauchsfähig.

Manchmal schmelze ich das Wachs im Wasserbad wieder, erwärme auch die Holzfläche und trage das Wachs mit dem Pinsel satt auf. Nach dem Erkalten wird es gut in das Holz eingerieben und schließlich mit einem sauberen Wolllappen poliert. Von Stellen, die speckig glänzen, reibt man das überschüssige Wachs mit Terpentin ab.

Die Schellackpolitur

Dies ist zweifellos die Hohe Schule der Poliertechnik und verlangt für ein einwandfreies Ergebnis eine gute Portion Erfahrung und einiges Geschick. Dem Anfänger sei daher dringend abgeraten, sein erstes „Lehrstück" gleich mit Schellackpolitur zu behandeln. Die folgenden Abschnitte, Seite 75 bis 80, sind mit freundlicher Genehmigung des VSSM-Verlages in Zürich dem Buch „Die Holzoberflächenbehandlung" von Dr. Walter Pfluger entnommen.

Das Schellackpolierverfahren besteht darin, daß in Sprit gelöster Schellack durch zweckentsprechendes Verreiben auf eine Holzfläche derart aufgetragen wird, daß der nach dem Verdunsten des Sprites zurückbleibende Schellack die Holzporen ausfüllt und auf dem Holz eine völlig glatte Oberfläche erzeugt. Das zweckentsprechende Auftragen von Schellacklösungen ist nicht so leicht, wie oft angenommen wird. Es gehören dazu nebst besonderer Methodik, die erlernt sein will, einige Polierhilfsmittel und Polierwerkzeuge.

Die Poliermaterialien

Die hauptsächlichsten Mittel und Hilfsmittel des Schellackpolierverfahrens sind:

- Schellack-Polituren, Hilfspolituren und Politurenverdünnungsmittel
- Schleif- und Polieröle
- Schleifmittel
- Ölentfernungsmittel.

Die Polituren und ihre Verdünnungsmittel

Polituren sind Lösungen von Harzen in Lösungsmitteln. Als Harze kommen Natur- und Kunstharze in Frage. In den früheren, altbekannten Polituren waren fast ausnahmslos Naturharze die glanzgebende Komponente einer Politur. Am meisten verwendet wurden Schellack, Kopal, Sandarak und Benzoë. Zu diesen kamen mit geringerer Bedeutung noch Akkaroid, Mastix und, in kleineren Mengen, einige andere spritlösliche Naturharze.

Als wichtigstes Lösungs- und Verdünnungsmittel für Harze, bzw. Polituren, gilt Poliersprit. Es gibt Polituren, die außer Poliersprit kein anderes Lösungs- oder Verdünnungsmittel besitzen.

Die Schellackpolitur

Sie war bis in die letzten Jahre die weitaus wichtigste Politur im Holzpolierfach. Alle anderen Polituren waren ihr gegenüber als Hilfsmittel zu bewerten. Ein Polieren von Holz ohne Mitverwendung von Schellackpolitur war generationenlang fast nicht denkbar.

Eine Schellackpolitur besteht im Prinzip aus Schellack und Sprit. Von der Schellackmattierung unterscheidet sie sich dadurch, daß sie weniger Zusätze, insbesondere kein Öl enthält. Das zum guten Verarbeiten notwendige Öl wird vom Polierer während des Polierens selbst auf die Fläche oder in den Polierballen gebracht. Je nach der Sorte des Schellacks, der in Sprit gelöst wird, erhält man verschiedene Sorten Schellackpolituren, z. B. dunkle, blonde, helle, weiße, unfiltrierte und filtrierte Polituren.

Früher setzte sich der Polierer die Schellackpolitur meistens selbst an. Rezept: 100—150 Gramm möglichst fein zerkleinerter auripigmentfreier Schellack werden in 1 Liter Poliersprit gelöst. Das Lösen erfolgt am besten in einer Glasflasche. Während des Lösens schüttelt oder rührt man öfters durch. Die erhaltene Lösung ist nicht klar, sondern trübe. Die Trübung rührt vom Schellackwachs und von möglichen Verunreinigungen im Schellack her. Um die Lösung zu klären, wird sie durch Filtrierpapier oder durch einen Filzhut filtriert. Das Filtrieren ohne geeignete Apparatur ist eine langwierige Angelegenheit, und viel Sprit kann dabei aus dem Filtriergut durch Verdunsten verloren gehen, sofern man den Filtriertrichter nicht luftdicht abschließen kann. Um das Filtrieren zu umgehen, haben findige Polierer herausgefunden, daß man eine klare, reine Schellacklösung erhält, wenn man die angesetzte Politur längere Zeit, ohne sie zu schütteln, an die Wärme, z. B. an die Sonne stellt. Dann setzen sich das Schellackwachs und die Verunreinigungen langsam zu einem Bodensatz ab. Darüber befindet sich die reine Politur. Sie wird vorsichtig, ohne den Satz aufzurühren, abgegossen und eignet sich vorzüglich zum Polieren. Der Bodensatz kann als Zusatz zu Innenmattierung verwendet werden.

Das Selbstansetzen von Schellackpolitur wird heute kaum mehr ausgeübt. Es ist besonders in Großbetrieben unrationell und durchweg durch hervorragende Marken-Polituren verdrängt worden.

Die Schleif- und Polieröle

Holzoberflächen, die poliert werden sollen, werden manchmal vor der Polierarbeit geölt und eventuell mit Öl geschliffen. Zum Ölen verwendet man Schleiföl. Mit dem Ölen der Holzoberflächen bezweckt man, die Holzfasern geschmeidiger zu machen, gleichzeitig die Holzmaserung hervorzuheben und die Färbung des Holzes feuriger zu gestalten. Für ganz helle und weiße Hölzer verwendet man weißes Schleiföl, für braune und dunklere Hölzer dagegen rotgefärbtes Öl. Mit roteingefärbtem Schleiföl will man den grünen und grauen Stich gewisser Hölzer etwas beheben. Das Rotfärben der Öle geschieht mit Alkannin (Alkannawurzelextrakt). Es kann auch mit öllöslichen Anilinfarbstoffen gefärbt werden.

Früher wurde das Ölen der Flächen vor dem Polieren mit gekochtem Leinöl, das mit dem Schleifstaub in die Holzporen gerieben wurde und dort allmählich verharzte, vorgenommen. Hierdurch sind die Poren gut geschlossen worden. Die Anwendung von Leinöl erfordert aber wochenlanges Trocknen, bevor die eigentliche Polierarbeit in Angriff genommen werden konnte. Heute dienen als Schleiföle vor allem ganz dünnflüssige, eventuell mit Terpentinölersatz oder Benzin verdünnte Mineralöle, z. B. säure- und harzfreies Vaselinöl.

Zwischen der Anwendung von Leinöl und Mineralöl als Schleiföl auf Holz besteht ein prinzipieller Unterschied. Leinöl erhärtet allmählich durch Aufnahme von Sauerstoff aus der Luft und bildet in und auf der Holzoberfläche mit der Zeit einen harten Firnisfilm, der die Holzporen zum Teil ausfüllt und als vorzügliche Unterlage für Polituren gilt. Mineralöl dagegen trocknet nicht auf, bleibt flüssig und bildet keinen harten Film. Die Anwendung von gekochtem Leinöl als Schleiföl wäre im Prinzip vorteilhafter als die Anwendung von Mineralöl, wenn nicht die lange Trockendauer zum Erhärten des Leinölfilmes erforderlich wäre. Eine Holzoberfläche nach dem Schleifen wochenlang auf die Seite zu stellen, bevor die Polierarbeit begonnen werden kann, kommt in der heutigen Zeit nicht mehr in Frage. Ungenügendes Trocknen des Leinölfilmes aber führt zu Fehlresultaten. Man ist deshalb allgemein von der Verwendung von Leinöl als Schleiföl abgekommen und verwendet an seiner Stelle dünnflüssige Mineralöle.

Die Verwendung von Polierölen während des Polierens ist notwendig, um der Klebrigkeit der Polituren während der Polierarbeit entgegenzuwirken. Die Schellackpolituren werden mit dem Polierballen Schicht auf Schicht aufgetragen, wobei die frisch aus dem Ballen fließende Politur-Flüssigkeit die bereits aufgetragenen erhärteten Politurschichten wieder anzulösen und aufzureißen vermag, wenn dies nicht durch Mitverwendung von Polieröl verhindert wird.

Als Polieröl kommt in erster Linie dünnflüssiges, säure- und harzfreies Mineralöl, z. B. Paraffinöl, in Frage.

Die Mitverwendung von Öl beim Polieren hat gewisse Nachteile, so das Nachsacken der Politurschichten und, wenn mit zu viel Öl poliert wurde, das Entstehen von Öl-

ausschlägen. Man trachtet deshalb danach, mit möglichst wenig Öl zu polieren. Hierzu ist zu sagen, daß Polituren im Handel sind, die infolge ihrer Zusammensetzung sehr lange ohne Öl verarbeitet werden können, ohne daß sich Klebrigkeit und Aufreißen einstellt. Durch Verwendung derartiger Spezialpolituren sind die früher so gefürchteten Ölausschläge seltener geworden.

Materialkunde

Mineralöle (Vaselinöl, Paraffinöl) sind Produkte, die bei der Raffination von Erdöl (Petrol) gewonnen werden, im Gegensatz zu Leinöl, das ein pflanzliches Öl ist und durch Pressung aus den Leinsamen gewonnen wird.

Die Polierschleifmittel

Zum Polieren dienen als Schleifmittel:

Schleifpapier
Bimssteinmehl
Stahlwolle.

Schleifpapier. Zum Ölschleifen von Holzoberflächen wird feines Schleifpapier unter dem Kork- oder Holzklotz bevorzugt. Ebenfalls wird Schleifpapier zum leichten Schleifen anpolierter Flächen verwendet (Zwischenschliff).

Bimssteinmehl wird häufig nicht als Schleifmittel, sondern als Porenfüllmasse verwendet. Insbesondere beim Schellackpolierverfahren nach alter Methode stäubten die Meister beim Polieren geringe Mengen Bimssteinmehl, das nicht nur eine schleifende, sondern auch eine porenfüllende Wirkung auszuüben hatte, auf die Flächen. Es wurde mit der Schellackpolitur in die Poren hineingerieben, um diese zu füllen. Bimsstein ist ein natürliches, vulkanisches Produkt. Die einzelnen Splitterchen sind durchsichtig. Sie bilden aber eine beim Polieren nicht erwünschte weiße Masse, sobald sie dicht beisammen liegen. Beim Polieren kommt es deshalb darauf an, daß die einzelnen Splitterchen, mit Politur umhüllt, voneinander getrennt bleiben, weil sonst das Bimssteinmehl grau durchscheint. An Stelle von Bimssteinmehl werden auch Ziegelmehl oder Tonerde oder ähnliche Pulver verwendet. Diese Produkte sind nicht durchsichtig, und die Gefahr grauer Durchschläge bei derartigen Pulvern ist größer als bei richtiger Verwendung von Bimssteinmehl.

Stahlwolle wird zum Schleifen von Politurschichten vielfach verwendet. Sie bewährt sich speziell, wo es sich um das Schleifen von Schnitzereien, Kehlleisten usw. handelt, da sie sich den Konturen des Holzes leicht anpaßt.

Die Ölentfernungsmittel

Das beim Polieren verwendete Polieröl bildet auf der fertigen Politurschicht einen schleierartigen Überzug, der die Klarheit und den Glanz der Politur beeinträchtigt. Es ist deshalb notwendig, dieses auf der Oberfläche liegende Öl zu entfernen. Dies kann nach verschiedenen Methoden und mit verschiedenen Mitteln geschehen. Die Methoden sind in dem Abschnitt „Auspolieren" beschrieben.

Als Ölentfernungsmittel dienen Poliersprit, Benzoëpolitur und Ausziehlack (Petersburgerlack). Dazu kommen als weitere Ölentferungsmittel Schwefelsäure gemeinsam mit Wienerkalk, ferner gewisse Seifenprodukte (Putzsteine) und schließlich die sogenannten Abpolierwasser (Polish).

Die Polierwerkzeuge

Das wichtigste Werkzeug des Polierers ist der Polierballen. Für den Polierer ist er so wichtig wie für den Maler der Pinsel. Die Art des Polierballens richtet sich nach der Polierarbeit. Beim Grund- und Deckpolieren von Holzoberflächen ist die Form und Art des Polierballens eine andere als beim Auspolieren. Sorgfältige Wahl und Pflege der Polierballen erleichtern das Polieren der Holzoberflächen. Hinsichtlich des Balleninhaltes kann zwischen Strickwolleballen und Watteballen unterschieden werden.

Zu den Strickwolleballen werden meistens alte, gewaschene, naturfarbige Wollsocken oder Wollstrümpfe verwendet. Sie werden so zusammengelegt, daß sie einen möglichst weichen, elastischen Knäuel bilden. Dieser wird je nach der Polierart in ein Stück gröbere oder feinere, gewaschene Leinwand oder in Trikotstoff gewickelt.

Der Grundierballen wird mit grobem Leinen oder besser mit gutem grobem Trikot umwickelt, damit die Politur gut durchlaufen und das eventuell mitverwendete Bimssteinmehl sich zwischen den weichen Strickmaschen einlagern kann. Zu feines Leinen führt zum Verstopfen des Ballens und zum Ansammeln kleiner Bimssteinhäufchen auf der Ballenfläche.

Als Umwicklung für den Deckballen dient ebenfalls grobes, aber etwas engermaschiges, für den Auspolierballen feines Leinen.

Der Inhalt des Watteballens besteht aus einigen Lagen guter Baumwollwatte. Die Umwicklung erfolgt mit feinem Leinen. Der Watteballen ist weniger elastisch als der Strickwolleballen, dafür weicher und geschmeidiger. Er dient vorteilhaft zum Polieren von Schnitzereien und Kehlleisten (ohne Bimssteinmehl) und vor allem zum Abpolieren und Abstreifen.

Größe und Form der Polierballen sind den zu polierenden Flächen anzupassen. Die Polierballen sind in einer Polierbüchse aufzubewahren. Jeder Ballen sollte möglichst für sich allein versorgt werden. Es gibt Polierbüchsen, die hierfür Unterabteilungen besitzen. Die Polierbüchse soll gut verschließbar sein, damit die Polierballen während der Aufbewahrung nicht austrocknen und dadurch hart werden können.

Die Arbeitstechnik

Das Schellackpolierverfahren hat zwar heute nicht mehr jene überragende Bedeutung im Polierfach wie zur Zeit, da die modernen Spritz-, Schwabbel- und Spachtelverfahren mit Zellulose- und Kunstharz-Lacken noch nicht bekannt waren. Trotzdem soll hier das Schellackpolierverfahren möglichst ausführlich beschrieben werden, nicht nur, um den heutigen Jüngern der Polierkunst ein Bild über die Entwicklung der Poliermethoden zu vermitteln, sondern auch weil beim Schellackpolierverfahren gewisse Regeln und manuelle Fertigkeiten angewendet werden, die auch für die modernen Poliermethoden gültig sind und heute noch zum Wissen und Können eines Polierers gehören müssen. Daß z. B. ein Polierballen richtig geführt und daß er auspoliert werden soll, bevor man das Polieren unterbricht oder den Ballen neu einfüllt, gilt heute noch so gut wie früher.

Die Arbeiten, die bei der Ausführung des Schellackpolierverfahrens zu leisten sind, können eingeteilt werden in:
- Die Vorarbeiten
- Das Grundpolieren
- Das Deck- oder Nachpolieren
- Das Auspolieren.

Die Vorarbeiten

Das Schleifen und Ölen. Gut geschliffen ist halb poliert. Ungebeizte, mit Putzhobel und Ziehklinge sauber verputzte Holzoberflächen werden in langen Zügen mit feinem Schleifpapier unter dem Korkklotz in Längsrichtung geschliffen. Darauf wird der Schleifstaub sauber weggebürstet. Gebeizte Holzoberflächen werden nur leicht geschliffen oder besser nur mit Roßhaar abgerieben.

Nun kann das Ölen mit Schleiföl erfolgen. Es soll die Holzfasern weich und geschmeidig machen und die Holzstruktur klarer und feuriger hervorheben. Wenn man bedenkt, daß beim Polieren Polieröl mitverwendet wird, und daß allzu starkes Ölen mit Schleiföl Poliernachteile, mit Nachsacken und Ölausschläge, bringt, so wird man begreifen, daß vor dem Polieren nicht immer geölt werden muß. Vorgeölt werden nur solche Holzoberflächen, deren Farbton dies zuläßt oder gar verlangt. Das wird vor allem bei starkfarbigen und dunklen Hölzern, nicht aber bei zarten und hellen Farbtönungen der Fall sein. Wenn sich eine Oberfläche nach dem Ölen immer noch nicht glatt im Griff anfühlt, kann sie leicht nachgeschliffen werden.

Das Auftragen des Schleiföls geschieht am besten mit Putzfäden (Putzwolle), die man im Öl getränkt und kräftig ausgewrungen hat. Das Ölen soll sparsam, aber gleichmäßig erfolgen. Schleifrückstände und überschüssiges Öl nimmt man durch Aufstreuen von Tannenholzsägemehl und nachfolgendes Abreiben mit trockenen Putzfäden weg. Eventuell werden die Poren noch ausgebürstet. Geölte Holzoberflächen sollten vor dem Grundieren ca. 12 Stunden ruhen können, damit sich das Öl im Holz während dieser Zeit gleichmäßig verteilen kann.

Das Grundpolieren

Beim Grundpolieren sind die Holzporen aufzufüllen und mit der übrigen Holzfläche auf gleiche Höhe zu bringen. Es werden dafür verschiedene Methoden angewendet.

Völlig verwerflich ist das Zupolieren der Poren nur mit Bimssteinmehl und Poliersprit, ohne Mitverwendung von Politur. So gefüllte Poren werden nach kurzer Zeit grau. Um dies zu verhindern, ist es nötig, die Bimssteinsplitterchen, die zwar als Schleifmasse dienen, aber auch in die Poren hinein verrieben werden, mit Politur zu umgeben. Zum Füllen der Poren sind darum nicht Sprit und Bimssteinmehl, sondern dünne Politur und Bimssteinmehl zu verwenden.

Beim Auftragen der Grundpolitur gehen die meisten Polierer so vor, daß sie die Flächen zuerst mit Politur ein- oder zweimal einlassen. Das Einlassen erfolgt mit präparierter Watte oder mit dem Polierballen. Wird mit Watte eingelassen, so legt man, wie beim Mattieren, Politurbahn neben Politurbahn in Längsrichtung mäßig feucht an. Arbeitet man dagegen mit dem Polierballen, so führt man den Ballen zuerst in langen Schleifen in der Holzfaserrichtung über die ganze Fläche, verteilt dann ebenfalls in langen Schleifen quer zur Faserrichtung, dann in kleinen Schleifen nochmals in der Längenrichtung und zuletzt in kleinen Ovalen quer zur Faserrichtung.

Nach diesem Einlassen oder Anlegen mit Politur wird als Schleifmittel Bimssteinmehl zu Hilfe genommen. Die einen Polierer streuen etwas Bimssteinmehl auf die Fläche, andere betrachten das Aufstreuen als verwerflich. Sie geben das Bimssteinmehl auf ein Brettchen und verarbeiten es darauf zuerst mit dem Grundierballen, der halb und halb mit Politur und Sprit gefüllt ist. Dann erst gehen sie mit dem mit Bimssteinmehl behafteten Ballen auf die Fläche, womit das eigentliche Grundpolieren beginnt.

Das Füllen des Ballens mit Politur und Sprit

Zum Befeuchten und Nachfüllen des Ballens mit Politur wird das um den Ballen gewickelte Leinenstück zurückgeschlagen und die Politur direkt in die Strickwolle gegeben. Sprit kann dagegen durch den Leinenstoff hindurch in den Ballen gefüllt werden. Bei diesem Einfüllen von Sprit werden allfällige Ansätze von Politur und Bimssteinmehl angelöst und die Maschen des Leinenstoffes wieder frei gemacht. Damit sich Politur und Sprit gut mischen und in der Strickwolle verteilen, wird der Ballen von den Polierern auf einem Brett oder auf der Handfläche geklopft.

Die Führung des Ballens

Philipp Elbers schreibt darüber in seinem Handbuch „Der praktische Beizer und Polierer": „Mit der Innenfläche der Hand soll man nicht polieren, außer bei großen Flächen; dagegen halte man den Polierballen in den drei Fingern, besonders bei schmalen Flächen, weil man in den Fingerspitzen viel mehr Gefühl hat als in der hohlen Hand."

Th. Graser sagt in seinem Fachbuch „Schleifen, Beizen, Polieren" folgendes: „Der Ballen wird in der rechten Hand so geführt, daß die Handhöhlung gefüllt ist. Die fünf Finger müssen in möglichst gleicher Verteilung den Ballen umfassen, nicht nur der Umlegelappen, da sonst der Ballen schwingen kann, was beim Polieren gefährlich ist (abreißen). Der eigentliche Druck auf den Ballen geschieht mit der Handhöhlung, die Führung des Ballens mit den Fingern. Das Handgelenk des Polierers muß sehr lose sein, denn seine Bewegungen sind immer Rundungen in Form von Kreisen, Achtern und langen Ovalen oder Schleifen. Eine gute Vorübung für diese Bewegung ist das Händerollen."

Das Grundpolieren geschieht ohne Mitverwendung von Polieröl, aber unter Benützung beider Hände, wobei die eine mit der Handfläche auf den Handrücken der andern gelegt wird, damit der gleitende Ballen kräftig aufgedrückt werden kann. Mit dem gut angefeuchteten Ballen wird die Fläche an allen Stellen, besonders aber auch an den Rändern, in schleifenförmigen, kreisförmigen und ovalen Bewegungen überfahren. Zwischenhinein poliert man wieder einmal quer, dann wieder in der Längsrichtung. Bei allen diesen Polierbewegungen wird an den scharfen Kanten der Holzporen immer eine kleine Menge Politur abgestreift, bis die Poren schließlich gefüllt sind.

Es wird solange grundpoliert, bis die Holzporen vollständig gefüllt sind. Dabei ist nicht erforderlich, daß auf die gesamte übrige Holzfläche eine starke Schicht Politur aufgelagert wird; im Gegenteil, je weniger dick die Politurschicht nach dem Grundpolieren ist, desto besser wurde grundpoliert. Man wird deshalb gegen das Ende des Grundpolierens nur noch eine mit Poliersprit stark verdünnte Politur, eventuell nur Poliersprit allein, in den Ballen einfüllen und ihn auspolieren. Unter Auspolieren eines Ballens versteht man ununterbrochenes Polieren mit frisch gefülltem Ballen, solange, bis er völlig politurfrei und „trocken" ist. Bei trockenem, auspoliertem Ballen ist dessen Auflagefläche weiß.

Jede grundpolierte Fläche wird längere Zeit stehen gelassen. Je länger sie ruht, desto besser kann sie austrocknen. Das Austrocknen besteht im Verdunsten des Poliersprites und anderer der Politur beigegebener Lösungsmittel. Es tritt dabei eine Volumenverminderung ein, die sich im bekannten Nachsacken der Politurschicht bemerkbar macht. Viele Polierer tragen vor dem Wegstellen der polierten Flächen nochmals mit präparierter Watte etwas Politur in Längsrichtung auf. Das Stehenlassen der grundierten Fläche soll in einem warmen, trockenen Raum erfolgen.

Das Deck- oder Nachpolieren

Das Nachpolieren hat den Zweck, die während des Stehenlassens der grundierten Flächen „eingefallenen, nachgesackten Poren" erneut zu füllen.

Vor dem Nachdecken wird die grundierte Fläche mit feinem Schleifpapier unter dem Schleifklotz, eventuell unter Mitverwendung von etwas Schleiföl und Bimssteinmehl, kräftig eben geschliffen und anschließend mit sauberen Putzfäden gereinigt. Nun tragen die einen Polierer wiederum mit präparierter Watte wenig Politur in feinen Strichbahnen in der Längsrichtung auf und polieren darauf mit dem Grundierballen, in den sie verdünnte Politur eingefüllt haben, in gleicher Art wie beim Grundieren, unter Mitverwendung von etwas Bimssteinmehl, weiter, wobei die Zuhilfenahme von Polieröl immer noch so lange als möglich hinausgeschoben wird.

Andere Polierer lassen das Auftragen von Politur mittels Watte weg und beginnen das Deckpolieren mit ziemlich trockenem Grundierballen.

Wenn die Poren wieder aufgefüllt sind, ist das Mitverwenden von Polieröl nicht mehr zu umgehen. Jetzt beginnt das eigentliche Deckpolieren. Man wechselt die grobe Leinenumhüllung des Polierballens gegen feineres Leinen aus, gibt wenig Polieröl auf die Fläche und zieht auf dieser die bekannten Polierzüge. Fried. Schenk beschreibt diese Arbeit im Handbuch über „Beizen und Polieren" (VSSM-Ausgabe 1929) wie folgt: „Nun nimmt man zum Polieren etwas Öl und beschreibt auf der Fläche schöne Züge. Diese zieht man so, daß sie einander nicht zu rasch treffen, denn ein jeder Zug muß trocknen, bevor der andere darauf kommt. Jeder Zug bildet ein Schellackhäutchen, das trocken sein muß, wenn ein anderes darauf gelegt wird. Wird dies nicht befolgt, und berührt man den ersten Zug wieder mit dem nassen Ballen, so wäscht man ihn ab. Hält dieses Abwaschen längere Zeit an, so reibt man die Polierfläche durch und kommt auf das rauhe Holz. Um diesen Fehler zu vermeiden, führt man runde Züge aus, bald auch ovale, bald zieht man die Figur 8, dann kreuz und quer auch lange Züge, man wendet von rechts nach links und von links nach rechts. Auch steht man hin und wieder anders vor die Hobelbank hin. All dies befolgt, hilft sicher zum guten Gelingen."

Beim Nachdecken gilt besonders der Grundsatz, jeden Ballen auszupolieren. Dabei muß der Ballen aber immer „ziehen", d. h. er darf nicht bloß über die Politurschicht hinwegschlüpfen. Der Polierer soll das Gefühl haben, daß bei seinen Polierbewegungen der Ballen immer auch eine gewisse schleifende und reibende Arbeit leistet. Schlüpft der Ballen über die Polierfläche hinweg, so ist das ein Zeichen dafür, daß zuviel Polieröl mitverwendet wurde. Der Ballen darf aber auch nicht reißen und schmieren, was darauf schließen läßt, daß mit zu feuchtem Ballen und zu dicker Politur poliert wird. Immer ist daran zu denken, daß möglichst auch die Ränder einer Fläche zu polieren sind, da die inneren Flächen fast automatisch mitpoliert werden.

Wird während des Polierens die darunter liegende Schicht an irgend einer Stelle aufgerissen, was gerne bei zu nassem Polieren vorkommt und darauf schließen läßt, daß die unteren Schichten noch nicht genügend angetrocknet sind, bevor die neuen aufgelagert werden (zu großer Ballen für eine zu kleine Fläche), dann wird das Polieren am besten unterbrochen und die zu polierende Fläche auf die Seite gestellt, damit die Politurschicht Gelegenheit zum Austrocknen bekommt. Bei der Wiederaufnahme der Arbeit wird nicht speziell die aufgerissene Stelle behandelt, sondern ohne Rücksicht auf sie normal weiterpoliert, wobei sich die aufgerissene Stelle allmählich der übrigen Fläche anpaßt.

Gegen Ende des Deckpolierens wird in den Ballen wiederum stark verdünnte Politur oder nur Poliersprit eingefüllt und der Ballen völlig auspoliert. Dann wird das Werkstück nochmals beiseite gestellt und ruhen gelassen, damit die Politurschicht erneut austrocknen und erhärten kann. Überhaupt gilt beim Polieren der Grundsatz, daß eine Fläche um so besser poliert wird, je öfter das Polieren für längere Zeit unterbrochen werden kann.

Die nachpolierten Flächen sollen bereits schönen spiegelnden Glanz zeigen, völlig glatt sein und keine Unebenheiten mehr aufweisen.

Das Auspolieren (Hochglanzpolieren)

Mit dem Auspolieren wird bezweckt, der anpolierten Fläche bleibenden Hochglanz zu verleihen. Es wird deshalb erst vorgenommen, wenn sämtliche Holzporen restlos gefüllt und keine Mulden mehr vorhanden sind, und wenn die Fläche völlig glatt und fein ist. Zum Auspolieren wird der feine, separat aufbewahrte Auspolierballen benützt. Man befeuchtet ihn schwach mit stark verdünnter Schellackpolitur oder einer Mischung von Schellackpolitur und Benzoëpolitur oder mit Benzoëpolitur allein.

Wenn der Ballen damit schwach, aber gleichmäßig angefeuchtet ist, so legt man einen reinen Leinenlappen darüber und beginnt in gleicher Weise, wie vorher beschrieben, zu polieren, wobei man zu gleicher Zeit einige Tropfen Öl mitverwendet. Man poliert zunächst nur einige Züge bis der Ballen etwas angetrocknet ist. Hierauf nimmt man ihn auseinander und besprizt den Inhalt mit Spiritus. Dann reibt man die Strickwolle mit den Händen gut durch, so daß sich alle Schellackrückstände vollständig auflösen, legt den Lappen wieder darüber und poliert genau wie vorher. Nur ist darauf zu achten, daß der Ballen möglichst lange in Verbindung mit der Fläche bleibt. Sobald der Ballen trocken wird, gleitet er nur noch leicht über die Fläche. Er findet keinen Widerstand mehr, und deshalb muß der Druck der Hand allmählich verstärkt werden. Jetzt beginnt der Moment, wo die Fläche rein poliert wird, weil der Ballen keinen Schellack mehr abgibt, sondern nur noch den abgelagerten ebnet und glättet und gleichzeitig das Öl von der Fläche entfernt, welches während des Polierens dort lagerte.

„Der erste Vorgang vollzieht sich von selbst, wenn man den Ballen durch immer kräftigeren Druck möglichst lange mit der Fläche in Verbindung hält. Der zweite Prozeß bedarf noch einer besonderen Maßnahme. Bis zu diesem Zeitpunkt sind natürlich geringe Mengen des Öles auch in den Ballenlappen gewischt worden. Diese wurden aber durch die austretende Politur immer wieder auf die Fläche zurückgeführt. Um dies zu verhindern, müssen wir einen neuen reinen Leinenlappen über den Ballen legen, welcher so groß ist, daß man ihn von Zeit zu Zeit immer ein Stück weiterschieben kann.

Der ‚Kniff' liegt darin, daß das Verschieben des Leinenlappens solange geschieht, wie sich noch Feuchtigkeit im Ballen befindet. Die Kunst des Auspolierens beruht in erster Linie darauf, daß der Ballen zu gleicher Zeit vollkommen ausgetrocknet ist, wenn die letzten Ölreste von der Fläche verschwinden. Wenn sich der Ballen durch fortgeschrittenes Trocknen endgültig von der Fläche löst, dann muß rasch weiter gearbeitet werden, damit die letzten Feuchtigkeitsreste zur Beseitigung des Öls verwendet werden können. Man poliert daher sehr schnell in großen Zügen, wobei man jeden Punkt der Fläche bei jeder Tour berührt.

Sobald der Ballen scheinbar trocken ist, breitet man ihn schnell auseinander, dreht das Innere nach außen und legt frisches Leinen darüber. Auf diese Weise wird auch die innere Feuchtigkeit auspoliert. Bei großem Ballen wird dieser Vorgang zweckmäßigerweise wiederholt, bis dieser innen und außen vollständig trocken ist.

Sollte der Ballen zu früh antrocknen, weil die Fläche etwas reichlich mit Öl versehen war, so muß er auseinandergelegt, mit Spiritus besprengt und verrieben werden, bis sich dieser gut verteilt hat. Dann wird die Fläche, wie vorher beschrieben, endgültig rein poliert.

Wenn der Auspolierballen etwas zu stark angefeuchtet wird, und die Fläche sehr wenig Öl besitzt, so besteht große Gefahr, daß er die ölfreie Fläche matt anreißt. Man setzt in solchen Fällen ein winziges Öltröpfchen zu, und zwar nicht auf die Fläche, sondern unter den Ballen, um so den gleichen Endeffekt zu erreichen."

Die Flächen können nun noch durch „Abwienern" oder Behandlung mit Auspolierwasser von den letzten Ölresten befreit werden.

Das „Abwienern" besteht darin, daß man die polierten Flächen mit ca. 10prozentiger kalter Schwefelsäure mittels Watte oder weichem Leinenlappen ganz leicht und gleichmäßig anfeuchtet. Dann wird etwas Wienerkalk im Beutel aufgepudert und das entstandene Gemisch von Schwefelsäure, Wienerkalk und Polieröl durch Reiben mit dem Ballen entfernt.

An Stelle des „Abwienerns" kann Behandlung mit Auspolierwasser erfolgen. Meistens wird das Auspolierwasser mit feinem Watteballen auf die Flächen gebracht. Man läßt ruhig ziehen und antrocknen und entfernt es darauf mit Flanellstoff.

Auch seifenartige Putzsteine oder Poliersteine werden zum Ölentfernen beim Abpolieren verwendet. Es wird hierzu mit dem trockenen Auspolierballen von Zeit zu Zeit kurz über den Putzstein gefahren. Der Ballen nimmt dabei etwas Seifenstein mit. Dies genügt, um den Ballen wieder zum Ziehen zu bringen.

Beurteilung einer hochglanzpolierten Fläche
Eine auspolierte Fläche soll fadenlosen, klaren Hochglanz ohne bläulichen Schimmer zeigen. Dieser ist ein Zeichen, daß das Polieröl nur ungenügend entfernt wurde. Die Poren sollen vollständig gefüllt sein und die Farbe des übrigen Holzes tragen. Je glatter eine Fläche, desto schöner ist sie. Graue Stellen, Unebenheiten, Erhöhungen und Vertiefungen in der Politurschicht gelten als Fehler, die sich besonders gut zeigen, wenn das Licht schräg auf die Fläche fällt.
Soweit das Zitat.

Zu dieser sehr ausführlichen Beschreibung noch einige eigene Erfahrungen: Polier- oder Industriesprit, also 96prozentiger und damit fast wasserfreier Alkohol ist im Laden schwer oder gar nicht erhältlich. Ich verwende dafür ungefärbten Brennspiritus, ohne Nachteile festgestellt zu haben.

Polieröl (Vaselin- oder Paraffinöl) ist im Farben- oder Werkzeughandel nicht immer zu bekommen. Im allgemeinen kann hier aber eine Apotheke helfen. Außerdem sei gerade dem Anfänger empfohlen, mit der Zugabe von Polieröl auf dem Ballen nicht zu sparen. Bei Ölmangel bleibt einem der Ballen schnell an der Fläche kleben und reißt die Politur wieder auf. Vor allem muß der Ballen stets in Bewegung gehalten werden; bei auch nur kurzzeitigem Stillstand klebt er fest.

Bei feinporigen Hölzern wie Kirschbaum, Birnbaum, Ahorn oder Rio-Palisander ist kein Grundpolieren (Seite 77) nötig; ihre Oberfläche ist schon glatt und geschlossen und braucht nicht erst mit Bimssteinmehl und Schellack gefüllt zu werden.

Generell ist mir das Porenfüllen mit Leinöl und Schleifstaub (Seite 76) lieber als das Grundpolieren mit Bimssteinmehl und Schellackpolitur. Die Wartezeit, bis das Leinöl verharzt ist, kann man als Amateur ohne weiteres in Kauf nehmen.

Zum Entfernen der Ölrückstände, dem „Abwienern" (Seite 80), verwende ich das zum Reinigen und Polieren von Autolack bestimmte „Johnsons Carnu". Nach gutem Durchtrocknen der letzten Politurschicht wird Carnu mit einem weichen sauberen Lappen aufgetragen und nach dem Trocknen mit einem oft gewechselten Lappen wieder abpoliert.

Wenn man den spiegelnden Hochglanz der Schellackpolitur etwas brechen möchte, streut man reichlich Bimsmehl auf die Fläche und bürstet es mit einer Roßhaarbürste wieder ab.

Die Pflege der Möbel

Sehr viel gibt es zu diesem Thema nicht zu sagen. Eine sinnvolle, angemessene Benützung des Möbels ist die beste Pflege. Man sollte es nicht strapazieren, weder im Gebrauch noch was Temperatur und Luftfeuchtigkeit betrifft: Hohe Temperaturen (Sonne, Heizkörper) und trockene Luft sind schädlich (vgl. auch Seite 18). Empfehlenswert ist eine Luftfeuchtigkeit von 60 bis 70 Prozent.

Mit Schellack polierte Möbel brauchen keine spezielle Pflege. Verwenden Sie keinesfalls moderne Möbelpolituren! Falls Sie das Stück nach Jahren einmal reinigen wollen reiben Sie es mit echtem Terpentinöl ab. Angeblich soll auch ein Abreiben mit Milch der Schellackpolitur gut tun.

Bei gewachsten Möbeln genügt es, sie ein- oder zweimal im Jahr leicht nachzuwachsen. Wenn nach einigen Jahren eine Generalreinigung nötig wird (Staub haftet auf den gewachsten Flächen), reibt man sie gründlich mit Terpentinöl ab und wachst wieder nach.

Achten Sie darauf, daß die Möbel nicht übertrieben oft abgestaubt werden! Das Staubtuch nimmt den Möbeln ganz allmählich den Hochglanz und reibt bei gewachsten Möbeln den Staub in die Poren. Schlimmer noch ist die Gefahr, daß beim eiligen Abstauben das Staubtuch an vorstehenden oder losen Furnierteilen hängenbleibt und feine Teile abbricht.

Meine alten Möbel

Im Kapitel „Restaurieren" habe ich am Beispiel eines Zylinderbureaus alle etwa notwendig werdenden Reparaturen beschrieben. Und wie man eine gute Schellackpolitur herstellt, steht neben einfacheren Techniken im Kapitel „Oberflächenbehandlung". Auf den folgenden Seiten sollen nun eine Reihe von Möbelstücken angesprochen werden, die ich im Lauf der Zeit erworben und instandgesetzt habe. Dabei wird auch immer wieder davon die Rede sein, wie der Kauf vor sich ging, und was ich jeweils an Geld angelegt habe. Weil ich in der Schweiz lebe, sind die Preise in Franken angegeben.

Fünf Biedermeier-Stühle

A Stuhl aus Nußbaum in der wohl am häufigsten vorkommenden Form mit Säbelbeinen und Brettsitz.

B Nußbaumstuhl, jedoch mit nachträglich gepolstertem Sitz. Im Schnitzwerk der Rückenlehne deutet sich, ebenso wie bei A, schon das beginnende Neurokoko an.

C Dieser Stuhl, auch aus Nußbaum, war sehr wahrscheinlich schon im Originalzustand gepolstert. Typisch für den Klassizismus die Lyra.

D Stuhl aus Birnbaum, eingelegte Raute in der Rückenlehne und Kanteneinfassung aus schwarz gefärbtem Holz.

E Kirschbaumstuhl. Seine Rückenlehne erinnert, ähnlich wie bei D, an englische Formen.

Stühle dieser Art werden heute je nach Schönheit und Erhaltung zwischen 30 und 150 Franken gehandelt. Diese Preise beziehen sich auf unrestaurierte Einzelstücke. Man sollte sich bewußt sein, daß Biedermeier-Stühle wegen ihrer einfachen und gefälligen Form besonders in ländlichen Regionen noch hergestellt wurden, als die eigentliche Biedermeierzeit längst vorüber war. Der Stil ist hier kein eindeutiges Datierungsmerkmal.

Bild 197. Biedermeierstuhl (im Text Stuhl E)

Bild 198. Zwei Biedermeier-stühle (im Text Stuhl A und Stuhl B)

Bild 199. Zwei Biedermeier-stühle (im Text Stuhl C und Stuhl E)

Stuhl Biedermeier

Der Stuhl besteht aus Kirschbaumholz. Die Beine sind massiv, Zargen und Rückenlehne furniert. Für Zierformen ist ein schwarzgefärbtes Holz undefinierbarer Sorte verwendet. Der starke Einfluß des Empire ist unverkennbar.

Der Stuhl gehört zu einem Paar, das ich 1975 für 700 Fr. pro Stück im Antiquitätenhandel gekauft habe, fertig restauriert und gepolstert („Weißpolster"), also ohne Bezugstoff. In diesem Fall war das „Weißpolster" übrigens dunkelgrün. Je älter die Stühle, desto seltener haben sich mehrere Stücke vom gleichen Modell erhalten. Schon bei Paaren ist der Stückpreis um einiges höher als bei Einzelstücken, und je größer die angebotene Garnitur, desto mehr kostet der einzelne Stuhl.

Das schmiedeeiserne Beistelltischchen (Gueridon) auf dem Bild dürfte aus dem Anfang des 20. Jahrhunderts stammen.

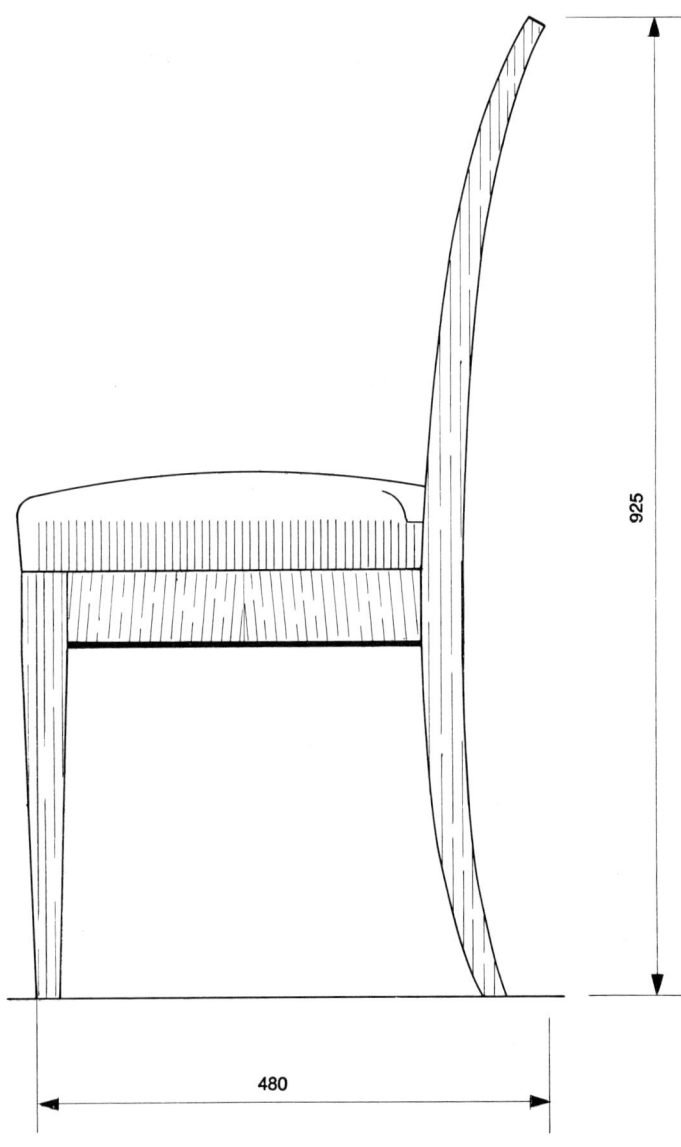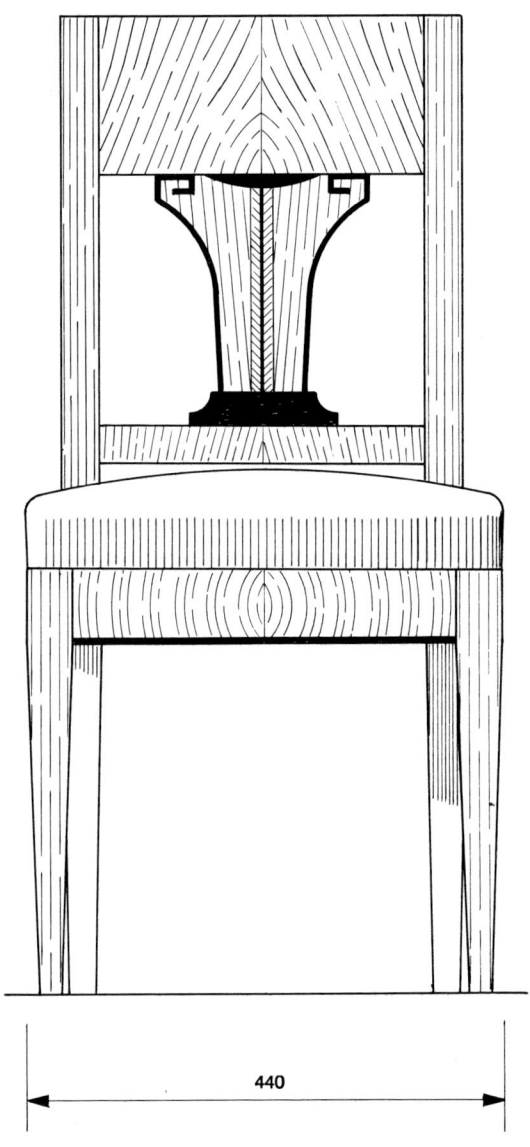

Bild 200. Ansichten

Bild 201. Polsterstuhl, Biedermeier

Nachtstuhl Biedermeier

Obgleich dieses Möbel deutlich den Stil des späten Biedermeier trägt, neige ich dazu, seine Entstehungszeit noch einige Zeit später anzusetzen, ohne daß ich das allerdings klar begründen könnte. Vielleicht liegt es an dem sehr guten Erhaltungszustand und der ungewöhnlich exakten Ausführung.

Der Stuhl stammt aus einem „Brockenhaus" der Heilsarmee (gemeinnützige Verkaufsstelle von altem Hausrat), wo ich ihn 1975 für 25 Fr. erworben habe.

Das Möbel besteht durchweg aus massivem Buchenholz und ist rötlichbraun gefirnißt. Die aufklappbare Sitzplatte und das Türchen vorn sind mit Hirnleisten gegen Verwerfen gesichert.

Obgleich fast jeder Besucher meint, mehr oder weniger passende Witze über dieses Stück machen zu müssen, sei seine Bedienung kurz erläutert: Vor der Benützung wird die Sitzfläche hochgeklappt. Das Abschlußbrett darunter besitzt eine kreisrunde Öffnung, die mit einem konischen Holzdeckel verschlossen ist. Auch der Pot-de-chambre aus Porzellan hat einen Deckel. Der Topf ruht auf einem massiven Holzsockel, ist in einer Führung gehalten und kann durch die vordere Tür des Sitzkastens entnommen werden.

Bild 202. Nachtstuhl, Biedermeier

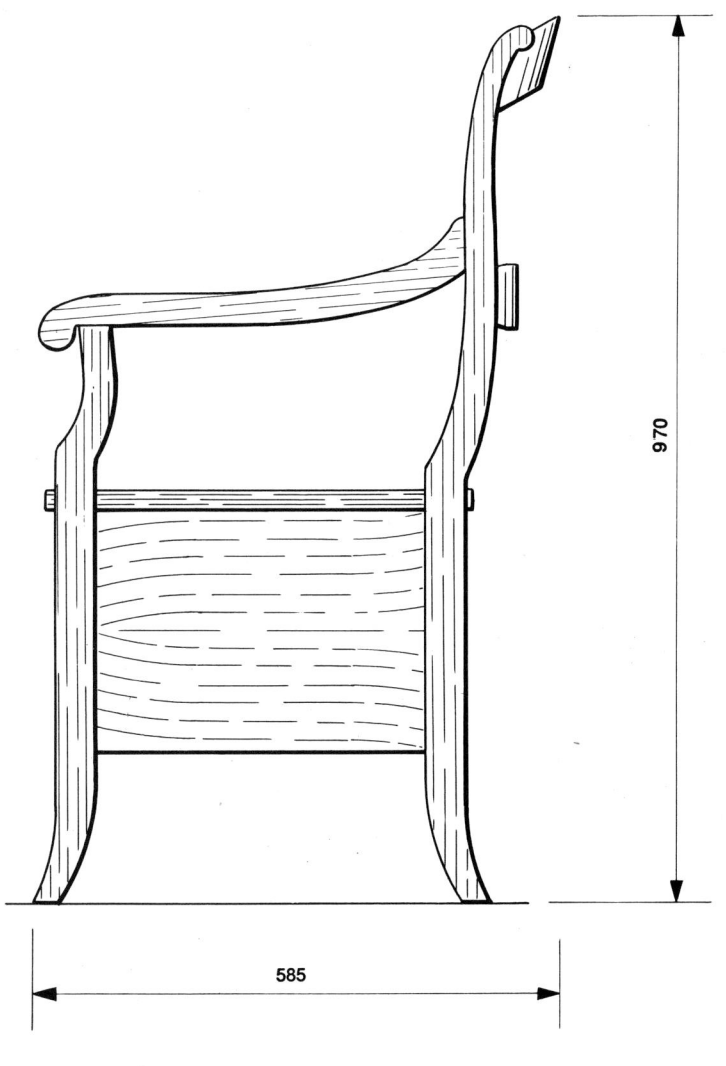

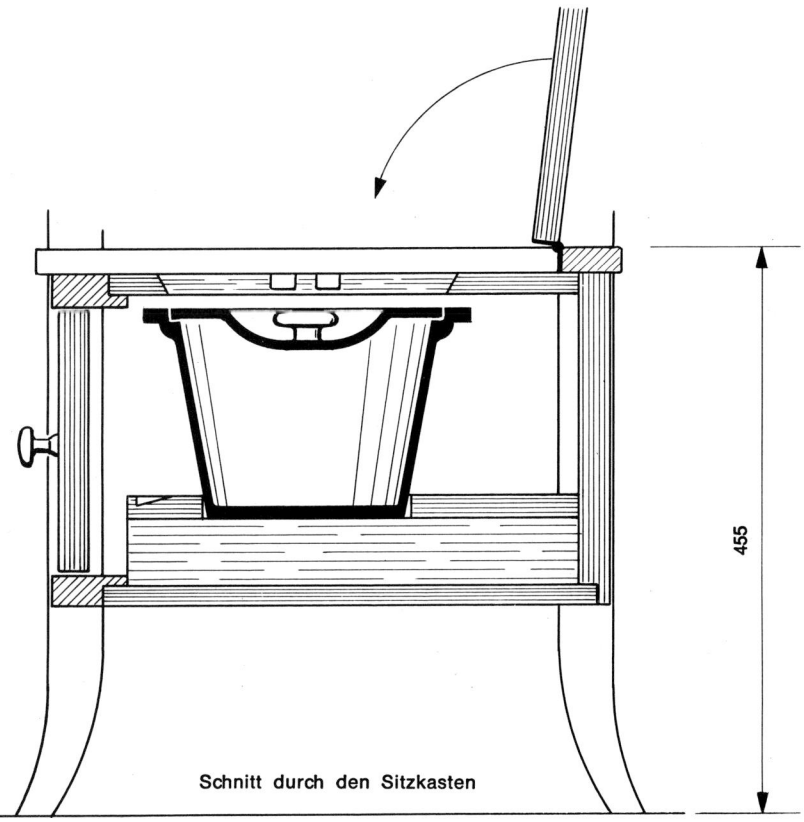

Schnitt durch den Sitzkasten

Bild 203. Ansichten und Schnitt

Zwei Stühle Louis-Philippe

Diese Stühle erfreuen sich heute wieder außerordentlicher Beliebtheit. Leider ist es sehr schwierig, komplette Garnituren mit vier, sechs oder gar acht zusammengehörigen Stühlen zu finden. Mein größter diesbezüglicher Erfolg beschränkt sich bisher auf zwei gleiche Exemplare. Die hier gezeigten Stücke kosteten Ende der fünfziger Jahre je 30 Fr. Sie stammen aus dem Inventar einer Laienbühne.

Das Exemplar links ist ein einfaches Louis-Philippe-Möbel, das rechts geht mit seiner reicheren Gestaltung und den Rollen unter den Beinen schon mehr in die Richtung Napoleon III. Beide sind aus Nußbaum.

Neue, nachgeschaffene Garnituren werden praktisch in jedem Kaufhaus angeboten. Oft ist es reine Automatenarbeit, mit Sägemehl gepolstert, mit billigstem Stoff überzogen und zu unglaublichen Discountpreisen erhältlich. Ob man solche Schöpfungen noch „Kopie" nennen darf?

Beim Restaurieren von Stühlen, von Sitzmöbeln überhaupt, sollten Sie es nicht versäumen, Verstärkungsstücke zwischen Zargen und Beine einzusetzen, mag die Verbindung auch noch so solide erscheinen. Wie Bild 205 zeigt, werden die Verstärkungen eingeleimt und verschraubt. Die Klötzchen über den Verstärkungen dienen dem Polsterer.

Bild 205. Zarge und Stuhlbein sollten durch ein Verstärkungsstück stabil verbunden werden. Das Klötzchen darüber dient beim Polstern zum Annageln des Stoffes.

Bild 204. Zwei Stühle, Louis-Philippe

Armlehnstuhl Louis-Philippe

Dieses Möbel wird aus mir unerfindlichen Gründen oft als „Voltaire-Sessel" bezeichnet. Doch kann Voltaire (1694 bis 1778) kaum so einen Armlehnstuhl besessen haben, denn als diese Konstruktionen Mode wurden, war Voltaire schon 50 Jahre tot. Gleichviel, seine gefällige Form hat den Sessel so beliebt werden lassen, daß er heute von vielen Möbelfabriken in den verschiedensten Variationen nachgebaut wird, zum Teil sogar mit höchst seltsamen Polsterungen und Bezügen. Sogar karierte Schottenstoffe habe ich darauf schon entdeckt. Aber über Geschmack soll man nicht streiten. Auf alle Fälle sollte der Bezugsstoff mit Bedacht gewählt werden. Meines Erachtens sollte er nach Stoffart und Musterung dem Stil der Zeit entsprechen (es sei denn, man sucht bewußt einen originellen Kontrast). Aber einem

wuchtigen Barockstuhl sollte man weder einen Biedermeierstoff mit feinen Streublümchen verpassen noch ein Dessin mit schmalen Streifen. Diese Überlegung gilt natürlich für Polstermöbel aller Epochen.

Als Material wurde damals vorwiegend Nußbaum verwendet, oft auch das billige Buchenholz. Wie in Bild 207 zu sehen, besitzen manche Exemplare eine einfache Vorrichtung zum Zurückklappen der Lehne.

Für solche Armlehnstühle aus der Zeit werden heute je nach Qualität und Erhaltungszustand unrestauriert 500 bis 1000 Fr. bezahlt. Für das Restaurieren und Aufpolstern muß man noch einmal mit einem ähnlichen Betrag rechnen, es sei denn, man macht das selber. Falls keine Teile fehlen, ist der Aufwand nicht groß. Schwieriger wird es, wenn Teile

Bild 206. Armlehnstuhl, Louis-Philippe

ersetzt werden müssen. Am meisten Zeit verschlingt das Entfernen der alten Polsterung und das Herausfischen von hunderten von Polsternägeln.

Bei einem kürzlich erworbenen Sessel war ein Vorderbein leider total vom Wurm zerfressen. Äußerlich schien es noch gut erhalten, aber im Inneren hatte es nur noch das Gefüge eines Schwammes. Man konnte die dünne Außenhaut praktisch mit dem Daumen eindrücken. Das ganze Bein zu ersetzen, schien mir zuviel Aufwand. Andererseits konnte ich mir lebhaft vorstellen, wie das Bein in kurzer Zeit unter einigen gezielten Staubsaugerschlägen zersplittern würde. Hausfraulicher Übereifer in Kombination mit der trockenen Luft überheizter Wohnräume richten in kurzer Zeit mehr Schaden an als der viel zitierte „Zahn der Zeit" im Lauf von Jahrhunderten!

Zurück zu unserem Stuhlbein. Für solche Fälle wird oft empfohlen, mit der Injektionsspritze einen Holzverfestiger oder Kunstharz in alle Wurmlöcher einzuspritzen. In diesem Fall zweifelte ich jedoch, ob die Eindringtiefe ausreichen würde, und wandte eine radikalere Methode an, das Ausgießen mit Kunstharz. Zuerst habe ich von unten ein ziemlich tiefes Loch in das Stuhlbein gebohrt, Staub und Späne sorgfältig ausgeklopft und mit dem Staubsauger abgesaugt. Der alte Lack wurde vorerst auf dem Holz belassen, zusätzlich habe ich etwas Wachs aufgetragen. Dann habe ich das Bein mit selbstklebenden Klebestreifen dicht banda-

giert. Weil die Klebestreifen auf der gewachsten Fläche schlecht halten, nahm ich zur Verstärkung einige Paketgummiringe. Das Bein wurde mit einem Heizstrahler gut durchgewärmt (dauert einige Zeit) und dann sorgfältig mit Epoxidharz (Laminierharz) ausgegossen. Ich wollte meinen Augen nicht trauen, was für Unmengen von Harz im Holz versickert sind. Das gründliche Vorwärmen des Beins ist sehr wichtig. Dadurch wird das Harz dünnflüssiger und es bleiben kaum Lufteinschlüsse im Holz zurück. (Nicht das Harz wärmen!) Die stramm herumgewickelten Klebestreifen verhindern, daß Harz aus den Fluglöchern ausläuft, und wo doch etwas durchsickert, haftet es nicht auf der lackierten und gewachsten Oberfläche.

Der Erfolg dieser Methode übertraf meine Erwartungen. Das Bein war nicht nur durch und durch hart geworden, auch alle sichtbaren Fluglöcher und Wurmgänge waren voll mit Harz ausgefüllt. Allerdings schimmerte das Harz wegen seiner Transparenz an diesen Stellen schwarz. Beim nächsten Mal will ich versuchen, es vorher braun oder noch besser in einem Ocker-Ton einzufärben. So müßte dieses Ausgießen mit Kunstharz sich auch für andere Bauteile anwenden lassen, die heftig vom Holzwurm befallen sind. Wo man sie nicht unsichtbar anbohren kann, müßte man das Eingußloch später mit einem Holzpfropfen oder einem Furnierstückchen verschließen.

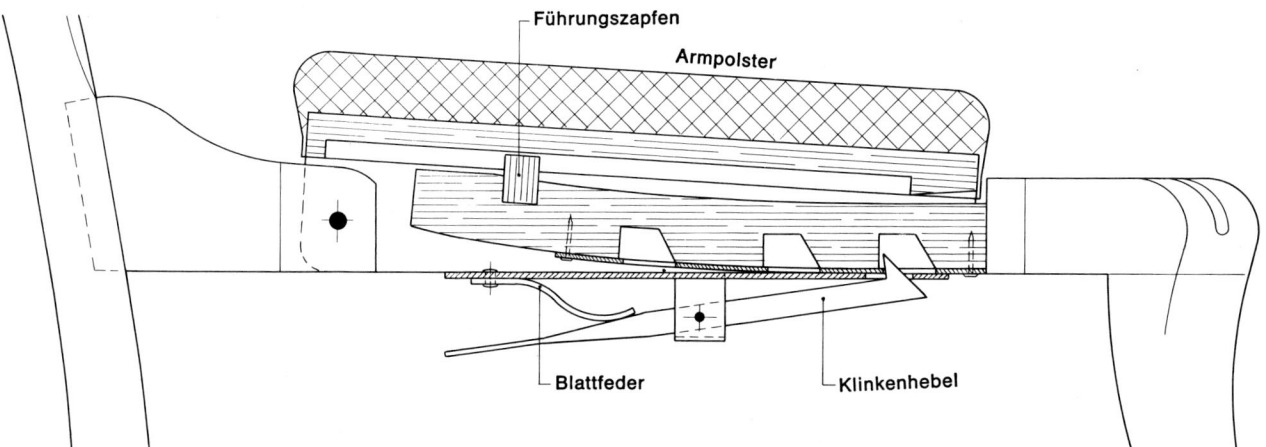

Bild 207. Der Mechanismus zum Verstellen der Lehne

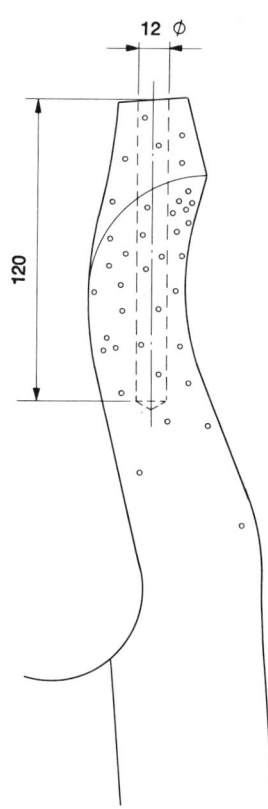

12 Ø

120

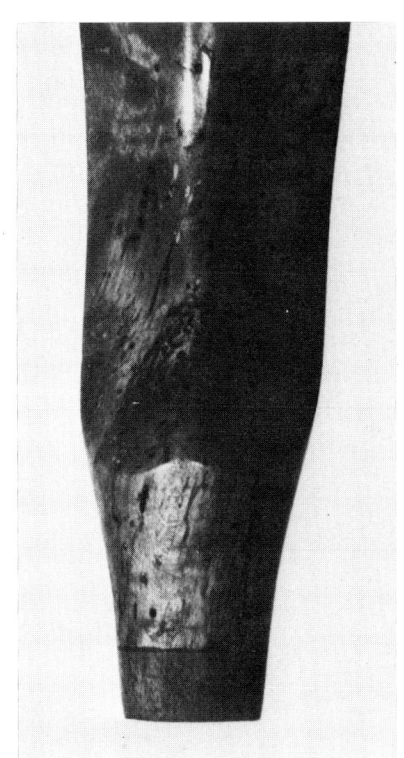

Bild 208. Aufbohren und Ausgießen eines vom Wurm zerfressenen Stuhlbeines

Bild 209. Das mit Epoxidharz ausgegossene Stuhlbein. Am unteren Ende ist ein kurzes Stück neues Holz angesetzt.

Bild 210. Armlehnstuhl mit zurückgeklappter Lehne

Chauffeuse Napoleon III.

Dieses niederige, sehr bequeme Sitzmöbel diente vorwiegend für gemütliche Stunden vor dem Kamin und ist für die Zeit Napoleon III. typisch. Beliebt waren vor allem die Kapitionierung der Polsterung, Fransen bis auf den Boden und sehr lebhafte Stoffmuster.

Anfang der 60er Jahre habe ich nach einigem Verhandeln im Brockenhaus einer Nachbarstadt zwei Exemplare zu einem Spottpreis von jeweils 15 Fr. erworben. (Sie waren bereits für jemand anders reserviert gewesen.) Die sichtbaren Holzteile bestehen aus Mahagoni, für das übrige Gestell wurde Buchenholz verwendet. Die geschweiften Vorderbeine sind mit geschnitzten Akanthusblättern verziert. Eine kleine Überraschung erlebte ich, als beim Entfernen des alten Polsters auf einer Zarge eine mit Bleistift geschriebene Datierung zum Vorschein kam: Febr. 1872. Endlich einmal ein Möbel, bei dem der Schreiner das Herstellungsdatum vermerkt hat!

Leider habe ich seinerzeit beim Auftrag für das Aufpolstern zu wenig auf Originaltreue bestanden und mir zudem vom Polsterer noch eine Schaumgummi-Einlage aufschwatzen lassen. Solche Sitzmöbel sollten aber unbedingt nur mit Roßhaar gepolster werden, wie das früher üblich war.

Bild 211. Chauffeuse, Napoleon III.

Voyeuse Neubarock, Mitte 19. Jh.

Diese recht seltene Stuhlform stammt aus Frankreich und wird von Uneingeweihten oft für einen Gebetsstuhl gehalten. Das Möbel diente aber keineswegs frommen Zwecken, sondern ganz im Gegenteil eher dem „Laster". Auf dem Stuhl wurde rittlings gesessen, die Arme stützte man auf die gepolsterte Lehne und konnte so das Geschehen am Spieltisch bequem beobachten. Da die Damen mit ihren weiten Krinolinen sich nicht gut rittlings niederlassen konnten gab es für sie solche mit ganz niedrigem Kniepolster.

Das hier gezeigte Exemplar konnte ich auf einer Antiquitätenausstellung 1977 für 450 Fr. unrestauriert erwerben. Es besteht aus Nußbaumholz und stammt etwa aus der Mitte des 19. Jahrhunderts. Die Armstütze ist ein Kasten mit einem gepolsterten Deckel. Er könnte zur Aufnahme von Aschenbechern gedient haben und somit der Grund sein, dieses Möbel auch „Fumeuse" zu nennen.

Bild 212. Voyeuse, Neubarock

Scherenstuhl 2. Hälfte 19. Jahrhundert

Für diesen Stuhl wurde teils Buchenholz, teils Nußbaum verwendet. Die Rückenlehne ist von einer geschnitzten barocken Kartusche mit Rollwerk und Akanthusblättern bekrönt. Die beiden Armpolster sind eine spätere Zutat.

Auch dieses Stück stammt aus einem unserer Brockenhäuser. Anfang der 60er Jahre war sein Preis 30 Fr., heute würde wohl das Mehrfache verlangt. Lassen Sie mich kurz erläutern, was ein Brockenhaus ist, für den Fall, daß Sie diese Institution nicht kennen. Diese Läden gibt es fast in jeder Stadt in der Schweiz; sie werden vorwiegend von Frauenorganisationen oder von der Heilsarmee geführt, und ihr Erlös kommt wohltätigen Zwecken zugute. Gehandelt wird mit allem möglichen gebrauchten Hausrat, mit Kleidern, Möbeln, Sportgeräten usw. Früher waren sie wahre Fundgruben für Antiquitäten. Inzwischen sind diese Quellen fast vollständig versiegt. Und wenn schon einmal etwas halbwegs Altes eintrifft, das ein wenig muffig riecht, wird ein unangemessen hoher Preis dafür verlangt.

Bild 213. Scherenstuhl, 19. Jahrhundert

Sitzgarnitur Jugendstil

Diese, leider unvollständige Gruppe — es gehörte sicherlich noch zumindest eine Sitzbank dazu — besteht aus Mahagoni und besitzt noch die Originalpolsterung.

Ich habe sie 1978 im Antiquitätenhandel für 800 Fr. gekauft. Der Behauptung des Händlers, sie stamme von Gallé, ist wohl kaum Bedeutung beizumessen.

Bild 214 — 216. Sitzgarnitur, Jugendstil

Sofa etwa Mitte 19. Jahrhundert

Die sichtbaren Teile des Gestelles sind aus Nußbaum, die übrigen aus Buchenholz. Der kapitonierte Lederbezug und die Roßhaarpolsterung sind neu.

Das Gueridon (Beistelltischchen) daneben stammt etwa aus der gleichen Zeit.

Beide Stücke stammen aus dem Brockenhaus. Allerdings liegt die Erwerbung schon so lange zurück, daß ich mich an die Preise nicht mehr erinnern kann.

Bild 217. Sofa, Mitte 19. Jahrhundert

Schachtisch um 1800

Auf den ersten Blick ist man geneigt, diesen Tisch dem Transition-Stil zuzuordnen, also dem Übergang von Louis-quinze zu Louis-seize. Allerdings fehlt ihm die den französischen Möbeln eigene Eleganz, so daß man ihn eher dem deutschen Klassizismus (Zopfstil) zuweisen muß, der oft noch barockes Formengut verwendet, wie hier die geschweiften Beine.

Die Tischbeine sind aus Nußbaum, das Blindholz der Zargen und der Platte ist aus Tanne. Für die Marketerie wurden vorwiegend verschiedene Nußbaumsorten und reichlich Wurzelholz verwendet.

Ich habe diesen Tisch 1977 für 650 Fr. erworben. Dieser verhältnismäßig niedrige Preis erklärt sich aus dem katastrophalen Zustand des Möbels, der eine Restaurierung beinahe aussichtslos erscheinen ließ. Von den Marketerien waren nur noch Fragmente vorhanden, und noch viel schlimmer sahen die Beine aus. Eines war unten bereits einige Zentimeter abgefault, und alle vier waren in ihrer unteren Hälfte so vom Wurm zerfressen und an ihren Kanten ausgebrochen, daß ein komplettes Ersetzen unumgänglich schien. Alles in allem ließ eine Reparatur soviel Aufwand erwarten, daß sie sich für einen Professionellen nicht gelohnt hätte. Nicht zuletzt hätten vier neue Beine den Wert des antiken Tischchens ziemlich gemindert. Der Händler war auch sichtlich froh, das Stück, so wie es war, losgeworden zu sein.

Ich habe die Beine dann doch nicht ersetzt, sondern sie nach der auf Seite 90 beschriebenen Methode mit Epoxidharz ausgegossen. Nur mußte hier das Eingußloch mit ei-nem verlängerten Bohrer bedeutend tiefer gebohrt werden, um wirklich den gesamten morschen Teil zu erfassen. Die ausgebrochenen Kanten habe ich durch eingeleimte Stücke wieder exakt auf Form gebracht und das kürzere Bein angeschäftet.

Im großen und ganzen war ich mit dem Ergebnis zufrieden. Vor allem war wieder die volle Stabilität erreicht. Etwas störend finde ich, daß die unteren Teile der Beine verhältnismäßig dunkel geworden sind, wo das Ausgießharz in den vielen Wurmlöchern ansteht. Und das, obwohl ich das Harz diesmal mit Ocker eingefärbt hatte.

Bei dieser Gelegenheit noch ein paar Worte über das Anschäften (Bild 218). Der links gezeigte rechtwinkelige Stoß ist nicht zu empfehlen. Die quer durch die Maserung laufende Fuge sieht häßlich aus; vor allem ist die Verbindung nicht sehr stabil, denn auf dem Hirnholz hält kein Leim. Auch die Verdübelung kann das nicht ausgleichen. Nur wenn das anzusetzende Stück ganz kurz ist, darf das mit senkrechten Fugen geschehen; aber auch dann muß immer ein Dübel eingeleimt werden. Die bessere Methode ist das Anschäften; d. h. die beiden Teile werden durch einen schrägen, möglichst langen Stoß zusammengefügt. So wird Langholz an Langholz geleimt. Zwei kurze, quer zur Stoßfuge eingesetzte Zapfen verhindern das Verrutschen der Teile beim Pressen der Verleimung. Außerdem nehmen sie später auch einen Teil der Beanspruchung auf. Das Anschäften nach der ganz rechts gezeigten Methode ergibt die stabilste Verbindung; sie ist aber außerordentlich schwierig exakt auszuführen.

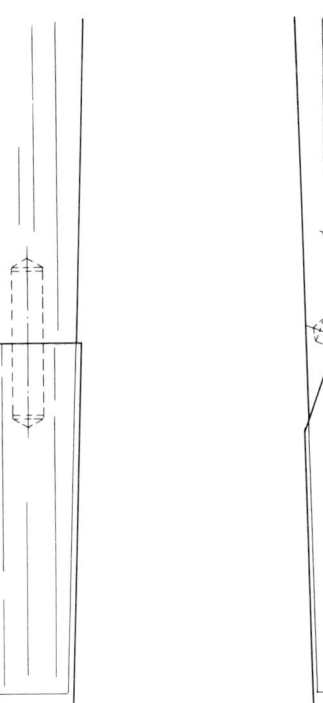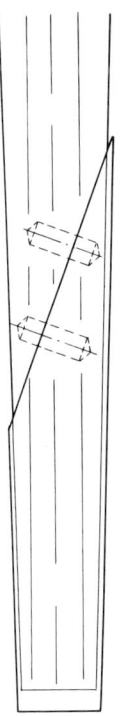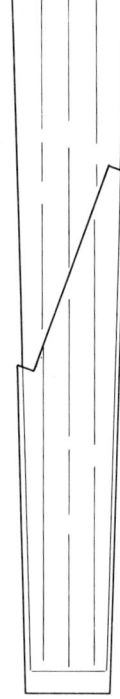

links: stumpfer Stoß; ungeeignete Lösung
mitte: Schäftung (schräger Stoß); gute Lösung
rechts: abgesetzte Schäftung; sehr gute Lösung,
aber schwierig auszuführen

Bild 218. Ansetzen eines Tisch- oder Stuhlbeines

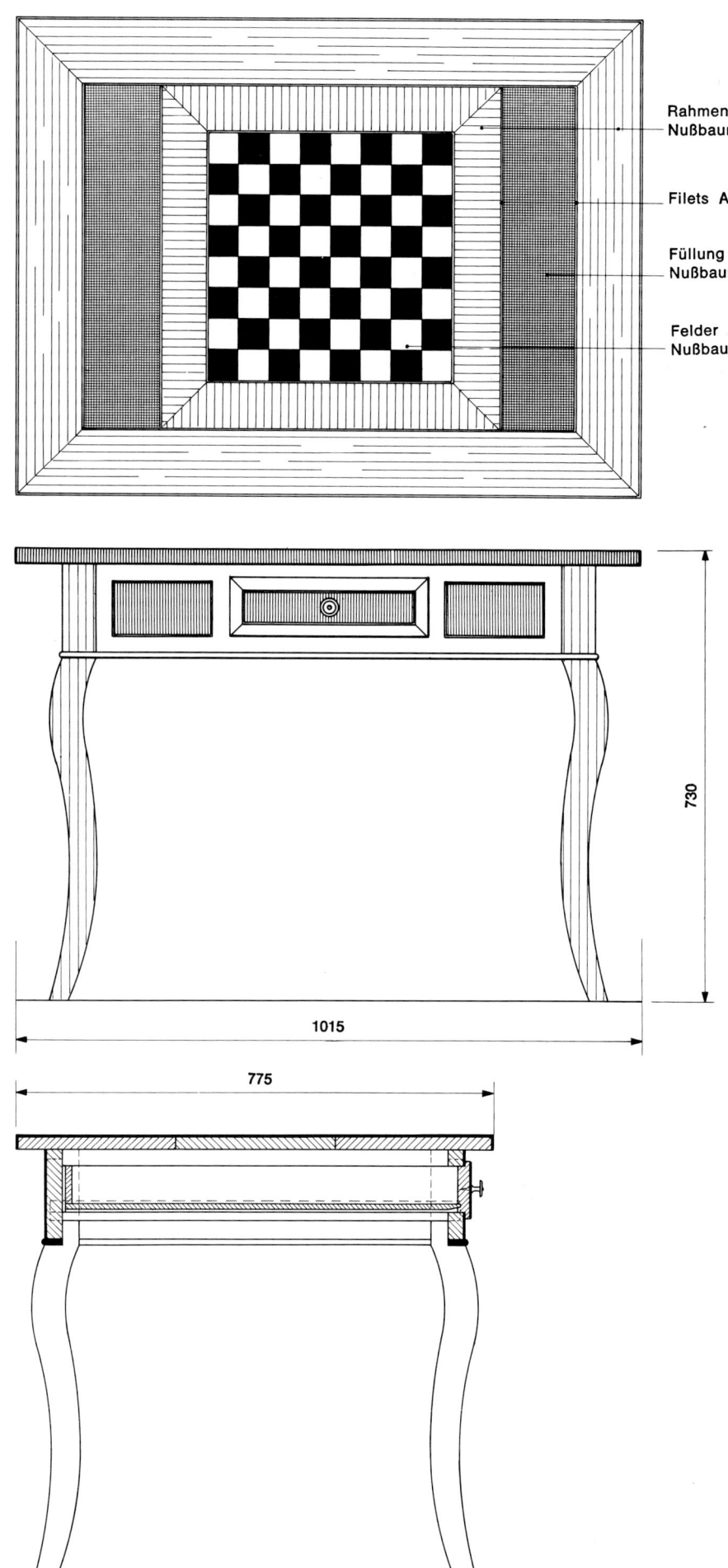

Rahmenfriese
Nußbaum hell

Filets Ahorn

Füllung
Nußbaum Maser

Felder Ahorn und
Nußbaum dunkel

730

1015

775

Bild 219. Draufsicht, Ansicht und Schnitt

Bild 220. Schachtisch, um 1800

Runder Tisch Empire, wahrscheinlich Oberitalien

Vor Jahren stieß ich in Mailand auf eine wahre Fundgrube für antike Möbel: ein Händler für gebrauchte Möbel, in dessen immensem Lager alles vertreten war, von der Renaissance bis zum heutigen Plastikmöbel. Leider hat er, wie dort vielfach üblich, seine Preise weniger nach dem Gegenstand als vielmehr nach dem Käufer gemacht. Es war nicht schwer zu erraten, daß ich aus einem Land mit harter Währung kam, und so mußte ich meine Erwerbungen für italienische Verhältnisse recht teuer bezahlen. Für meine Begriffe waren die Preise aber immer noch relativ günstig. Außer diesem Tischchen für 600 Fr. kaufte ich damals, 1974, noch eine Truhe (Seite 114) und eine Kommode (Seite 129).

Glücklicherweise ahnte ich damals nicht, was mich beim Heimtransport erwartete, sonst hätte ich mir den Kauf wohl zweimal überlegt. Es begann beim Schweizer Zoll, wo ich für meine Schätze gegen alle Vorschriften Zoll bezahlen mußte, und das nach nervenaufreibendem sechsstündigem Herumstreiten und Warten. Zur Ehre der Zollbehörde sei gesagt, daß ich den Betrag nach schriftlichem Protest von der zuständigen Zollkreisdirektion wieder zurück bekam.

An sich bestehen in Mitteleuropa für den Verkehr mit Antiquitäten gewisse Erleichterungen: Stücke, die nachweislich älter als 100 Jahre sind, sind von Zollabgaben befreit. (Als Nachweis gilt eine Bestätigung des Verkäufers auf der Rechnung.) Lediglich für die Umsatzsteuer muß ein Ausgleich bezahlt werden; in der Schweiz 5,6 Prozent (bei Eigenbedarf), in Deutschland 13 Prozent. Andererseits erschweren manche Staaten jedoch die Ausfuhr von Antiquitäten durch entsprechende Vorschriften. Hiernach sollte man sich jeweils vor Kauf und Grenzübertritt genau erkundigen.

Auf der weiteren Heimfahrt kam ich dann noch in einen ausgiebigen, stundenlangen Gewitterregen. Leicht vorstellbar, was dieser Regen den auf dem Dachgepäckträger festgebundenen Möbeln angetan hat. Zum Glück war das wertvollste Stück, die Truhe, aus Platzmangel zunächst in Mailand geblieben.

Die Kommode hatte noch am wenigsten gelitten. Aber der Zustand des Tischchens war niederschmetternd. Auf seiner Platte hatten sich die Furniere weitgehend gelöst. Die Stoßfugen der Einzelteile klafften, daß man einen Finger hätte durchstecken können. Und das wurmstichige Blindholz hatte sich mit Wasser vollgesogen wie ein Schwamm. Ein Bekannter hat mich dann ungemein getröstet: Bis zum Winter sei das Holz sicher trocken, und dann bräuchte ich ja ohnehin Brennholz für den Kamin.

Vorerst blieb mir tatsächlich nichts anderes übrig, als das Ganze trocknen zu lassen. Dabei habe ich die Plattenkonstruktion mit viel Schnur und vielen Tricks so verspannt, daß sie halbwegs ihre runde Form behielt. Die losen Furniere habe ich vorher abgezogen (das Stück ließ sich schälen wie eine Banane), der Leim wurde mit warmem Wasser abgebürstet und dann kamen die Stücke zwischen zwei Bretter zum Trocknen unter die Presse.

Schon nach einer Woche war mein Tisch trocken genug, um erste Arbeiten auszuführen. Säule und Fuß hatten am wenigsten gelitten. Das Rahmenwerk unter der Platte wurde, nachdem die alten Leimreste so gut wie möglich entfernt waren, mit reichlich Epoxidleim neu verklebt. In einem solchen Fall muß man Schritt für Schritt vorgehen und darf nicht zuviele Verleimungen auf einmal in Angriff nehmen. Es empfiehlt sich, das Holz mit Föhn oder Heizstrahler vorzuwärmen, damit der Leim besser in die tiefen Fugen und Spalten fließt. Stellen, an denen er ungewollt herauszufließen droht, schließt man mit Klebestreifen.

Nach gründlichem Trocknen aller Teile paßten die Furniere überhaupt nicht mehr. Sie waren durch diese Roßkur geschrumpft und erst nach beidseitigem Anfeuchten und mit viel Ausdauer ist es schließlich doch gelungen, sie wieder anzupassen. Allerdings hat sich die Erfahrung, daß feucht aufgeleimte Furniere nach dem Austrocknen rissig werden, hier leider wieder einmal mehr bestätigt.

Eine gute Seite hatte die Wassertherapie aber doch: Der alte Lack war fast vollständig verschwunden, das Ablaugen konnte entfallen. Die letzten spröden Lackreste waren mit Schmirgelpapier leicht zu entfernen. Nach dem Feinschliff erhielt der Tisch eine Schellackpolitur.

Abschließend noch einige Worte zu seiner Konstruktion: Blindholz und Rahmenwerk sind aus Tannenholz, die etwa 3 mm dicken Furniere aus Nußbaum. Die achteckige kannelierte Säule ist massiver Nußbaum und aus zwei Hälften verleimt. Seltsamerweise ist die Schublade ganz aus Kirschbaum gearbeitet und ihre Frontseite wieder mit Nußbaum furniert. Stollenstummel unter der Platte (Bild 130 und 221) lassen vermuten, daß der Tisch ursprünglich vier Beine hatte und erst später auf die Mittelsäule gesetzt wurde. Solche einschneidenden Änderungen sind gar nicht so selten. Diese muß allerdings schon ganz früh vorgenommen worden sein, zumindest bevor der Tisch vom Holzwurm befallen wurde, dann die Schnittflächen an den Stummeln schneiden keine Fraßgänge, nur die typischen Fluglöcher sind sichtbar.

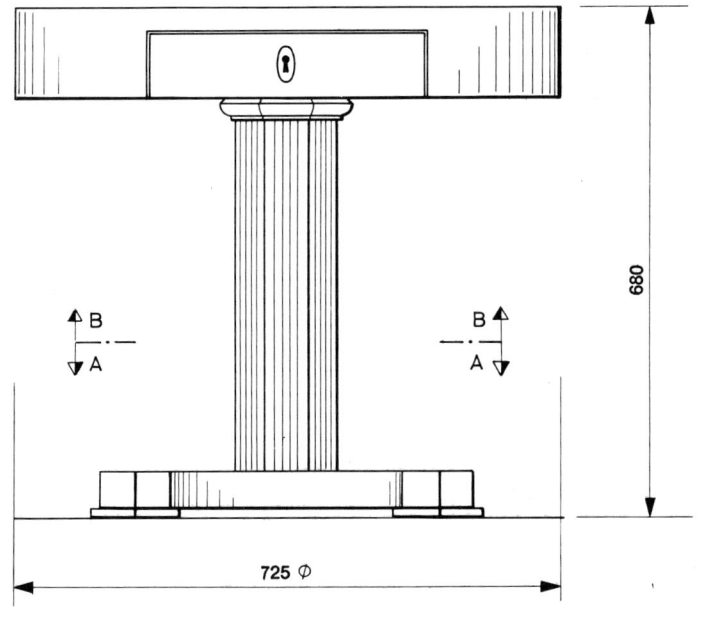

680

725 ⌀

B
A

B
A

Schnitt A—A

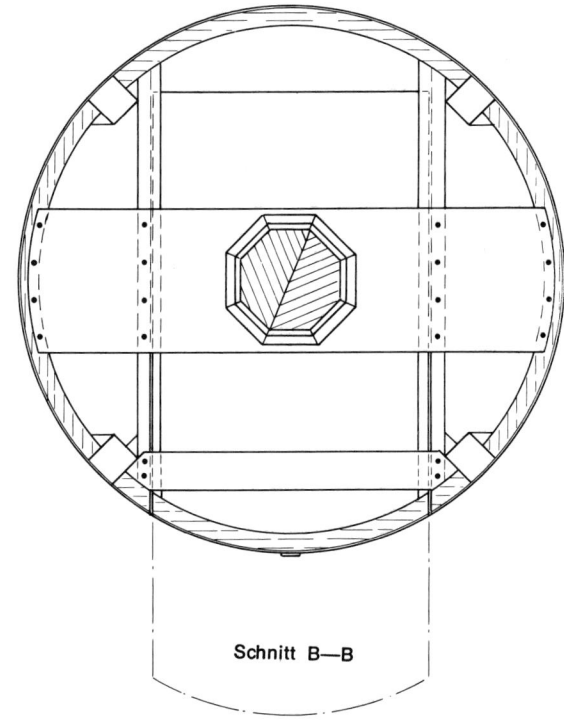

Schnitt B—B

Bild 221. Ansicht und Schnitte

Bild 222. Runder Tisch, Empire

Tisch Spätes Biedermeier

Die gegenüber dem Untergestell etwas zu groß geratene Tischplatte und die verschiedenen Holzarten (Gestell aus Kirschbaum massiv, Platte überwiegend Nußbaum) ließen mich hier ursprünglich eine „Marriage" vermuten. Die nähere Untersuchung hat diesen Verdacht erfreulicherweise nicht bestätigt.

Die Platte hat eine Füllung aus Tannenholz, die mit Blumenesche in Kreuzfuge furniert und von einem einfachen Band aus Mahagoni- und Ahornfilets eingefaßt ist. Zu den vier kräftigen Rahmenstücken hat der Schreiner leider astiges Nußbaumholz verwendet, sei es aus Sparsamkeit, sei es zur Dekoration. Jedes der vier Bretter hat genau in der Mitte einen kräftigen Ast, was zu Verwerfungen geführt und die Platte von den Zargen abgesprengt hat. Auch später daruntergeleimte Verbindungsklötze konnten dagegen nichts ausrichten. Am vorderen Rahmenstück war die Verwerfung so heftig, daß ich sie nicht auf sich beruhen lassen konnte. Ich habe die astige Partie von unten tief ausgestemmt und ein Stück schlichtes Nußbaumholz unter Gegenspannung eingeleimt. Jetzt bleibt das Stück gerade (Bild 224).

In Bild 223 sehen Sie rechts unten an der Schublade, daß hier ein Stück Holz eingesetzt werden mußte. Die Ecke war abgebrochen. Eine winkelförmige Leimfuge macht eine solche Verbindung stabiler als eine gerade (Bild 225).

Der Tisch stammt übrigens aus Österreich und kostete sehr gut erhalten im Jahr 1978 600 Fr.

Bild 224. In den Rahmen der Tischplatte wurde von unten eine kräftige Leiste eingesetzt.

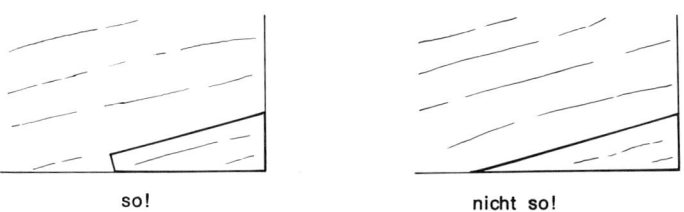

so!   nicht so!

Bild 225. Bei der Reparatur einer abgebrochenen Ecke bei Massivholz, z. B. bei einer Schublade, sollte man das Holz in einem Winkelschnitt einleimen (links), nicht mit einer geraden Leimfuge.

Bild 223. Tisch, Biedermeier

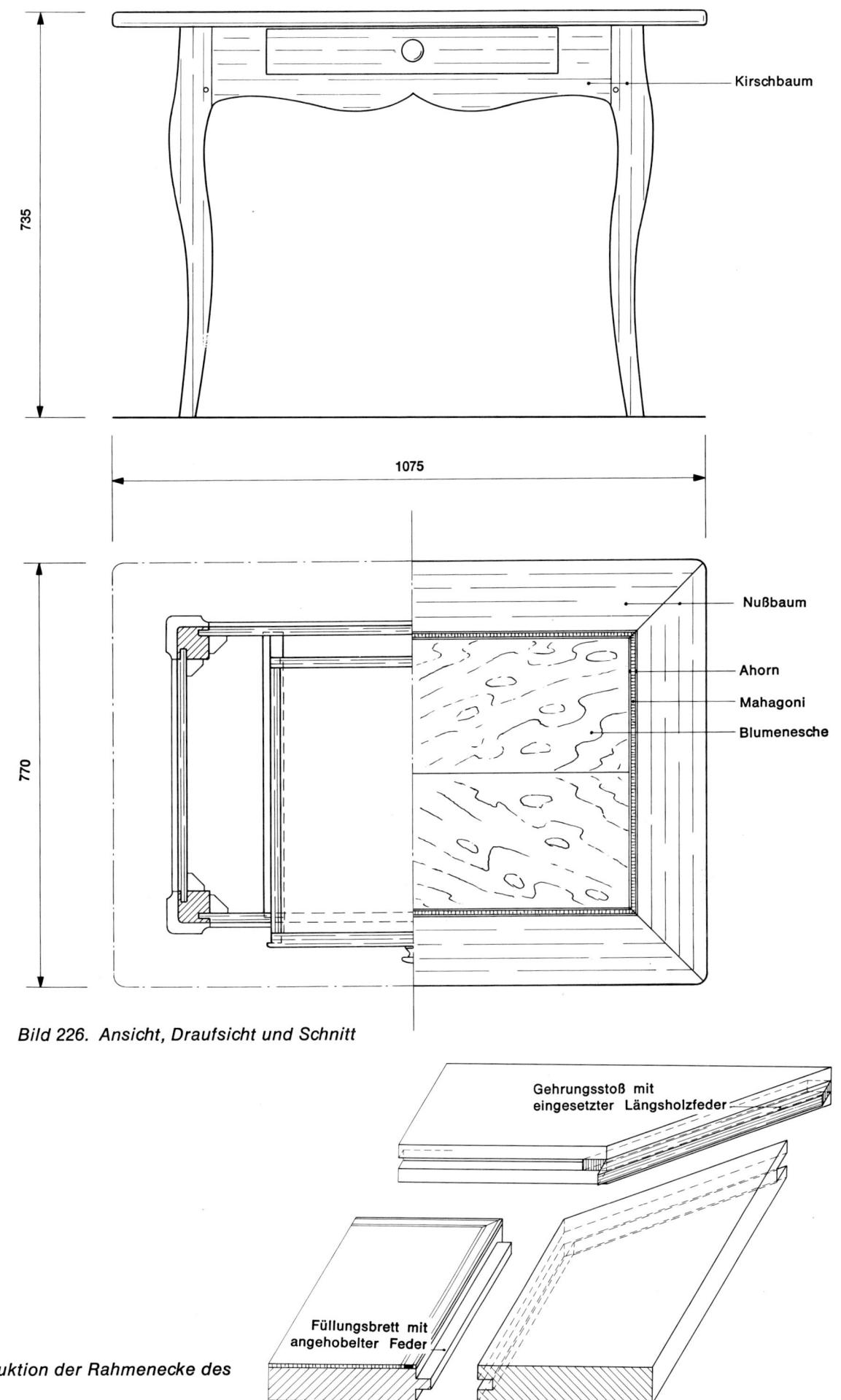

Kirschbaum

Nußbaum

Ahorn

Mahagoni

Blumenesche

Bild 226. Ansicht, Draufsicht und Schnitt

Gehrungsstoß mit
eingesetzter Längsholzfeder

Füllungsbrett mit
angehobelter Feder

*Bild 227. Die Konstruktion der Rahmenecke des
Tischblattes*

Vier runde Tische Biedermeier, Louis-Philippe

Hier unten sind vier Tische zum Vergleich nebeneinander gestellt. Bei solchen Stücken entstehen oft Zweifel, ob man sie dem Biedermeier oder dem Stil Louis-Philippe bzw. der Restauration zuordnen soll. Wichtiger als dieser stilistische Aspekt ist meines Erachtens die allgemeine zeitliche Einordnung im zweiten Viertel des 19. Jahrhunderts. In der Regel weist die ruhigere, einfachere Linienführung und vor allem der eckige (polygonale) Querschnitt der Mittelsäule auf Biedermeier, vgl. Bild 231. Die Tische des Louis-Philippe hingegen haben meist eine gedrechselte (runde Querschnitte), stark gegliederte Säule. Auch sind die Füße stärker geschweift und verkröpft. Der Tisch im Bild 229 mit seiner durch Bögen, Verkröpfungen und Karniesprofile gezackten Zarge und den gegliederten Füßen läßt allerdings schon deutlich das beginnende Neurokoko erkennen.

Bei allen vier Tischen sind Blatt und Zarge in Nußbaum auf Nadelholz furniert, Säulen und Füße bestehen aus massivem Nußbaumholz. Die Preise betrugen

Tisch Bild 228, schon restauriert, 450 Fr. (1961)
Tisch Bild 229, unrestauriert, 700 Fr. (1978)
Tisch Bild 230, unrestauriert, aber in gutem Zustand,
     120 Fr. (1963)
Tisch Bild 231, schon restauriert, 1950 Fr. (1977). Dieser
     Tisch besitzt eine ausziehbare Platte.

Wie aus Bild 234 deutlich sichtbar, war das strahlenförmig zusammengesetzte Furnier der Platte — volkstümlich auch „Käseblatt" genannt — leider in einem hoffnungslosen Zustand und nicht mehr zu retten (es ist die Platte des Tisches von Bild 229). In so einem Fall wäre es sicherlich falsch, die Bruchränder zu begradigen und das fehlende Furnier zu ersetzen; die fehlenden Stücke waren zu groß. Statt dessen die gesamte Fläche neu zu furnieren, war zweifellos die bessere Lösung. Bild 235 zeigt das Ergebnis.

Bild 228. Runder Tisch, Louis-Philippe

Bild 229. Runder Tisch, Biedermeier

Bild 230. Ovaler Tisch, Louis-Philippe

Bild 231. Ovaler Auszugtisch, Biedermeier

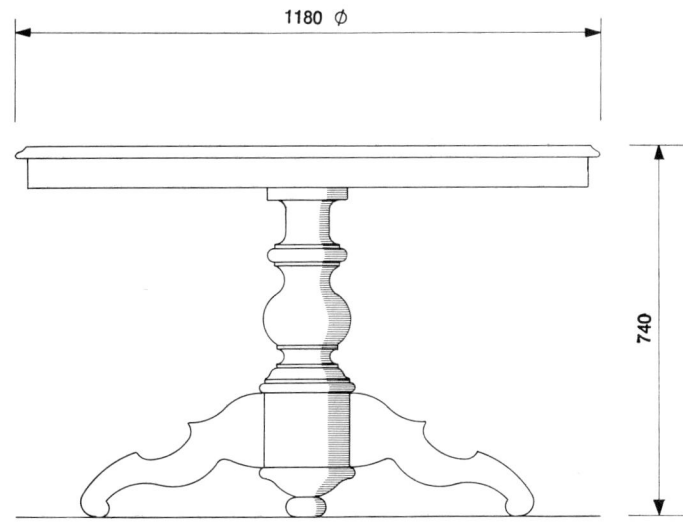

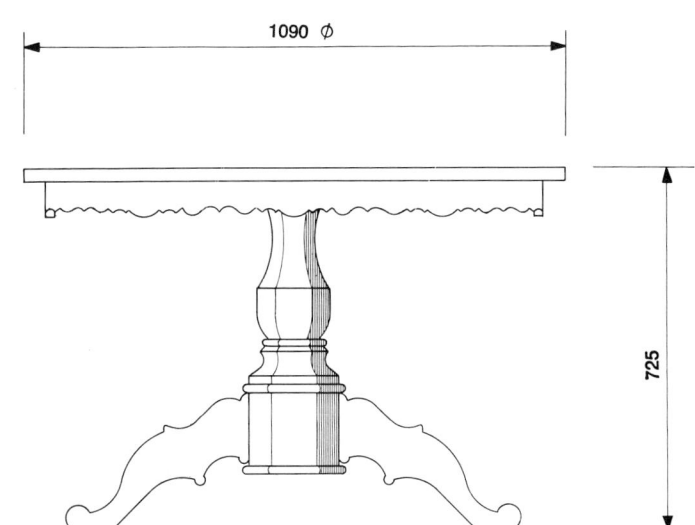

Bild 232. Ansicht des Tisches Bild 228

Bild 233. Ansicht des Tisches Bild 229

Bild 234. Das Blatt des Tisches Bild 229 vor der Restaurierung

Bild 235. Das neu furnierte Tischblatt

Tisch Napoleon III.

Dieser Tisch ist ein typisches Beispiel für die Stilkombinationen des späteren 19. Jahrhunderts. Einerseits sieht man
die in barocken Formen gedrechselte Mittelsäule, andererseits die klassizistischen (1. Empire) einen Dreifuß bilden-
den und in Klauen auslaufenden Löwenköpfe der Füße.

Der Tisch besteht aus Birnbaumholz und ist, ein weiteres
Merkmal dieser Zeit, schwarz gefärbt. Er stammt aus einem
Brockenhaus, wo ich ihn Anfang der 60er Jahre in sehr gutem Zustand gekauft habe. An den Preis kann ich mich
nicht mehr genau erinnern, aber er lag bestimmt unter
50 Fr.

Bild 236. Tisch, Napoleon III.

Nähtisch Biedermeier

Dieses Tischchen konnte ich 1977 auf einer Antiquitäten-ausstellung für 450 Fr. erstehen. Der Schubladenkasten und das Blatt, ebenso die Lyren sind aus Tannenholz und mit Nußbaum furniert; die Schublade besteht aus Birke. Auf den ersten Blick schien der Zustand des Tisches recht ordentlich zu sein. Bei genauerer Prüfung stellten sich aber doch einige gravierende Schäden heraus. Am schlimmsten war, daß sich das Blatt stark nach unten verwölbt, dadurch auf die Schublade gedrückt und so das Bodenbrett des Kastens herausgedrückt hatte. Die abgelaufenen Schubla-denführungen, fehlende Saiten der Lyra, die stark abgetre-tene Fußtraverse und offene Zapfenlöcher seitlich über der Traverse (sie deuteten auf etwas Fehlendes, ich wußte nur nicht was) waren Mängel von untergeordneter Bedeutung und ohne großen Aufwand zu beheben.

Dagegen war das Richten der Platte hier kein Tribut an die Ästhetik, sondern ein funktionsbedingtes Muß. Ich habe sie also durch vorsichtige Hammerschläge gelockert, sie mit eingetriebenen Keilen vollends abgelöst und sie dann nach dem auf Seite 63 beschriebenen Verfahren von unten plan gerichtet (Bild 238). Als die Leisten eingeleimt und die Platte entgegen ihrer Wölbung aufgespannt wurde, platzten Teile des Furniers vom Blindholz ab und mußten neu ver-leimt werden. Vielleicht hätte ich das durch vorheriges An-feuchten des Furniers vermeiden können.

Für die fehlenden Saiten der Lyra habe ich schwarz ge-beiztes Dübelholz eingesetzt. Die abgetretene Vorderkante der Traverse wurde abgefräst und eine passende neue Leiste eingeleimt und beigeschliffen. Natürlich mußte das Möbel für diese Arbeiten vorher zerlegt werden.

Bild 237. Nähtisch, Biedermeier

Bild 238. Das Blatt wurde durch von unten eingesetzte Holzleisten geradegerichtet.

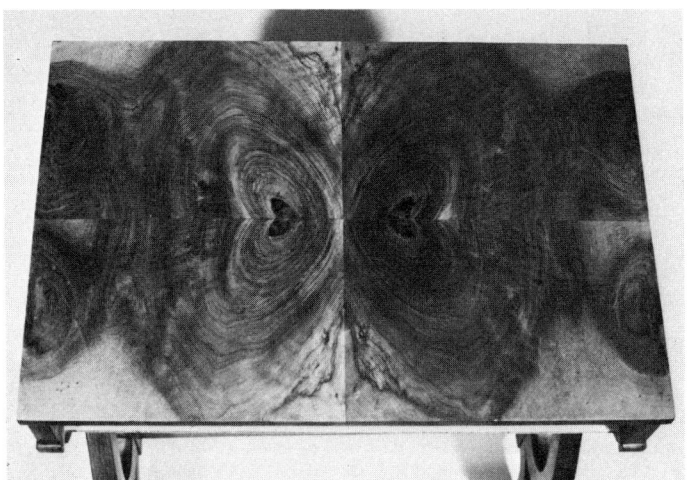

Bild 239. Das Blatt ist in Kreuzfuge furniert.

Blieben noch die seitlich eingestemmten Zapfenlöcher. Aus ihrer schrägen Lage und dem rechteckigen Querschnitt ließ sich eine Kreuzverstrebung zwischen den Lyren rekonstruieren. Sie stört zwar etwas den Gesamteindruck, entspricht aber sicher dem Originalzustand und trägt wesentlich zur Aussteifung des Möbels bei. Zum Schluß erhielt der Nähtisch eine Wachspolitur auf zweimaliger Nitrogrundierung.

Interessant war für mich, in dem Werk „Die Kunst des Deutschen Möbels", 3. Band, von Georg Himmelheber (München 1973) eben diesen Tisch gezeichnet zu entdekken; es ist eine Schülerzeichnung von 1825 aus einer Wiener Zeichenschule.

Bild 240. Ansichten

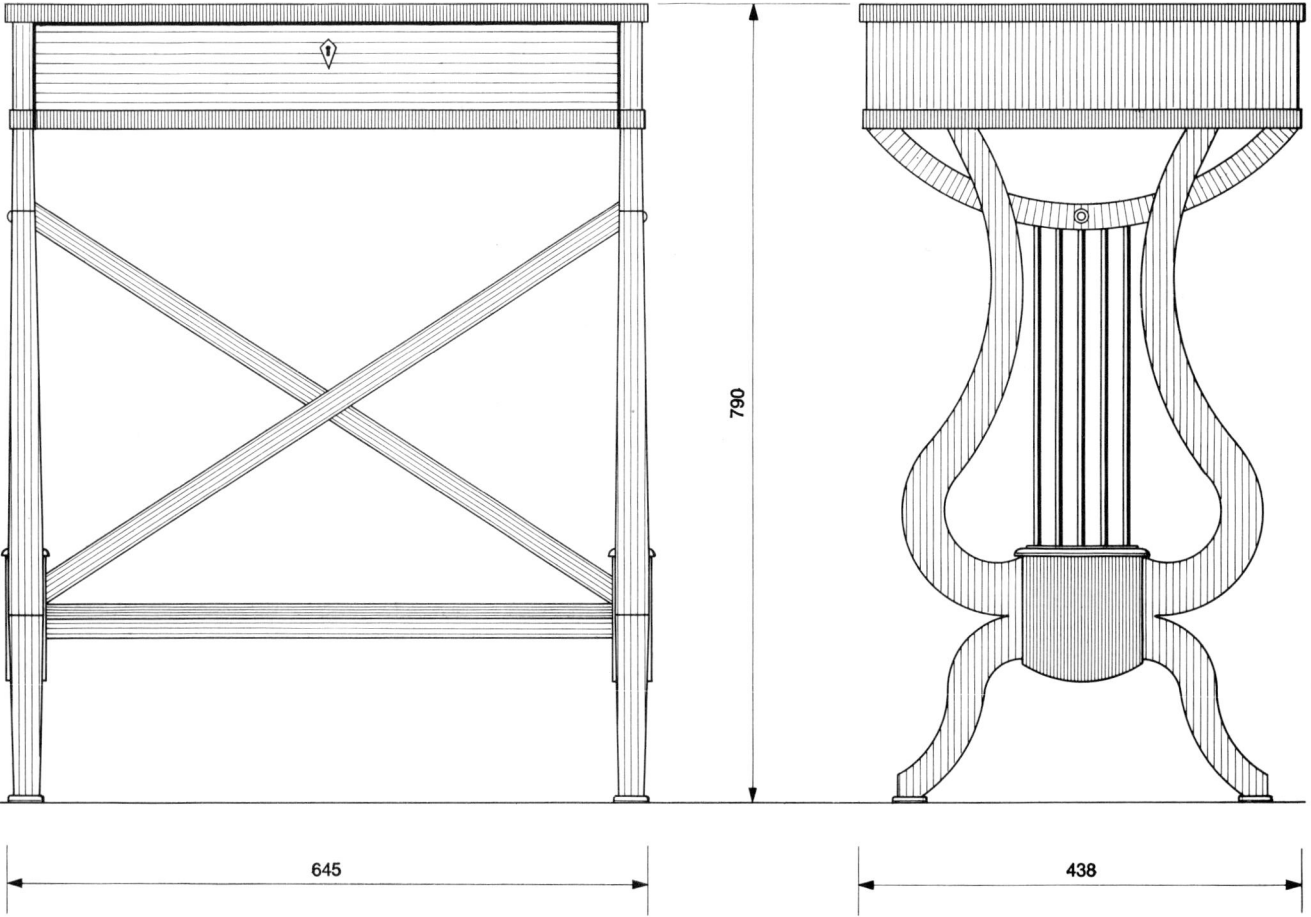

Fünf Arbeits- bzw. Nähtischchen 19. Jahrhundert

Bild 241. Nähtischchen, Biedermeier. Ähnliche Form wie bereits auf Seite 107 beschrieben. Nußbaummaser auf Tanne furniert. Kaufpreis (1974) 250 Fr., unrestauriert.

Bild 242. Nähtischchen, Mitte 19. Jahrhundert. Helles Nußbaum-Wurzelholz auf Tanne furniert. Kaufpreis (1974) 200 Fr., unrestauriert.

Bild 243. Nähtischchen, Mitte 19. Jahrhundert. Dunkles Nußbaum-Wurzelholz auf Tanne furniert. Kaufpreis (1973) 260 Fr., unrestauriert.

 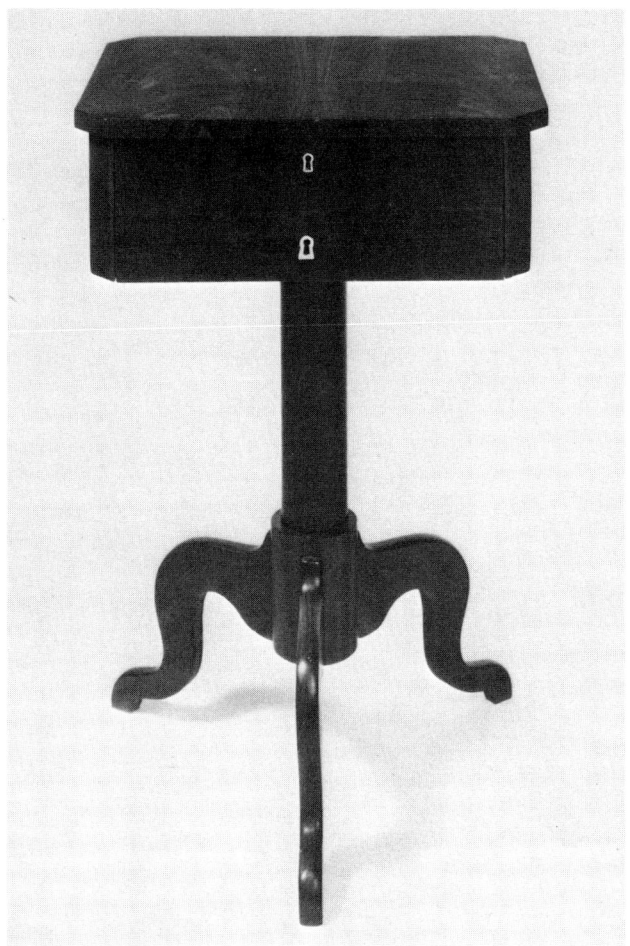

Bild 244. Nähtischchen, nach Mitte 19. Jahrhundert. Nußbaum auf Tanne und Birke furniert. Kaufpreis (1963) 25 Fr., aus dem Brockenhaus.

Bild 245. Nähtischchen, Mitte 19. Jahrhundert. Mahagonifurnier auf Tannenholz, Dreifuß Mahagoni massiv. Kaufpreis (1977) 120 Fr., sehr schlechter Zustand.

Schwenkbarer Frisierspiegel Restauration

Der Stil der Restauration hat nichts mit dem Restaurieren von Möbeln zu tun. Vielmehr ging es damals um die Restauration einer Dynastie, das Wiedereinsetzen der Bourbonen (Louis XVIII.) nach der napoleonischen Ära. Bezeichnend für Möbel dieser Zeit ist ihre geschwungenere Linienführung gegenüber den strengeren, eckigeren Formen des vorangegangenen Empire. Sie zeigt sich bei diesem Spiegel z. B. an seinen volutenförmigen Pilastern und an deren Akanthusblatt-Beschlag (symbolisches Kapitell). Beliebt bei den Möbeln dieser Zeit ist auch der Doppelschwung des Karnies (Tulpenprofil), wie er hier am Schubladenkasten angedeutet ist. Dagegen ist der Giebelaufbau aus Voluten und einer stilisierten Palmette eher ein Überbleibsel aus dem Empire.

Der Spiegel ist aus Nußbaum und kostete 1974 unrestauriert 250 Fr. Das Restaurieren war allerdings eine einfache Sache. Es erschöpfte sich im Ablaugen, Schleifen und Polieren. In Bild 246 sehen Sie die früher übliche Abdeckung der Rückseite des Spiegels mit einem Brett. Der alte originale Spiegel, und sei er noch so blind und verzerrend, darf keinesfalls durch einen neuen ersetzt werden. Ein neuer Spiegel ist eine deutliche Wertminderung. Der Versuch, die alte Scheibe neu zu verspiegeln, befriedigt nicht immer: Die alte Quecksilber-Verspiegelung greift oft das Glas an und macht es „blind".

Bild 246. Die Rückseite des Spiegels ist, für diese Zeit typisch, durch ein Brett abgedeckt.

Bild 247. Frisierspiegel, Restauration

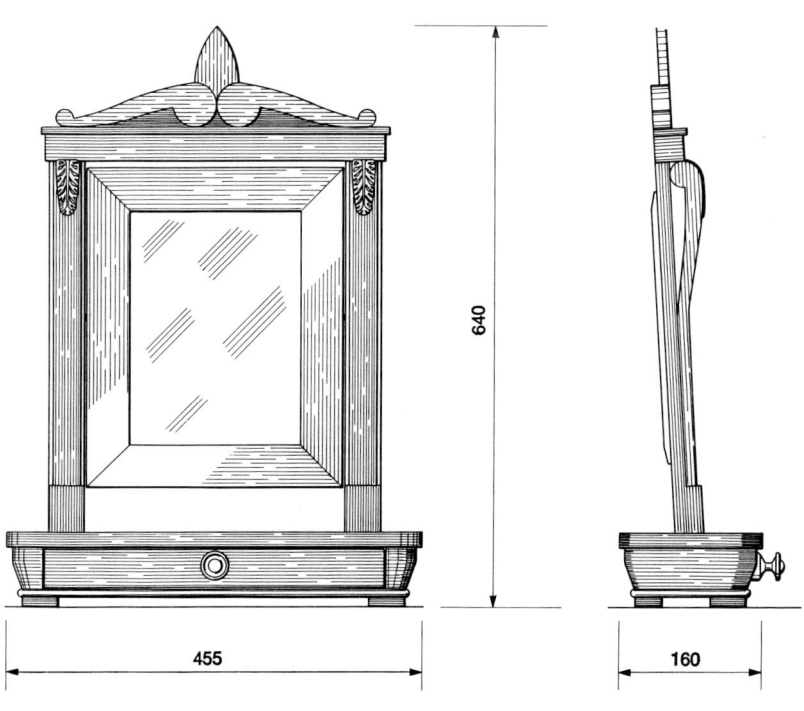

Bild 248. Ansichten

640

455

160

Bett Biedermeier

Dieses Bettgestell fand ich 1965 hier in einem Trödlerladen. Obwohl er als „Antiquitätengeschäft" firmiert, hatte der gute Mann offenbar nicht reasiliert, was er da vor sich hatte. Denn er verlangte nur 90 Fr. Der dicke rotbraune Firniß ließ ihn auf Buchenholz tippen. Ich habe dann, zur Beruhigung meines Gewissens, gleich noch zwei alte Ehebetten aus den zwanziger Jahren bei ihm erworben, deren Holz ich für Flickarbeiten gut gebrauchen konnte, und dafür anstandslos nochmals 100 Fr. bezahlt.

Zugegeben, es ist kein Prunkbett, aber wirklich noch recht gut erhalten. Wie erwartet, kam beim Ablaugen allmählich ein schöner heller Nußbaum zum Vorschein. Kopf- und Fußteil sind in Rahmen und Füllung gearbeitet und tragen einen aufgesetzten massiven Wulst. Die beiden Seitenteile haben Tanne als Blindholz und sind außen in sich wiederholendem Muster mit Nußbaum furniert.

Bei der Restaurierung konnte ich mich auf Ablaugen, Verleimen und Ersetzen einiger Furnierteile, Ausspachteln der Wurmlöcher, Schleifen und anschließende Oberflächenbehandlung beschränken. Entgegen meiner sonstigen Gewohnheit habe ich es hier einmal mit einer Seidenglanz-Kunstharzlackierung versucht, nach zweimaliger Grundierung mit Hartgrund. Das Ergebnis war niederschmetternd! Nicht nur, daß alle Pinselstriche zu sehen waren, die ganze Oberfläche schimmerte mattgrau und tot. Erst eine Nachbehandlung brachte dann einen recht guten Erfolg: Ich überarbeitete die lackierten Flächen mit feiner Stahlwatte, ohne Seife, aber unter Zugabe von Leinöl und etwas Bimsmehl mit leichter Hand und einiger Ausdauer. Die Ausdauer darf nicht zu groß werden, sonst schleift man am Ende die Lackschicht bis aufs Holz durch, was auch noch Ölflecken auf dem Holz hinterläßt. Die überschliffenen Flächen wurden mit einem weichen Tuch gründlich abgerieben und einige Tage an einen warmen Ort gestellt. Danach habe ich das herausgeschwitzte Öl wieder abgerieben und die Flächen gründlich gewachst und poliert.

Beim ersten Probeliegen ergab sich, daß das Brett mit seinen 1,74 m Innenmaß reichlich kurz war. So habe ich nachträglich am Fußteil 50 mm breite Zwischenstücke angeleimt (Bild 249). Aber bequem ist das Bett deswegen immer noch nicht. Wir nehmen es deshalb für nicht ganz so liebe Gäste.

Bild 249. Bett, Biedermeier

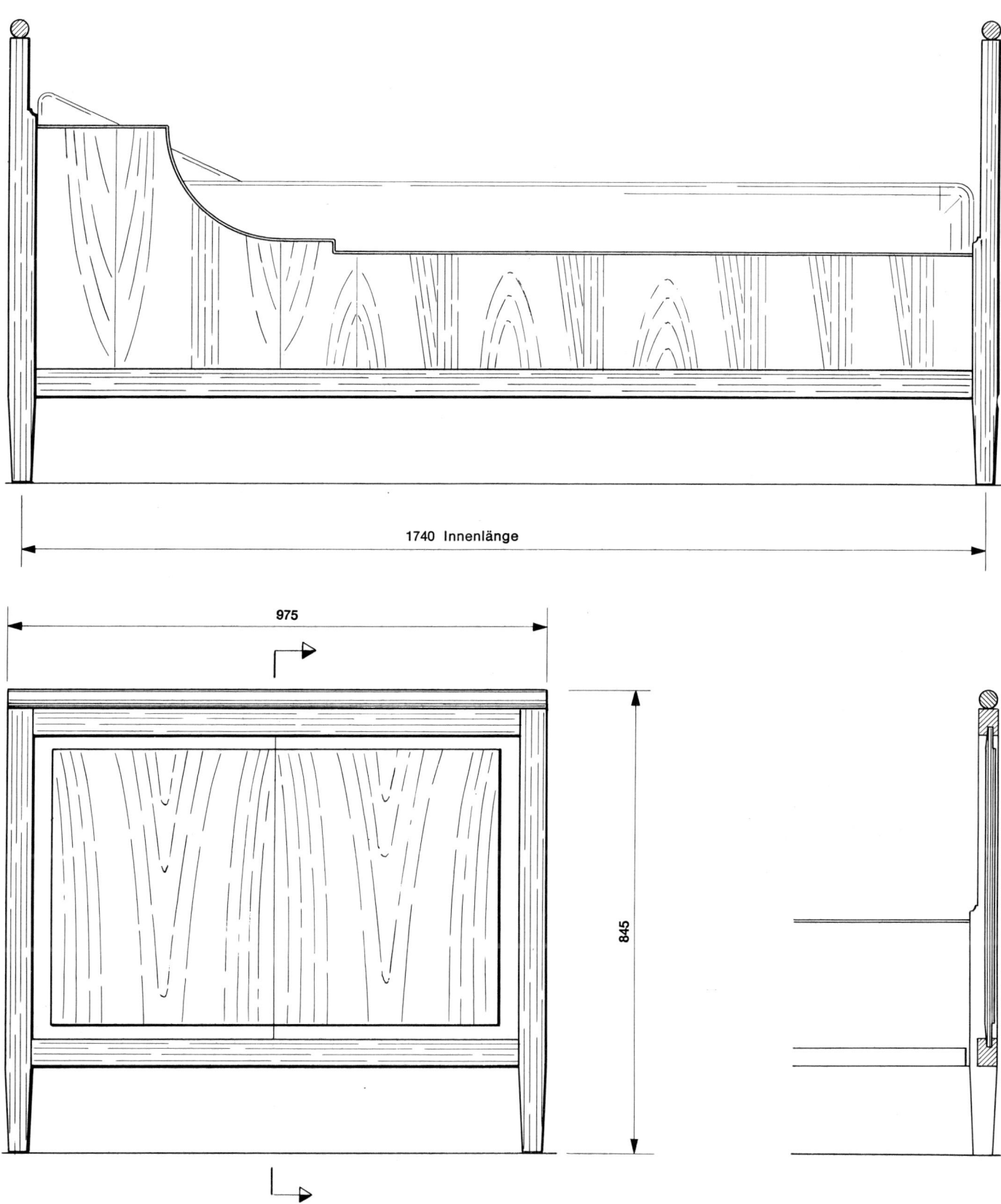

Bild 250. Ansichten und Schnitt

845

975

1740 Innenlänge

Truhe Italienische Spätrenaissance

Es ist oft schwer zu entscheiden, ob man ein altes, aber noch recht gut erhaltenes Möbel in seinem Zustand lassen soll oder ob man es restauriert. Im ersten Fall bleibt seine ehrwürdige Patina voll erhalten, im zweiten geht sie zu einem erheblichen Teil verloren. Ist allerdings der Zustand eines Möbels so schlecht, daß die Überholung unumgänglich wird, ist diese Frage gegenstandslos. Aber bei dieser Truhe befand ich mich in diesem Dilemma. Der „mechanische" Zustand war noch sehr gut, andererseits war die Oberfläche so dick mit vergilbten Lackschichten, mit Wachs und Schmutz bedeckt, daß Intarsien und Holzmaserung kaum noch zu erkennen waren. So habe ich mich schließlich doch für das Restaurieren entschieden.

Zunächst wollte ich das wertvolle Stück einem professionellen Restaurator anvertrauen. Sein Angebot mit 1500 bis 2000 Fr. hat mich dann aber doch bewogen, die Sache selbst in die Hand zu nehmen. Dabei ging es kurz gesagt um Ablaugen und Reinigen, den teilweisen Ersatz von Sockelleisten und um Schleifen, Grundieren und Wachsen.

Wie bei dem runden Tisch auf Seite 100 erwähnt, habe ich diese Truhe 1974 in Mailand gekauft. Daß der Preis mit 3000 Fr. sehr günstig war, wird dadurch bewiesen, daß der Händler sie ein paar Tage später unbedingt wieder zurückkaufen wollte und sogar bereit war, einen viel höheren Preis zu bezahlen. Vermutlich hatte sich inzwischen jemand gefunden, der wesentlich mehr bieten wollte.

Die Truhe besteht aus massivem Nußbaumholz mit Intarsien in Ahorn und dunklerem Nußbaum für die rahmenden Bänder. Entgegen dem optischen Eindruck sind die Truhenwände nicht auf „Rahmen und Füllung" gebaut. Die

Bild 251, 252. Die Renaissance-Truhe vor der Restauration (oben) und danach

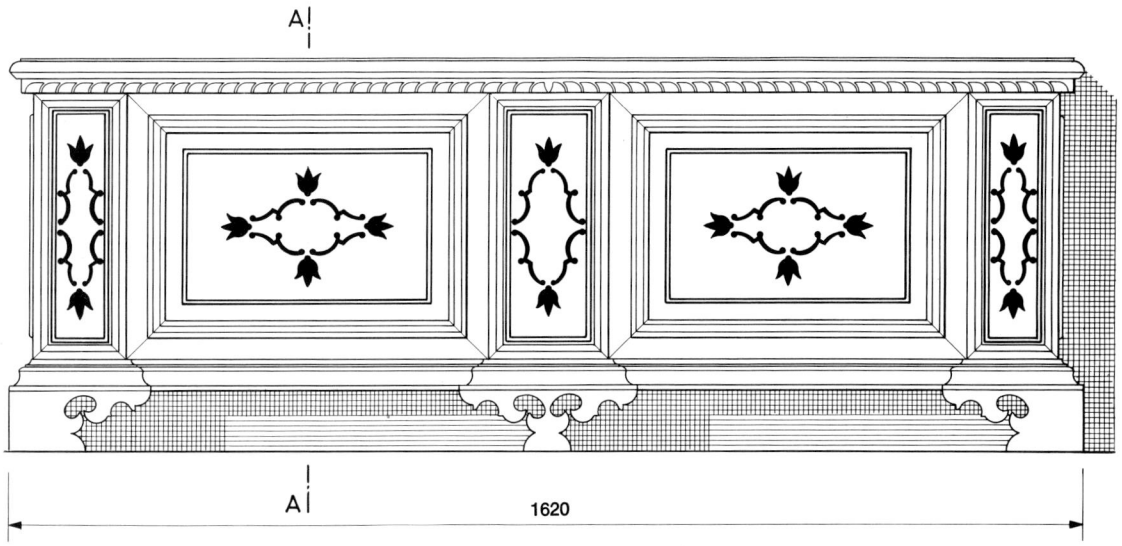

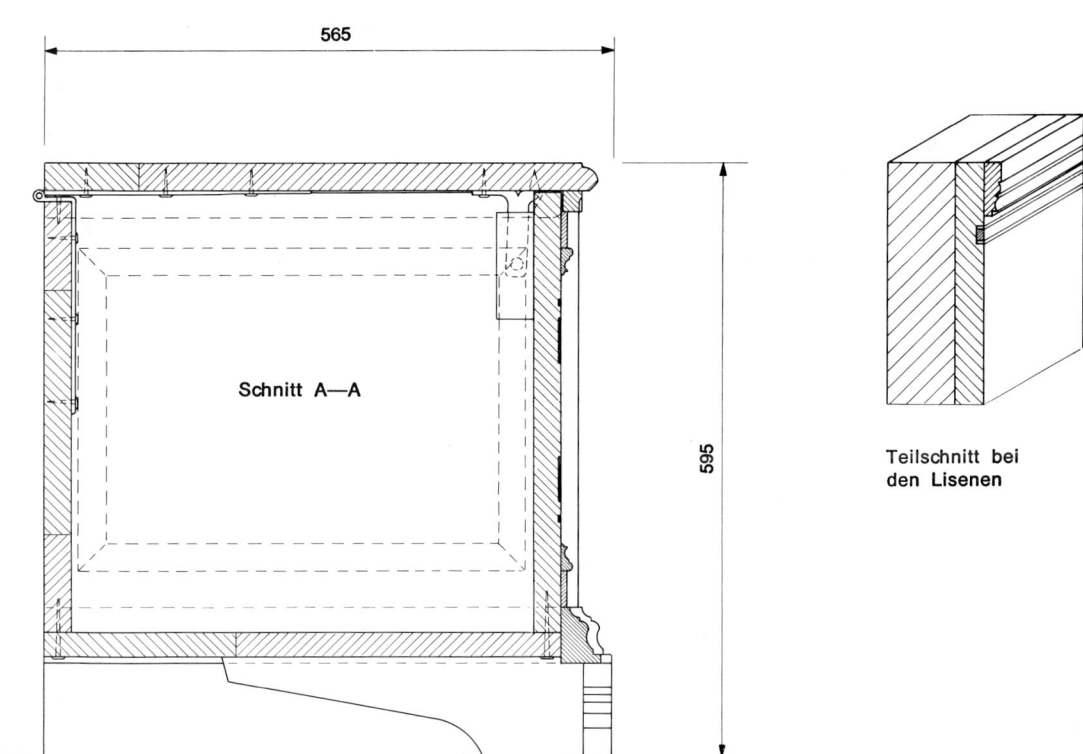

Bild 253. Vorderansicht und Schnitt

Teilschnitt bei
den Lisenen

Truhe ist vielmehr eine reine Brettkonstruktion mit gezink-
ten Eckverbindungen (zusätzlich genagelt), die seitlich
durch die aufgesetzten Rahmenfriese abgedeckt sind und
vorn durch die aufgedoppelten pilasterartigen Lisenen. Alle
auf den eigentlichen Korpus aufgesetzten Teile, wie Rahmenfriese, Profilleisten und Lisenen, sind ohne Leimzugabe mit Eisennägeln befestigt. Die Scharnierbänder liegen
innen; sie sind recht einfach geschmiedet und enden als
einzige Verzierung in stilisierten Lilien. Das Schloß fehlt
leider.

An diesem Beispiel ist oft debattiert worden, ob man es
noch der Renaissance oder schon dem Barock zuordnen
soll. Das ist bei Möbeln dieser Übergangszeit zuweilen
schwer zu entscheiden und eigentlich auch eine müßige
Frage. Immerhin überwiegen hier zweifellos die Renais-
sance-Elemente: Die Gliederung der Schauseite, die feine
Profilierung der Leisten. Im intarsierten Ornament jedoch,
in den sich wiederholenden C-Schwüngen deutet sich bereits das Barock an.

Bauerntruhe 19. Jahrhundert

Mit dem Ende der Renaissance wurde die Truhe im Bereich des bürgerlichen Mobiliars praktisch vollständig von der Kommode verdrängt. Im bäuerlichen Haushalt hat sie sich dagegen bis heute gehalten. Dabei hielt sie immer am alten Formengut fest, ohne große Rücksicht auf Stilrichtungen und Modeströmungen. Datierungen sind entsprechend schwierig.

Das vorliegende Exemplar aus Tannenholz ist eine reine Brettkonstruktion mit Schwalbenschwanz-Eckverbindungen und einem stumpf aufgenagelten Boden. Die rahmenartig zusammengesetzte Arkadenfront ist lediglich vorgeblendet, d. h. auf die eigentliche Vorderseite aufgeleimt. Wie bei diesen Truhen häufig, ist auch hier auf der Innenseite oben rechts ein kleines Kästchen eingebaut, dessen aufgeklappter Deckel den Truhendeckel offen hält.

Einen Preis kann ich nicht nennen; ich habe das Stück vor langer Zeit einmal geschenkt bekommen. Ihr Besitzer, ein Nachbar, hatte die Truhe als Kohlenkiste benützt und nach der Umstellung seiner Heizung auf Öl wollte er sie gerade zu Kleinholz machen.

Man hat immer wieder über Händler geschimpft, die den Bauern solche alten Stücke für wenig Geld abgeluchst und sie so um ihr traditionelles Hab und Gut gebracht hätten. Ich will mich da nicht einmischen, aber immerhin zu bedenken geben, daß dadurch sehr viel altes Mobiliar und Hausrat überhaupt der Nachwelt erhalten geblieben sind. Wieviele wertvolle Stücke sind von ihren Besitzern im wahrsten Sinne des Wortes verheizt worden! Heute dürfte inzwischen auch der letzte Bauer im hintersten Dorf ihren Marktwert erkannt haben.

Ärgerlicher finde ich die Mode, die Vorderseite von Truhen auszuschneiden, sie abklappbar anzuschlagen und so eine Fernsehtruhe, eine Hausbar oder dergleichen zu gewinnen. Eine Truhe mag kein sonderlich praktisches Möbel sein — aber so eine Verstümmelung halte ich schlicht für barbarisch. Sie ist auch nicht mehr rückgängig zu machen.

Einfacher hinsichtlich der Datierung ist der Brettstuhl rechts im Bild. Neben dem Namenszug Math. Wag. trägt er die Jahreszahl 1798 in Brandschrift. Die eingebrannten Trauben und das Rebmesser lassen mit Sicherheit annehmen, daß er aus einem Weinbaugebiet Süddeutschlands oder der Schweiz stammt.

Bild 254. Bauerntruhe, 19. Jahrhundert

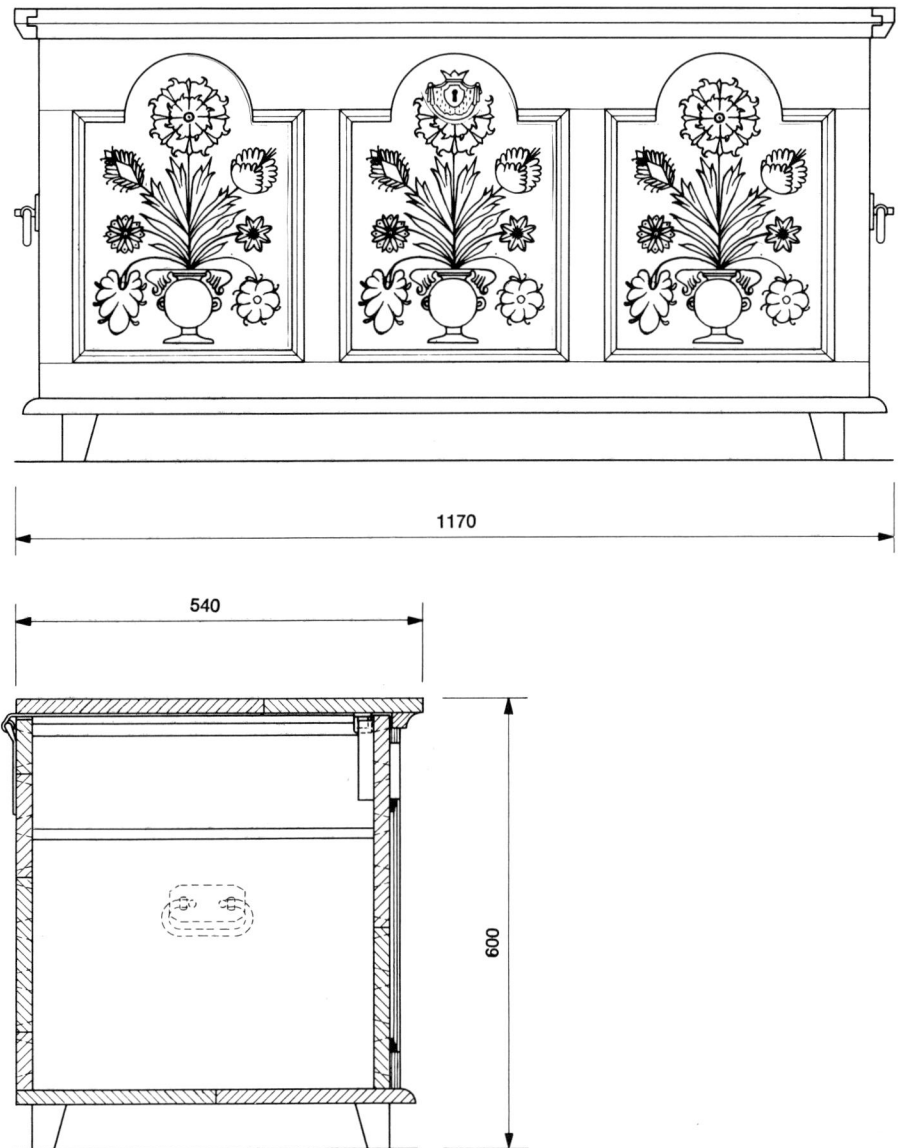

Bild 255. Ansicht und Schnitt

Schreibaufsatz   1. Hälfte des 19. Jahrhunderts

Dieses Möbel habe ich 1976 für 90 Fr. gekauft. Abgesehen von einer fehlenden Schublade, dem verlorengegangenen Schlüssel und den abgebrochenen Schubladenknäufen war das Stück in sehr gutem Zustand. Diese Schreibpulte besaßen in der Regel kein eigenes Untergestell, sondern wurden auf gewöhnliche Tische aufgesetzt. In sehr schöner, luxuriöser Ausführung sind sie, reich marketiert, schon anfangs des 18. Jahrhunderts anzutreffen. Vielleicht gibt es sogar schon frühere Exemplare.

Das vorliegende Stück ist überwiegend aus massivem Kirschbaumholz gearbeitet. Nur Boden, Fachbretter und die hinteren Teile der Schubladen sind aus Tanne. Für den eingelegten Stern wurde Ahorn und Pflaume verwendet. Der Klappdeckel ist mit geschmiedeten Bändern angeschlagen und durch ein sehr einfaches handgefertigtes Schnappschloß verschlossen. Die Seitenwände sind mit sichtbaren Schwalbenschwanzzinken verbunden, der Boden und der hintere schmale Teil des Deckels sind stumpf aufgesetzt, verleimt und mit Holznägeln befestigt. Im festen Deckelteil ist ein Schlitz, der wahrscheinlich später angebracht wurde und wohl dem Einwurf von Trinkgeldern diente.

Zum Restaurieren habe ich das Möbel vollständig zerlegt, abgelaugt, vorgeschliffen und wieder verleimt. Die fehlende Schublade wurde originalgetreu ersetzt. Zum Abschluß kam der Feinschliff, eine zweimalige Grundierung mit Nitrohartgrund und eine Wachspolitur.

Noch ein kleiner Hinweis: Schlüssel in alten Formen sind durchaus noch im Handel. Nur sind sie in der Regel glanzverzinkt oder vernickelt und daher so nicht verwendbar. Schleifen Sie die obere Schicht mit feinem Schmirgelpapier gründlich ab, baden Sie den Schlüssel eine Weile in Salzwasser oder verdünnter Salzsäure und vergraben Sie ihn anschließend für zwei Wochen im Garten. Er wird danach wie hundert Jahre alt aussehen. Notfalls wiederholen Sie diese Prozedur. Zum Schluß schleifen Sie den groben Rost mit Stahlwatte und etwas Maschinenöl wieder leicht ab.

Bild 256. Schreibaufsatz. Der helle Streifen ist nicht eingelegt, sondern helles Splintholz.

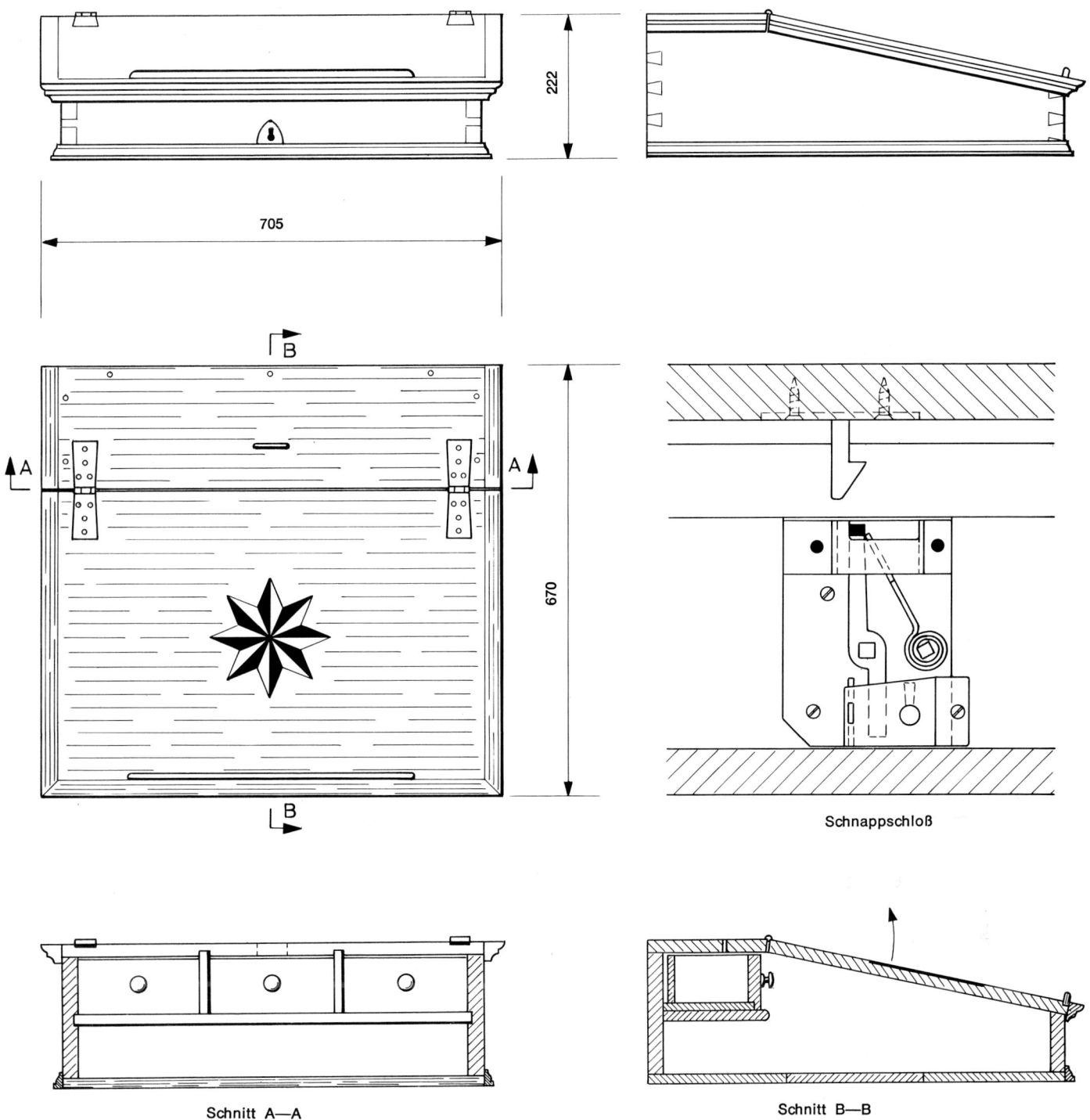

222

705

B

A

A

670

B

Schnappschloß

Schnitt A—A

Schnitt B—B

Bild 257. Ansichten und Schnitte, Detail vom Schloß

Kommode Louis-quinze

Einige Merkmale, so stellenweise recht dünn geschliffene Furniere, verschiedene sichtlich später eingesetzte Teile und Furnierstücke, deuten darauf hin, daß diese Kommode schon einmal, wenn nicht schon mehrmals, restauriert wurde. So war ihr allgemeiner Zustand recht gut. Alle Schlösser und Beschläge, bis auf ein Schlüsselschild (ich ließ es nachgießen), waren vorhanden.

Der relativ günstige Preis von 2000 Fr. (1978 im Antiquitätenhandel) erklärte sich aus der leider fehlenden Marmorplatte. Zur Orientierung: Die neue Platte aus einem beige-rosa Marmor kostete 400 Fr.

Die Reparatur der Schubladenführungen bot einige kleine Schwierigkeiten. Die Streichleisten waren schon ersetzt worden und konnten belassen werden. Dagegen hatten die Laufleisten tiefe Rillen. Ihre Reparatur mußte im eingebauten Zustand erfolgen. Zuerst habe ich die Rillen gut ausgeschliffen und mit Epoxid-Harz bündig ausgegossen. Danach habe ich etwa 3 mm dicke Hartholzstreifen als eigentliche Laufflächen darübergeleimt (Bild 116). Zur Wahrung der Höhenlage der Schubladen wurden ihre neuen Laufsohlen entsprechend dünner gehalten.

Im weiteren bedurfte es bei diesem Möbel nur noch der Oberflächenbehandlung mit Ablaugen, Schleifen und Polieren (Schellack).

Das Blindholz besteht teilweise aus Eiche, teilweise aus Tanne. Das Furnier ist Nußbaum mit einfachen Bändern aus Pflaumenholz. Die Seitenwände und die einzelnen Schubladenfronten sind in Kreuzfuge furniert und gefriest. Vorderseite des Möbels geschweift. Etwas ungewöhnlich sind die Proportionen: Breite 85 cm, Höhe 105 cm. Ich frage mich, ob man sie schon als Pfeilerkommode einstufen sollte.

Bild 258. Kommode, Louis-quinze

Kommode Louis-seize

„Kommode Louis-seize, 1790, restauriert und handpoliert", so stand das Stück beim Antiquitätenhändler im Schaufenster. Die Bestimmtheit der Datierung reizte meinen Zweifel: „Warum 1790?" Mit der Antiquitätenhändlern eigenen Selbstsicherheit „bewies" er mir, daß die Kommode von 1790 sein mußte, und etwas anderes kam nicht infrage! — Ich muß gestehen, daß ich mich in solchen Fällen gern unwissend gebe. Es ist zuweilen recht amüsant, was einem da aufgetischt wird. Dabei kann man gerade bei der Datierung einer Antiquität meines Erachtens nicht vorsichtig genug sein — um so mehr, wenn man sich professionell mit der Materie befaßt und als seriös gelten will. Sofern man sich nicht auf einen größeren Zeitraum (z. B. Ende 19. Jh.) beschränken will, sollte man Formulierungen wie „etwa" oder „ca." verwenden. Nur ganz selten ist eine Jahreszahl exakt und unzweifelhaft nachweisbar.

Ich stieß auf die abgebildete Kommode vor einigen Jahren, als ich mir endlich wieder einmal ein hübsches und fertig restauriertes Stück zulegen wollte. Ein Stück, mit dem ich mich nicht monatelang plagen mußte und vom stundenlangen Schmirgeln und Polieren Muskelkater bekam. Ich hatte auch ganz bestimmte Vorstellungen, was es sein sollte. Louis-seize mußte es sein (ich habe eine Schwäche für diesen Stil) und am liebsten ein Konsoltischchen oder eine kleine Kommode, denn auch der Platz für die Neuerwerbung war schon bestimmt. Sie sollte eine Etagere aus dem späten 19. Jahrhundert ersetzen, auf der bisher das Telefon stand.

Ich suchte nicht lang. An und für sich gefiel mir die Kommode nicht schlecht. Aber als ich dann davor stand, kam sie mir für den vorgesehenen Platz doch zu voluminös vor. Durch das Schaufenster auf Distanz hatte sie kleiner gewirkt, auch die lebhafte Gliederung auf ihrer Schauseite hatte zu diesem Eindruck beigetragen. Aber mit meinen vorsichtigen Argumenten und Rückzugsversuchen war ich an den Falschen geraten. Der Verkäufer verstand sein Metier! Schließlich wurde ich schwach, außerdem fand ich die geforderten 6 000 Fr. angemessen.

Heute muß ich mit Bedauern gestehen, daß mich der Kauf etwas reut. Wenn ich denke, wieviele Ruinen ich für dieses Geld bekommen hätte! Und wieviele Jahre ich damit beschäftigt wäre. Dabei steht das Telefon immer noch auf dieser scheußlichen Pseudobarock-Etagere.

Die Konstruktion ist sehr einfach: Seiten als reine Brettkonstruktion, keine Eckstollen, eingezapfte Traversen. Die Schubladenvorderstücke schlagen auf und haben eingefalzte Aufschlagleisten. Aus der Schreinersprache ins Verständliche übersetzt: Die Vorderseiten der Laden sind breiter und höher als die Öffnungen im Korpus, so daß die Spalten zur besseren Staubdichtheit abgedeckt sind. Das Blindholz ist durchweg Tanne, die Marketerie Nußbaum in verschiedenen Tönungen. Für die Füllungen wurde dunkles Maserholz verwendet, für die Friese helleres Stammholz.

Bild 259. Der Korpus ist eine einfache Brettkonstruktion.

Die Filetbänder sind aus Ahorn und Nußbaum zusammengesetzt. Mit dem Bild der Schubladenvorderstücke sollten drei kleinere Schubladen pro Etage vorgetäuscht werden. Diese „Scheintektonik" war damals sehr beliebt. Bei der Holzwahl für die Zickzackbänder hat der Schreiner keine glückliche Hand gehabt. Während man hierfür üblicherweise nur zwei kontrastierende Holzarten verwendet, hat er vier Hölzer genommen, von den zwei einen ähnlichen Farbton haben. So bekommt das Band ein unklares, verschwommenes Bild, und der Zickzackeffekt geht verloren.

Die Schlösser und Beschläge sind noch im Original vorhanden. Lediglich ein Schubladengriff samt Platte fehlte. Da im Handel nichts Passendes aufzutreiben war, ließ ich mir in einer Buntmetallgießerei ein komplettes Stück nachgießen.

Es ist leider nicht zu übersehen, daß der Restaurator unter Zeitdruck gearbeitet hat. Die Furniere an den Seitenwänden haben einzelne Blasen und unten gegen die Sockelleiste stehen sie noch teilweise ab. Eine Sockelleiste war lose und ein breiter Riß wurde nicht, wie es sich gehört, ausgespänt, sondern lediglich ausgekittet.

Diese Feststellungen sollen kein Tadel für den Restaurator sein. Man muß für seine Situation Verständnis haben. Denn eine perfekte Arbeit hätte soviel Zeitaufwand bedingt und das Möbel derart verteuert, daß es keinen Abnehmer mehr gefunden hätte. Ich glaube, daß die Reparatur eines für den Handel bestimmten Möbels immer ein Kompromiß zwischen Preis und Perfektion bleiben muß.

Grundsätzlich beanstande ich aber hier die verwendete rötliche Schellackpolitur. Sie verwischt die Maserung des Holzes und das Bild der Marketerie.

Bild 260. Ansichten und Detail von den Zickzack-Bändern

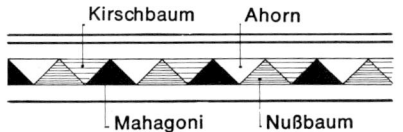

Kirschbaum   Ahorn

Mahagoni   Nußbaum

Traverse

Aufschlagleiste

Frontwand

Boden

Traverse

Bild 261. Schnitt durch den vorderen Schubladenanschlag

Bild 262. Ausgekitteter Riß in der Seitenwand

Bild 263. Kommode, Louis-seize. Der Spiegel ist etwa aus der gleichen Zeit.

Bild 264. Die mangelhaft restaurierte Sockelpartie

Kommode Zopfstil, um 1800

Diese wuchtige Kommode mit dem eigentümlichen, bäuerlich wirkenden Kreismuster auf ihrer Schauseite besteht vorwiegend aus Kirschbaum, das Blindholz ist Tanne. Der Korpus ist ein einfacher Kasten, vorn mit schräg eingesetzten Ecklisenen. Die Eckverbindungen zwischen Seitenwänden, Boden und Platte sind Schwalbenschwanzzinken und mit Profilleisten verdeckt. Sämtliche übrigen Verbindungen sind stumpf verleimt und mit Holznägeln gesichert.

Die Rückwand war ursprünglich stumpf an den Korpus angeschlagen (verleimt und genagelt) und überfurniert (Bild 265). Das über das Hirnholz geleimte Furnier hatte sich gelöst, weil es durch das verschiedene Arbeiten hochgestoßen wurde. Im Zuge der Restaurierung habe ich die Rückwand an einer neu eingesetzten Falzleiste befestigt (Bild 270).

Blatt und Seitenwände sind marketiert. Die Leisten, Schubladenfronten, Traversen und Lisenen sind massives Kirschbaumholz und mit einem leuchtend grün gefärbten Holz intarsiert. Ich vermute, es ist Birnbaum. Bei kleinen und noch dazu gefärbten Teilen läßt sich die Holzsorte mit bloßem Auge schwer bestimmen.

Es war ein langes Hin und Her, bis ich mich seinerzeit zum Kauf dieses Möbels durchringen konnte. Einerseits lockte mich das schöne dicke Kirschbaumfurnier sehr, andererseits war das Stück in einem katastrophalen Zustand. Ich erwarb es schließlich, 1976 von einem befreundeten Antiquitätenhändler, für 800 DM. Er gestand mir, schon vor zwei Jahren einige Reparaturversuche unternommen zu haben. Angesichts des zu erwartenden hohen Aufwandes hatte er das Ganze aber wieder auf die Seite gelegt. Für

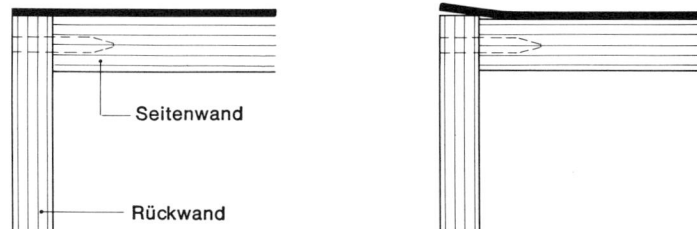

Bild 265. Durch das unterschiedliche Schwinden von Hirnholz und Langholz hat die Rückwand das Furnier an der Seitenwand allmählich hochgedrückt.

ihn als Händler mußte Aufwand und Ertrag in einem vernünftigen Verhältnis bleiben.

Bild 267 zeigt die Platte im Urzustand und läßt etwa ahnen, was an Arbeit zu erwarten war. Die Furniere hatten sich weitgehend gelöst, große Stücke fehlten. Einfaches Anleimen war unmöglich, denn unter den losen Furnierstücken hatte sich Schmutz angesammelt. So blieb nichts anderes übrig, als die ganze Marketerie „abzubügeln", sie zu reinigen und wieder frisch aufzuleimen. Vorher war auch noch das Blindholz zu richten und neu zu verleimen. Dabei habe ich zwei Traversen untergeleimt.

Beim Anpressen größerer Flächen erreicht man mit gewöhnlichen Zwingen nichts. Da ich keine Furnierpresse besitze, behelfe ich mich mit dem Wagenheber (Bild 269). Am besten besorgen Sie sich auf einem Autofriedhof so einen Scherenheber (mit einem Stangenheber geht es nicht); dann brauchen Sie auch nicht wie ich wochenlang ohne Wagenheber im Auto herumzufahren.

Leider ist es mir nicht gelungen, für die fehlenden Stücke der Rahmenfriese passendes Kirschbaumfurnier zu bekommen. So habe ich dafür das Furnier aus den Füllungen ge-

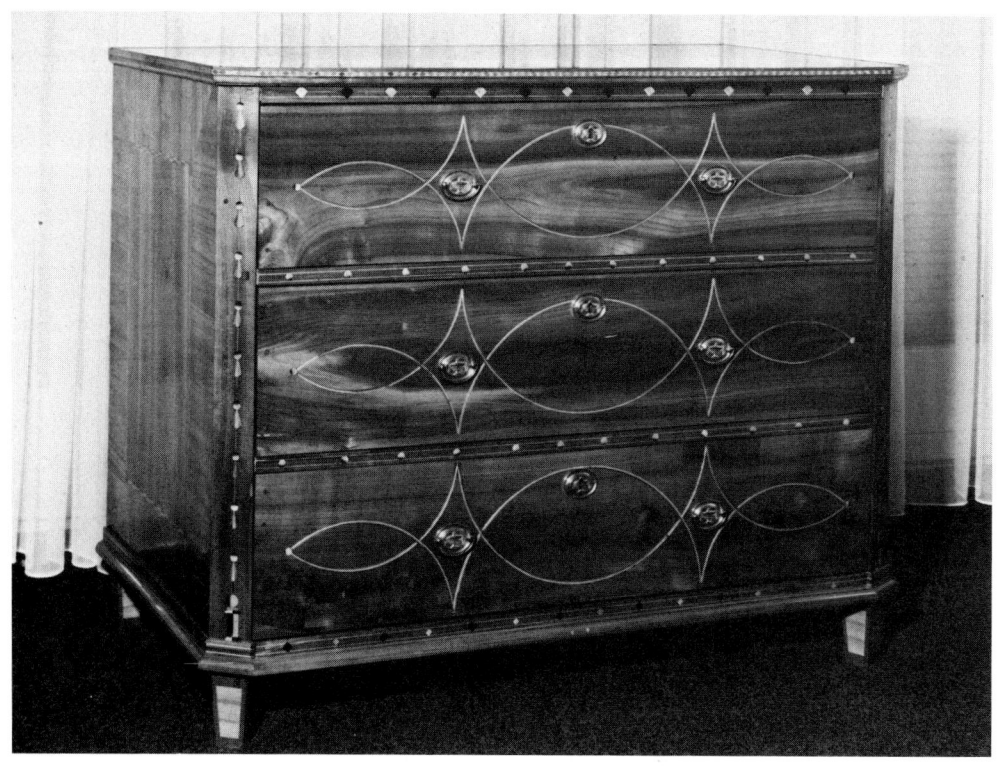

Bild 266. Kommode, Zopfstil

124

Bild 267, 268. Die Platte der Kommode vor dem Restaurieren (oben) und danach

Bild 269. In Ermangelung einer Presse wird das Furnier mit dem Wagenheber angepreßt (vgl. Bild 163).

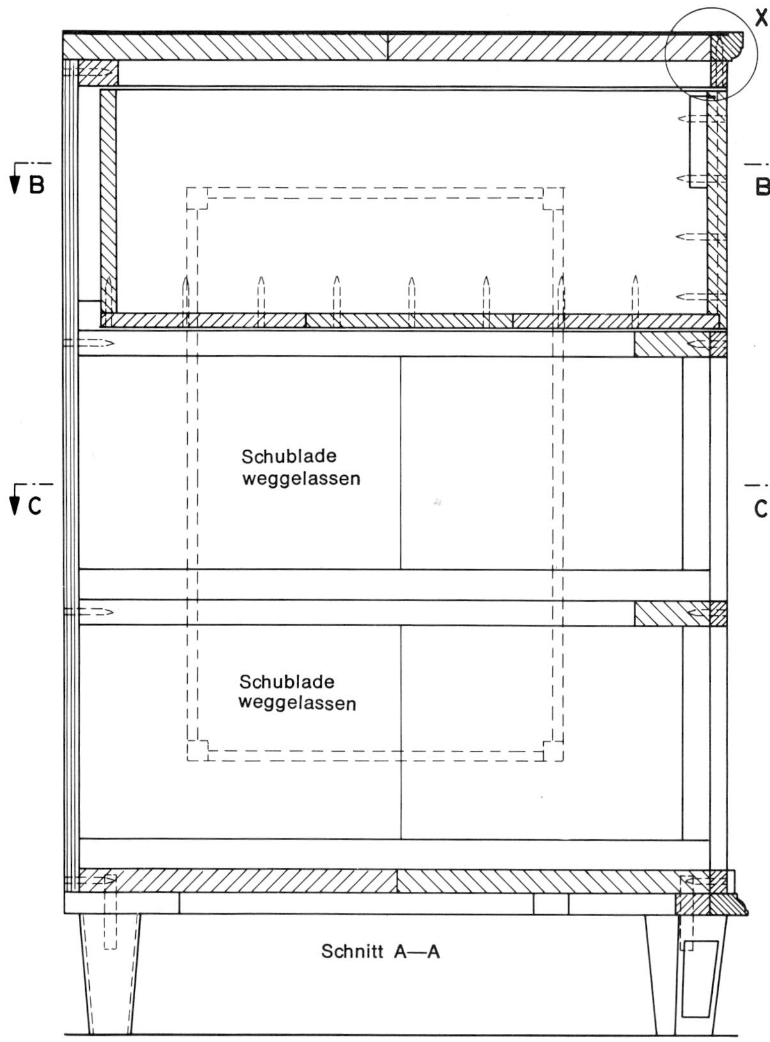

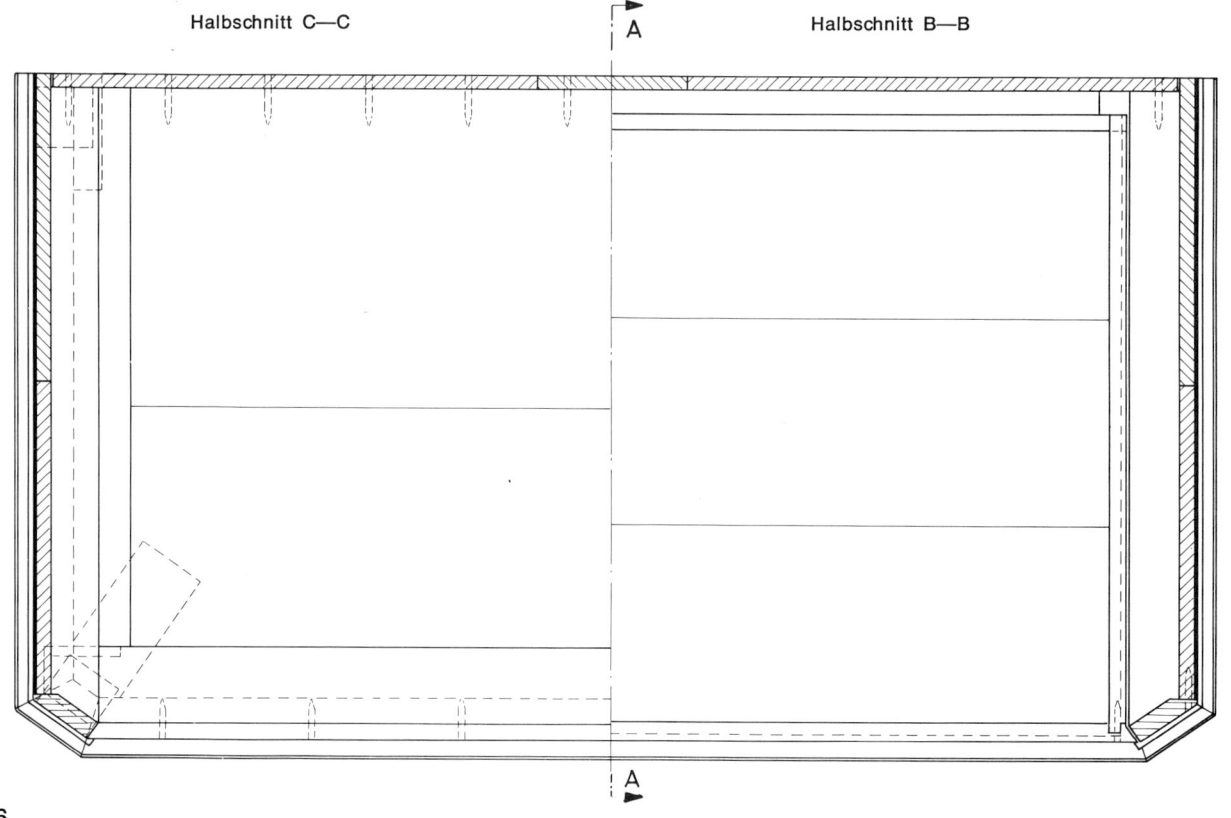

X
B
B
Schublade weggelassen
C
C
Schublade weggelassen
Schnitt A—A

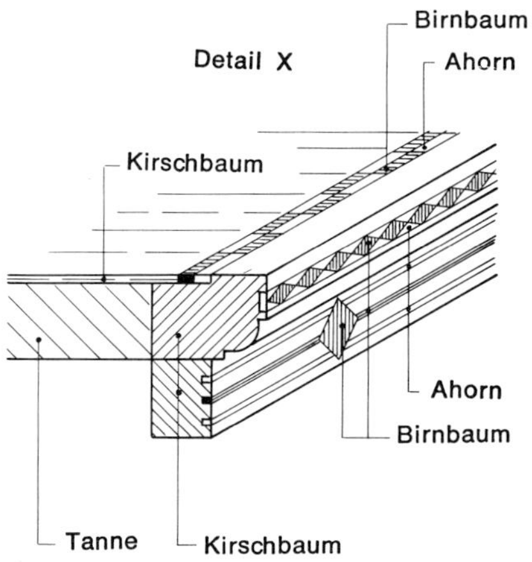

Detail X
Birnbaum
Ahorn
Kirschbaum
Ahorn
Birnbaum
Tanne
Kirschbaum

Bild 270. Schnitte

Halbschnitt C—C
A
Halbschnitt B—B
A

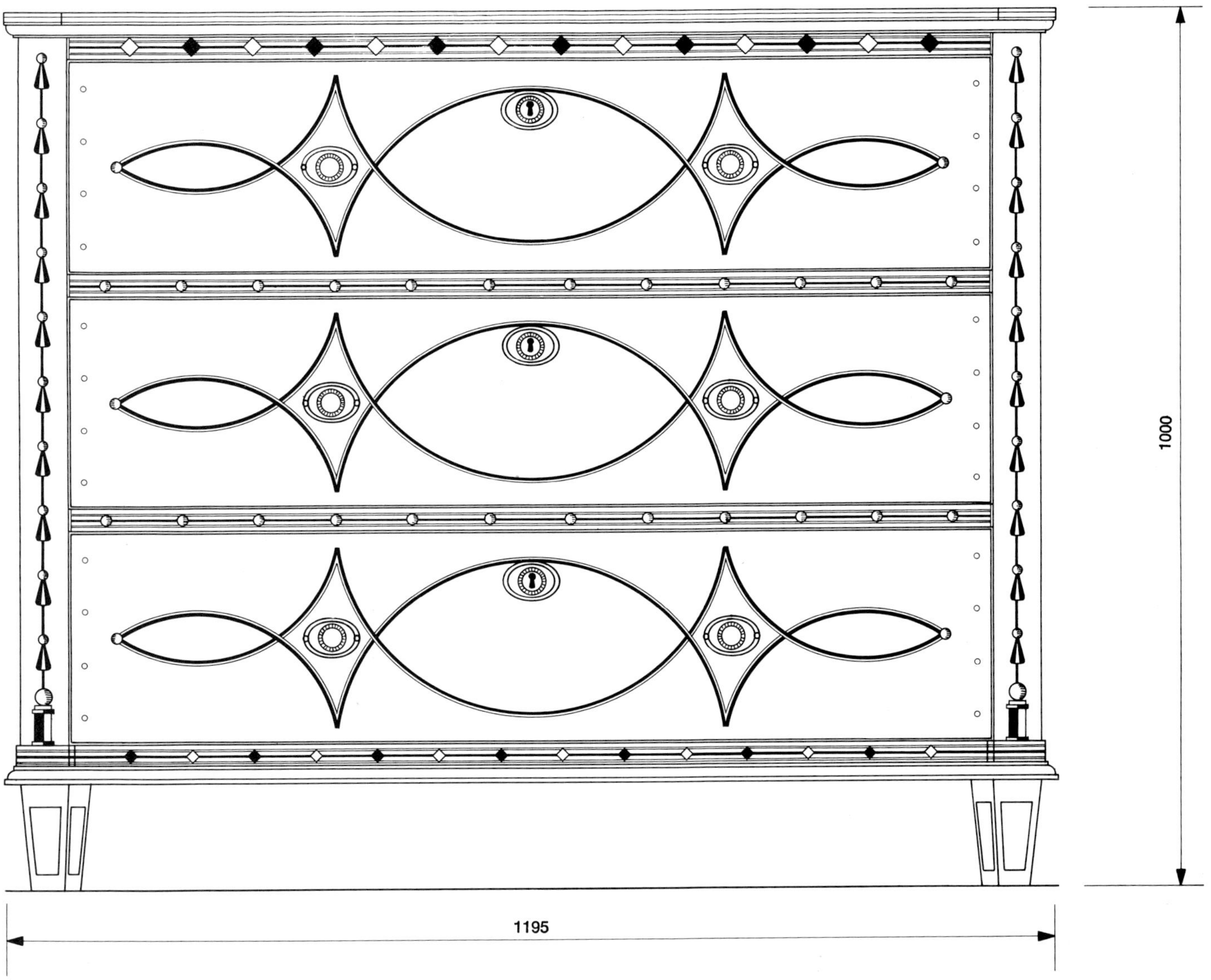

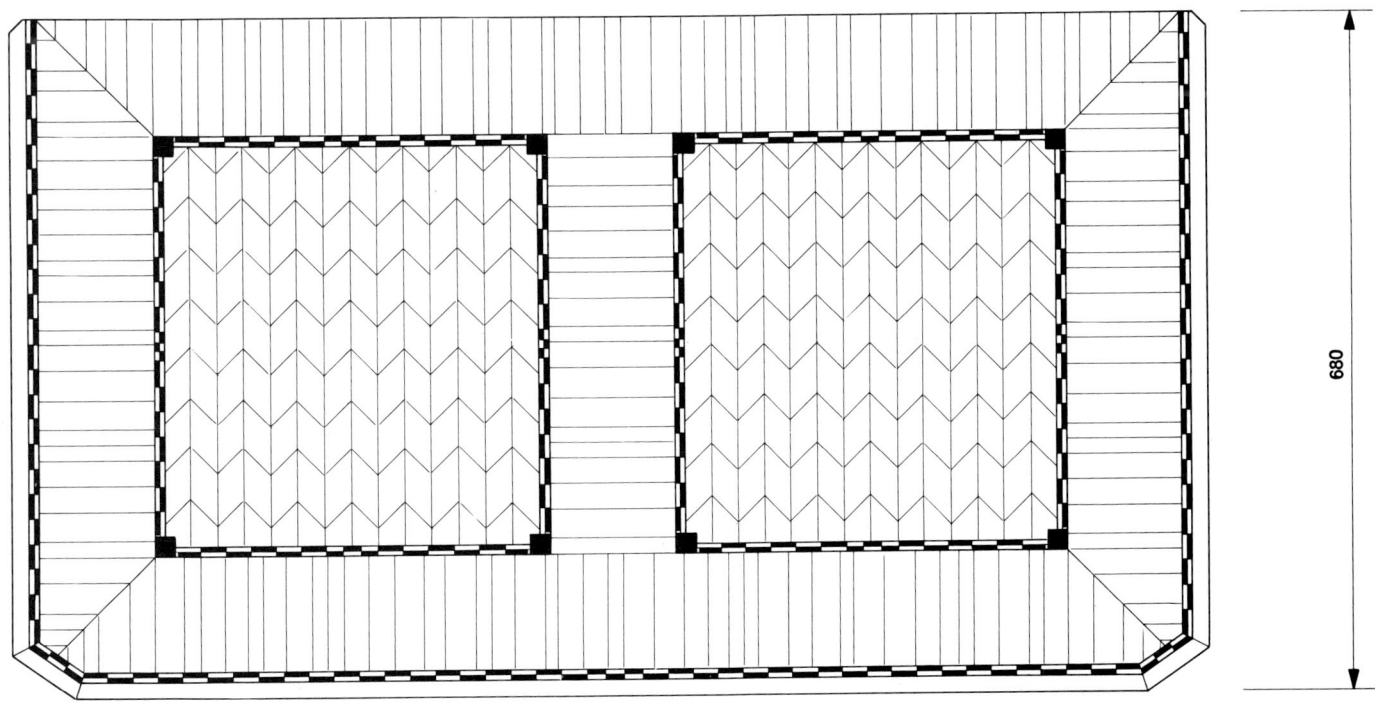

Bild 271. Vorderansicht und Draufsicht

127

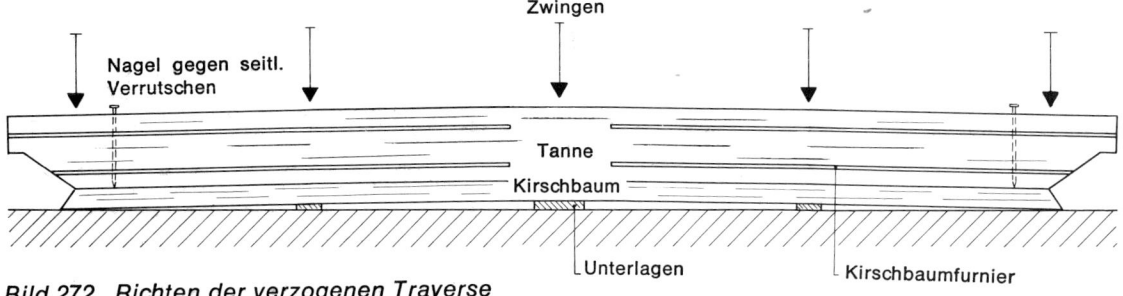

Bild 272. Richten der verzogenen Traverse

nommen und für diese wiederum neues Holz verwendet. Für die fehlenden grünen Teilchen der Intarsien entdeckte ich bei einem Schreiner ähnlich gefärbtes Furnier. Um die nötige Dicke zu bekommen, mußten mehrere Lagen aufeinandergeleimt werden. Die originalen Teilchen habe ich alle gewendet, so daß ihre unverblichene Seite nach oben kam.

Das Zusammensetzen von Boden, Platte und Wänden war ungewöhnlich schwierig. Durch das Bearbeiten und Furnieren usw. waren sie unterschiedlich gequollen und geschwunden; die Zinkungen paßten nicht mehr zusammen und mußten mühsam nachgearbeitet werden. Vor allem aber war kein Teil an dieser Kommode rechtwinkelig und maßhaltig geschnitten. So ist z. B. der Korpus rechts um volle 15 mm höher als links. Dafür ist die linke Seite, allerdings nur unten, 10 mm tiefer als die rechte. Entsprechend waren die Schubladen rechts jeweils 5 mm höher. Das übliche Ausmessen beim Zusammenpressen wird dadurch außerordentlich schwierig.

Bei dieser Gelegenheit noch ein kleiner Tip: Schräg angesetzte Teile wie hier die Ecklisenen lassen sich nicht wie üblich anleimen und anpressen. Sehr nützlich sind dafür schräg geschnittene Holzbeilagen, deren Auflagefläche man mit grobem Schmirgelpapier beklebt (Bild 273). So halten sie noch recht zuverlässig bis zu einer Schräge von 45 Grad und rutschen nicht ab, wenn man die Zwingen nur sorgfältig und zentrisch ansetzt.

Eine Schubladenfront hatte sich stark nach außen verwölbt und dadurch zugleich auch die ganze Schublade verwunden. Es ist ein Brett mit liegenden Jahresringen, das also von den äußeren Teilen des Stammes kommt und

stark zum Arbeiten neigt. Ich habe das Brett gelöst, es analog der Methode auf Seite 63 aufgeschnitten und passende Streifen aus dickem Kirschbaumfurnier eingeleimt. Vor dem Einfräsen der Schlitze habe ich auf der Innenseite über Nacht nasse Tücher aufgelegt, bis das Holz entsprechend gequollen war und sich von selbst plan gerichtet hatte. So ergab sich zugleich eine ebene Auflage auf dem Kreissägetisch und ich konnte gleichmäßig tiefe Sägeschnitte erzielen. — Anfeuchten allein genügt zum dauernden Richten aber nicht. Nach dem Trocknen stünde das Brett genau so schief und verzogen da wie zu Anfang. Vor dem Einpassen der Furnierstreifen muß das Holz wieder vollständig durchgetrocknet und plan (evtl. mit ein wenig Gegenwölbung) aufgespannt sein.

Ähnlich wurde mit den zwei Traversen verfahren, die sich nach vorn gewölbt hatten. Hier war das Verziehen wohl durch die Verleimung von zwei verschiedenen Holzarten verursacht. Da sich erfahrungsgemäß auch nach dem Richten allmählich wieder eine kleine Wölbung einstellt, empfiehlt es sich, den Teil entgegengesetzt zu unterlegen und vorzuspannen (Bild 272). Wieviel dabei unterlegt wird, ist Sache von Gefühl und Erfahrung.

Schließlich mußten auch noch fehlende Sockelleisten und Füße ersetzt werden. Und auch die Schubladen bekamen neue Läufe. — Von den sechs Schubladengriffen und drei Schlüssellochschildern waren leider nur noch zwei vorhanden. Ich konnte aber im Handel passenden Ersatz bekommen.

Jetzt fehlt nur noch die Oberflächenbehandlung. Wahrscheinlich werde ich dem Möbel eine klassische Schellackpolitur geben. Kirschbaumholz läßt sich ja gut polieren.

Bild 273. Anpressen der schräg angesetzten Lisene

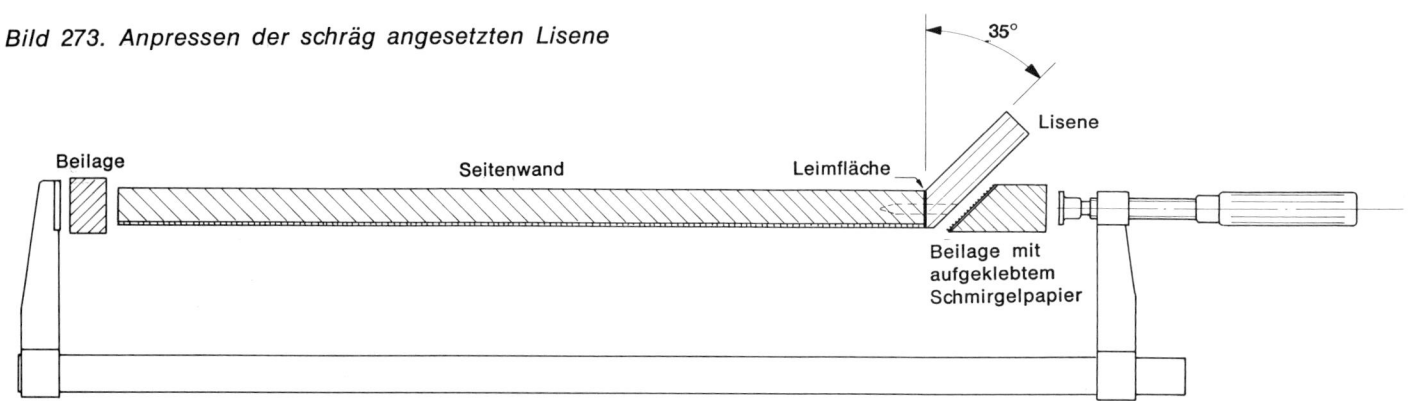

Kommode Empire

Dieses aus Italien stammende Stück (vgl. Seite 100) besteht ganz aus Nußbaum. Das heißt, nicht nur die Furniere, auch das Blindholz, sämtliche Schubladenteile und -läufe, die Rückwand usw., alles ist aus Nußbaumholz. Leider war die massive, aus einem Stück gesägte Deckplatte sehr stark verzogen. Drei quer darunter geleimte kräftige Traversen haben hier Abhilfe geschaffen (Bild 274). Das ist vielleicht keine ganz lupenreine, aber immerhin eine gebräuchliche Maßnahme. Befürchtungen, daß daraus im Lauf der Zeit andere nachteilige Folgen resultieren könnten, haben sich bisher nicht erfüllt. Das mag mit daran liegen, daß das Möbel in einem ungeheizten Raum steht und folglich nie zu stark austrocknet.

Angeblich gibt es gewisse Regeln, wieviel bei einem antiken Möbel ersetzt werden darf, ohne daß sich daraus eine Wertminderung ergibt. In diesem Fall bin ich wohl zu weit gegangen: Ich habe beide Seitenwände erneuert. Sie waren aber auch in einem besonders schlechten Zustand, weit nach außen gewölbt und stark vom Holzwurm zerfressen. Die Verwölbung war keine Altersfolge, sondern lag in der mangelhaften Herstellung begründet. Der gute Mann hatte als Blindholz für die Wände nur 6 bis 7 mm dicke Bretter mäßiger Qualität, mit vielen Ästen und Verwachsungen, verwendet und sie einseitig mit dickem Furnier quer furniert. Das mußte unweigerlich krumm werden.

Heute tut es mir leid, daß ich nicht zumindest versucht habe, die alten Wände noch zu retten. Vielleicht wäre das durch eine Furnierung der Rückseite, unter der hydraulischen Presse, mit entsprechend dickem Furnier doch mög-

Bild 274. Untergeleimte Eichentraversen halten das Blatt gerade.

lich gewesen. Zum Ausgleich meiner Leichtfertigkeit sei jedoch erwähnt, daß ich mir mit den neuen Wänden außerordentliche Mühe gegeben habe. Durch sorgfältige Auswahl des Holzes, gute Anpassung des Beiztones und der Patinierung lassen sich praktisch keine Unterschiede zwischen den alten und den neuen Teilen erkennen. Lediglich die Tatsache, daß die Wände vollkommen eben stehen und frei von Rissen sind, könnte Zweifel aufkommen lassen.

Den Schaft der beiden Halbsäulen habe ich nach gründlichem Abschleifen schwarz nachgebeizt. Am Versuch, die Basen und korinthischen Kapitelle zu vergolden (sie sind aus Holz geschnitzt und über einem Kreidegrund blattvergoldet), bin ich gescheitert. Nach einigen Fehlschlägen habe ich diese Arbeit resignierend einem Fachmann anvertraut. Einrahmungsgeschäfte führen solche Arbeiten aus.

Bild 275. Kommode, Empire

Die Originalbeschläge waren leider nicht mehr vorhanden, man hatte sie späterer Mode entsprechend durch Schilder und Griffe im Stil des Neurokoko ersetzt. Die jetzigen sind wieder stilecht, aber eben neu, wie im Handel erhältlich.

Die übrigen Arbeiten zur Instandsetzung entsprachen etwa dem, was auf Seite 50 ff. beschrieben ist. Leider hatte ich mir seinerzeit einen Termin für die Fertigstellung gesetzt, war in Zeitnot geraten und hatte dann darauf verzichtet, die alten ausgelaufenen Lauf- und Streichleisten zu erneuern. Der Erfolg ist, daß die Schubladen gern verkanten und klemmen. Jetzt muß ich mir etwas einfallen lassen, wie sich diese Leisten im eingebauten Zustand reparieren lassen. Irgendwo las ich, man solle plastisches Holz auf die ausgelaufenen Stellen spachteln und dann eben schleifen. Ich mißtraue diesem Tip, denn ich kann mir nicht vorstellen, daß solch eine Schicht auf den mit Seife und Wachs vollgesogenen Leisten haftet und bei der mechanischen Beanspruchung nicht absplittert. Aussichtsreicher erscheint mir eine Beschichtung mit Epoxidharz, bei dem Eigenfestigkeit und Bindefähigkeit höher sind. Vielleicht könnte man den „Ausguß" noch mit ein paar in die Leisten eingelassenen Holzstiften verankern.

Der Vollständigkeit halber sei noch erwähnt, daß ich für diese Kommode 1973 etwa 1000 Fr. bezahlt habe. Zuviel, wenn man bedenkt, daß ich kürzlich ein ähnliches Stück in besserem Zustand für weniger als den halben Preis erwerben konnte.

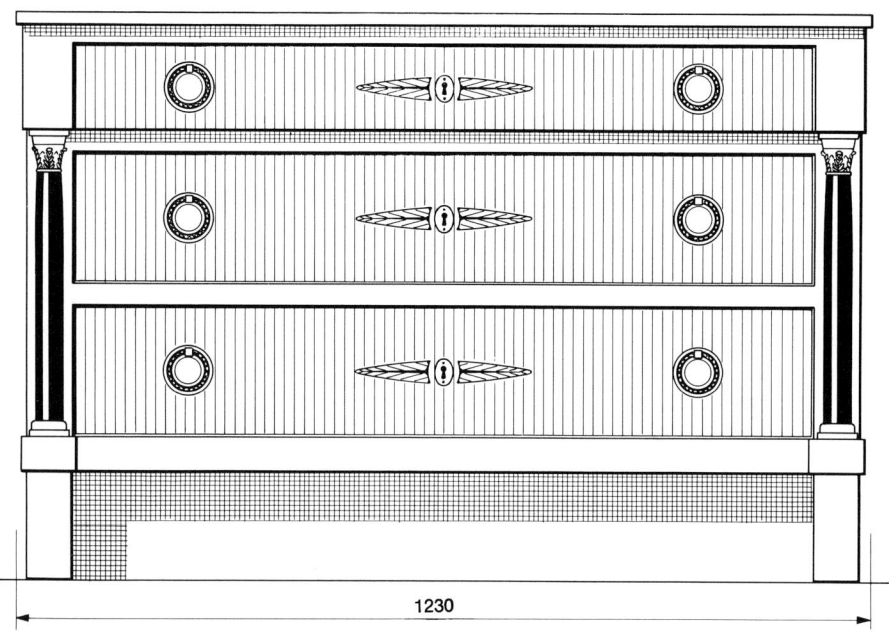

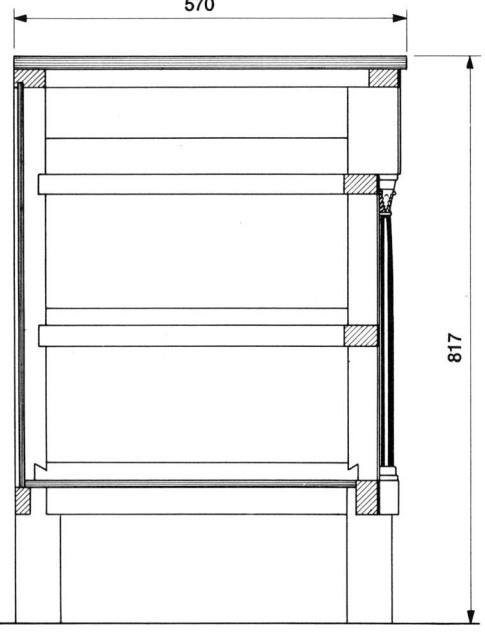

Bild 276. Ansicht und Schnitt

Kommode Biedermeier

Auf diese schlichte Kommode bin ich durch ein Inserat gestoßen, in dem ein privater Verkäufer eine Reihe antiker Möbel anbot. Leider kam ich dann einmal mehr zu spät: Händler hatten bereits alles aufgekauft, bis eben auf diese Kommode. Daß sie noch übrig war, konnte ich vermutlich dem Umstand verdanken, daß alle drei Schubladenschlösser fehlten. Andererseits hatte sie den nicht zu übersehenden Vorteil, schon abgelaugt und vorgeschliffen zu sein — bedauerlicherweise aber maschinell und auf der Platte stellenweise bis auf das Blindholz. Nun, fehlende Schlösser hin oder her, ich habe die Kommode trotzdem gekauft. Der Preis war mit 120 Fr. auch recht bescheiden, und ich hatte noch die naive Hoffnung, irgendwo passende Schlösser aufzutreiben.

Das Möbel ist eine einfache Stollenkonstruktion (Stollen nur vorn) mit Blindholz aus Tanne und einem hellen Nußbaumfurnier, das auf dem Blatt in Kreuzfuge zusammengesetzt ist. Schraubenlöcher neben den Schlüssellöchern verraten, daß nachträglich einmal Griffe in der Mitte montiert worden sind. Ursprünglich hatten die Schubladen sicher keine Griffe und wurden, wie im Biedermeier häufig, am Schlüssel aufgezogen.

Bild 277. Kommode, Biedermeier

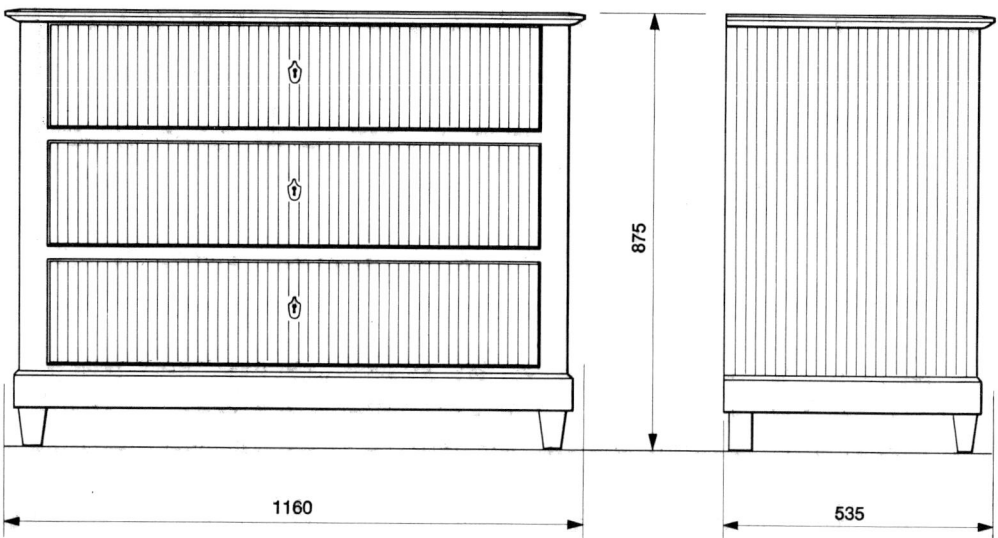

875

1160   535

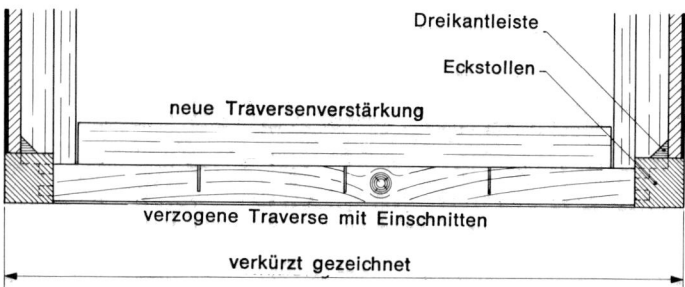

Dreikantleiste
Eckstollen
neue Traversenverstärkung
verzogene Traverse mit Einschnitten
verkürzt gezeichnet

Bild 279. Richten einer verzogenen Traverse

Die Restaurierung umfaßte im wesentlichen folgende Arbeiten:

– Laufleisten ersetzen und unter die Schubladenseiten neue Laufsohlen aus Hartholz einsetzen,
– auf beiden Seitenwänden recht breite Risse ausspänen, die drei unten stark beschädigten Sockelleisten abbauen, die gelösten Furniere anleimen und die fehlenden Stücke ersetzen, Unterseite auf der Kreissäge begradigen und zum Ausgleich eine entsprechend breite Nußbaumleiste aufleimen,
– eine astige, nach vorn gewölbte Traverse richten: drei Querschlitze mit der Feinsäge schneiden und eine kräftige Leiste dahinterleimen (Bild 279),
– hinten zwei neue Füße anfertigen,
– neue Schlüssellochschilder aus Ahorn anfertigen und anleimen,
– Kommode feinschleifen, zweimal mit Schellack grundieren und mit Wachs polieren,
– die drei Sockelleisten wieder an den Korpus leimen.

Allmählich wurde nun das Problem mit den Schlössern akut. Ich merkte bald, wie hoffnungslos es war, bei Trödlern, in Brockenhäusern oder Eisenwarenhandlungen etwas Passendes zu finden. Das Preisangebot eines Schlossers für Neuanfertigung nach altem Vorbild war erschreckend. So etwas kann man sich allenfalls leisten, wenn ein ganz wertvolles altes Stück eine solche zusätzliche Investition zur Komplettierung rechtfertigt. So habe ich schließlich folgende Notlösung gefunden.

Ich besorgte mir in einer Eisenwarenhandlung kleine, aber kräftige Aufschraubschlösser und nietete sie von hinten auf winkelig abgekantete Schloßplatten auf, die in Maß und Schlüssellochabstand den Schubladen entsprachen. Zuvor hatte ich den Riegel des Schlosses durch ein eingeschweißtes Flacheisen verlängert. Selbstverständlich wurden Schloßplatten und Schlüssel vor dem Einbau noch patiniert wie auf Seite 118 beschrieben.

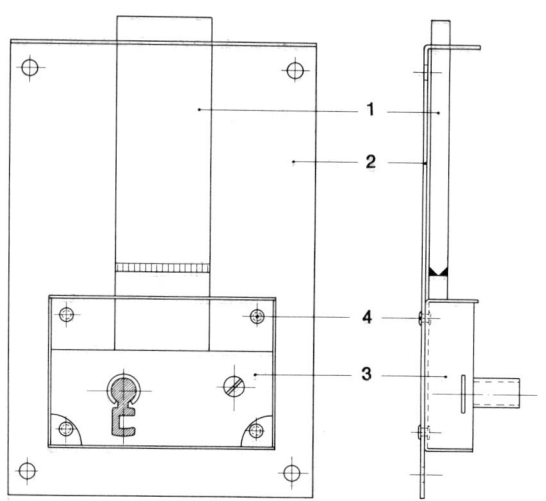

1 Zungenverlängerung
2 neue Schloßplatte
3 neues Aufschraubschloß
4 Nietverbindung zwischen Schloß und Schloßplatte

Bild 280. Ersatzschloß

132

Kommode Louis-Philippe

Dieses recht einfache Möbel besteht aus massivem Nußbaumholz. Wie bei Biedermeiermöbeln haben die Schubladen auch hier keine Griffe und werden am Schlüssel ge-
zogen.

Ihr Preis war 1978 200 Fr., der Zustand sehr schlecht. Es
mußte sehr viel Holz, das vom Wurm ganz zerfressen war,
ersetzt werden.

Bild 281. Kommode, Louis-Philippe

Schreibkommode 2. Hälfte 19. Jahrhundert

Dies ist der typische Fall für ein Möbel, das es einem schwer macht, es vom ersten Augenschein her sofort einer bestimmten Stilrichtung zuzuordnen. Die relativ einfache Form läßt einen im ersten Moment auf Biedermeier tippen. Die Profilierung der Platte und die rahmenförmige Einfassung der Schubladenfronten sind dagegen „zuviel" für reines Biedermeier. Von den Rokokobeschlägen darf man sich nicht täuschen lassen, sie sind neu. Der Bearbeitungsgrad der Innenflächen, die recht fortschrittliche Form der Schlösser und die maschinell gekehlten exakten Profilleisten bestätigen das spätere Entstehungsdatum: Mitte 19. Jahrhundert.

Der Kommodenteil ist ein Stollenbau, mit Nußbaumfurnier auf Blindholz aus Tanne. Der Schreibaufsatz besteht weitgehend aus massivem Nußbaum, die Fachbretter aus dunkel gebeiztem Birnbaum. Für die Furnierung der kleinen Schubladen wurde schön kontrastierender Vogelaugenahorn verwendet.

Diese Schreibkommode erstand ich 1973 für 650 Fr. bei einem Antiquitätenhändler. Ihr Zustand war relativ gut, offensichtlich hatte man sie einige Zeit vorher überholt. So waren lediglich ein paar ausgebrochene Furnierstückchen zu ersetzen und die Oberflächenbehandlung komplett zu erneuern: ablaugen, schleifen und mattieren.

Bild 282. Schreibkommode, 19. Jahrhundert

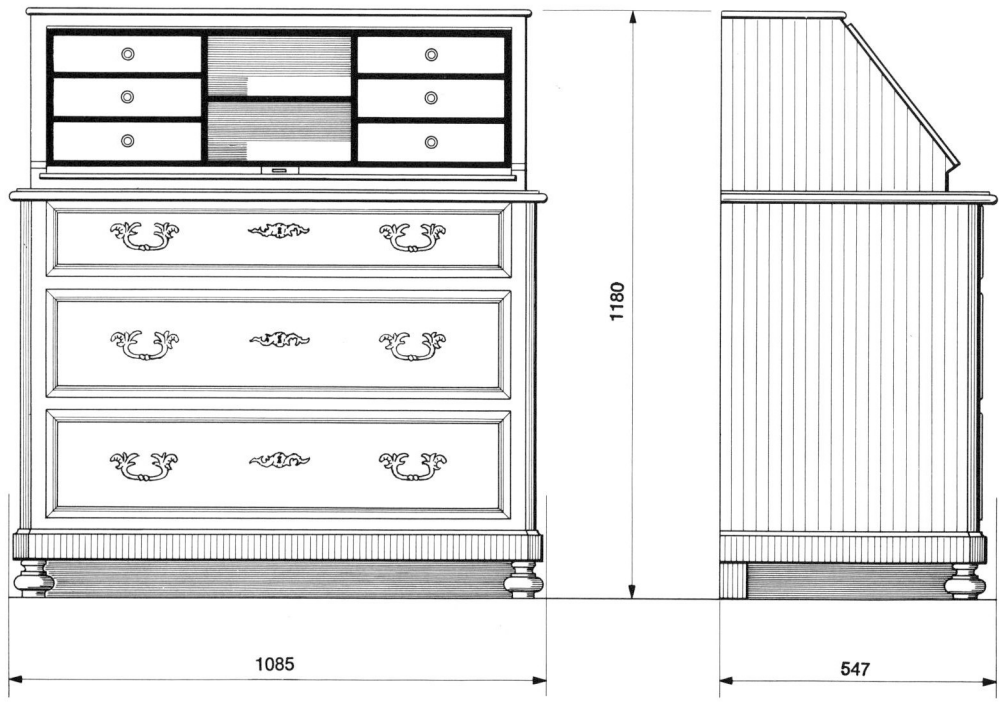

Bild 283. Ansichten

1180

1085

547

134

Aufsatzkommode Empire/Biedermeier

Auf den ersten Blick könnte man dieses Möbel für eine Schöpfung des Barock halten. Der Gesamteindruck wird von dem Karniesbogen des geschweiften Giebels mit dem verkröpften Kranzprofil beherrscht. An sich ein typisches Barockmerkmal, hier aber ein Rückgriff des späten Biedermeier auf bewegtere Formen, eine erste Ankündigung des Eklektizismus. Der Kommodenteil hingegen ist reines und leicht erkennbares Empire. Das Empire ist ja überhaupt ein Stil, der unverwechselbar und m. E. auch von Anfängern leicht zu erkennen ist. Alle seine Kastenmöbel, aber auch andere, sind nach dem aus der antiken Architektur übernommenen Prinzip von Basis/tragendem Teil/getragenem Teil gegliedert.

Das Möbel ist in einem hellen Nußbaum auf Nadelholz furniert, die Türrahmen der Vitrine, die Profilleisten und Halbsäulen sind massiv Nußbaum. Im Sockel des Vitrinenaufsatzes ist eine niedrige Besteckschublade eingebaut. Sämtliche Griffe und Schlüssellochschilder sind leider neu.

Bei dieser Gelegenheit möchte ich nochmal auf das Thema „Antiquitäten als Kapitalanlage" zurückkommen. Anhand

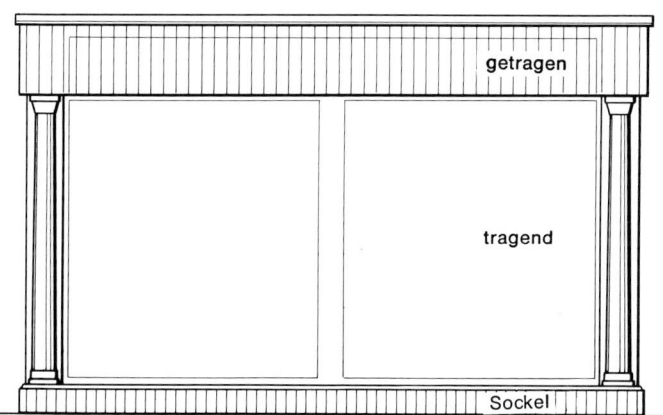

Bild 284. Das Bauprinzip der Empire-Möbel

Bild 285. Aufsatzkommode, Empire/Biedermeier

135

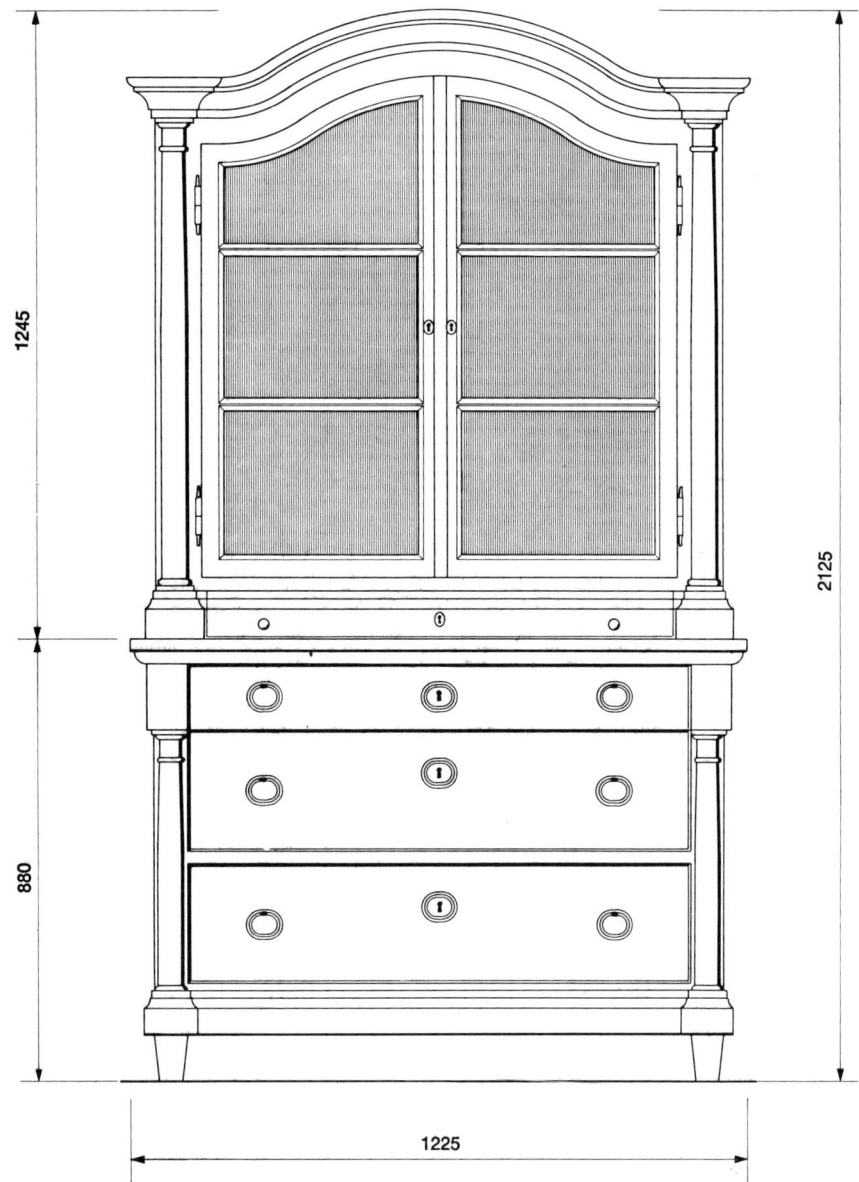

Bild 286. Vorderansicht

dieses Möbels könnte ich meine eigene, vorn aufgestellte
Theorie widerlegen, antike Möbel seien eine schlechte Kapitalanlage. Diese Aufsatzkommode habe ich ziemlich genau vor 15 Jahren im Handel für 1200 Fr. gekauft, schon
gut restauriert. Vor drei Jahren etwa bot mir ein Händler
auf Anhieb 6 500 Fr. dafür und wäre sicher noch höher gegangen. Auf die zwölf Jahre umgerechnet ergibt das eine
Kapitalverzinsung von rund 15 Prozent. Das ist, abgesehen
vom Nutzwert des Möbels während dieser Zeit, ein recht
ordentlicher Satz! Freilich war der Einstandspreis damals,
1962, mit 1 200 Fr. auch außerordentlich günstig. Man sieht
wieder einmal: Keine Regel ohne Ausnahme.

Aufsatzkommode Biedermeier

Diese Kommode mit Vitrinenaufsatz kann ich Ihnen nur unrestauriert vorstellen. Sie gehört zu meinem Arbeitsvorrat.
Nach wochenlangem Feilschen konnte ich sie 1978 bei einem Antiquitätenhändler in Österreich für 1 500 Fr. erwerben.

Die Frage nach der Holzart des Furniers warf einige Dis-
kussion auf. Der Händler vermutete Nußbaumwurzel, aber
das war es keinesfalls. Die Mutmaßungen reichten dann
über Kirschbaumwurzel und Vogelaugenahorn bis zu Olivenholz (!), bis ich das Holz von kompetenter Seite bestimmen ließ. Es ist Ulmen-Maser (Rüster), ein für die da-
malige Zeit seltenes Holz. Aber vorwiegend durch seine
lebhafte Zeichnung und die Farbe des Furniers „lebt" dieses Möbel.

Alles Blindholz ist Tanne, das Rahmenwerk der Türen Eiche. Erfreulicherweise sind drei der vier Scheiben noch
original. Überflüssig zu sagen, daß die alten welligen Gläser viel wertvoller sind als neue. Wenn also etwa alte Häu-
ser abgerissen werden, die noch solche Fensterscheiben
haben, sollte man sie retten, um damit fehlende oder neue
Gläser zu ersetzen.

Der Kommodenkorpus ist wie üblich konstruiert. Er hat
vorn zwei Eckstollen, und die Eckverbindungen zwischen
den Seitenwänden und den horizontalen Platten sind mit
Schwalbenschwänzen gezinkt und mit Profilleisten abgedeckt. Aus Bild 289 könnte man schließen, die Schubladenwände seien mit Fingerzinken (gerade Zinken) gefügt. In
Wirklichkeit handelt es sich aber auch um Schwalben-

Bild 287. Aufsatzkommode, Biedermeier

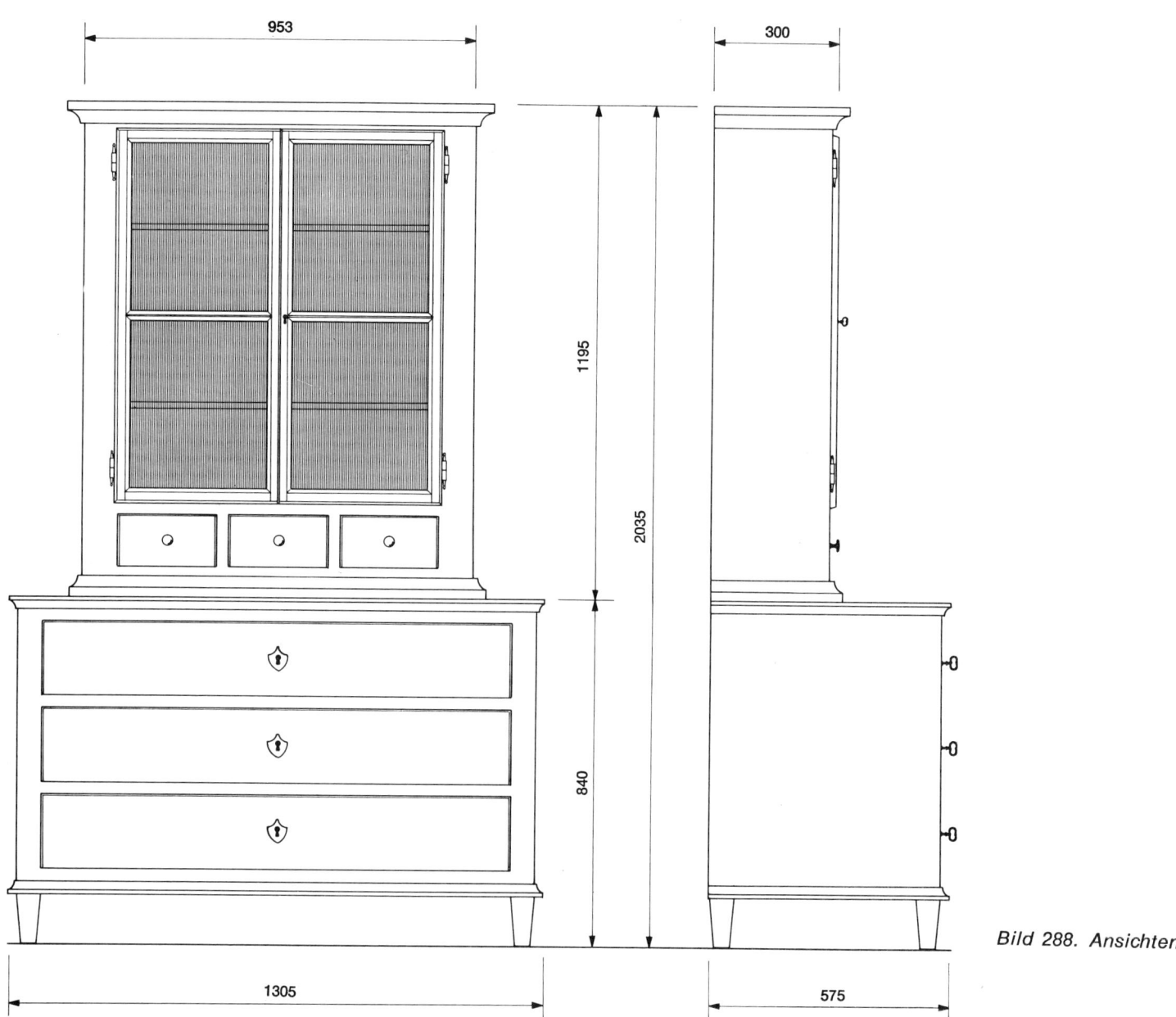

Bild 288. Ansichten

schwänze, nur hat der Schreiner ganz unkonventionell die Schwalben in das Vorderstück und die Zinken in die Seitenwände gestemmt (Bild 291). Diese Lösung hat gegenüber der üblichen halbverdeckten Zinkung einen gravierenden Nachteil: Wenn das Blindholz der Vorderfront schwindet, drückt das Hirnholz der seitlichen Zinken das Furnier hoch. Zumindest zeichnet sich die Zinkung mit der Zeit auf dem Furnier deutlich ab.

Das Oberteil des Möbels ist konstruktiv wie die Kommode ausgeführt. Vermutlich aus Sparsamkeit besitzen die Schubladen keine Schlösser, die Schlüssel sind nur Attrappen. Sie sind innen mit Mutter und Gewinde festgeschraubt und dienen nur als Griffe.

Für die bevorstehende Überholung rechne ich mit folgenden Arbeiten:

– die ausgelaufenen und zum Teil auch fehlenden Schubladenführungen erneuern,
– fehlende oder zu stark vom Wurm zerfressene Profilleisten ersetzen,
– alle vier Füße erneuern,
– eine Menge loser Furnierteile neu verleimen, bzw. fehlende Teile ersetzen,
– Feinschliff und Oberflächenbehandlung.

Wenigstens wird hier die Beschaffung eines passenden Furniers keine Schwierigkeiten machen. Von der Kommodenplatte läßt sich unter der Standfläche des Oberteils genug guterhaltenes Furnier abnehmen, um damit die Schäden an den sichtbaren Stellen zu beseitigen. Positiv ist auch zu werten, daß die Wände rissefrei sind und gut „stehen" (also eben und ohne Verwerfungen sind).

Bild 289. Die Schubladen sind ebenso wie der Kommodenkorpus mit Schwalbenschwänzen gezinkt. Ungewöhnlich ist hier jedoch, daß die Zinken an den Schubladenseiten, die Schwalbenschwänze am Vorderstück angebracht sind.

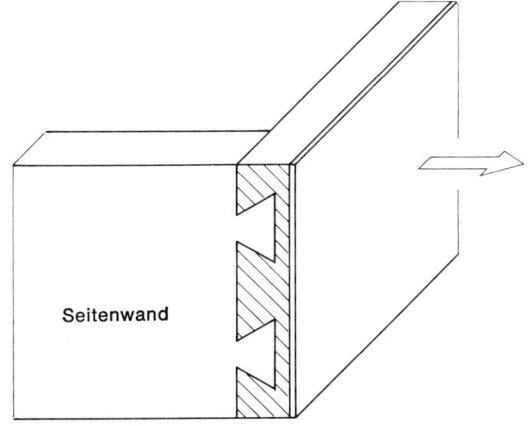

Bild 290. Bei der üblichen verdeckten Zinkung sind die Schwalbenschwänze an den Schubladenseiten angebracht.

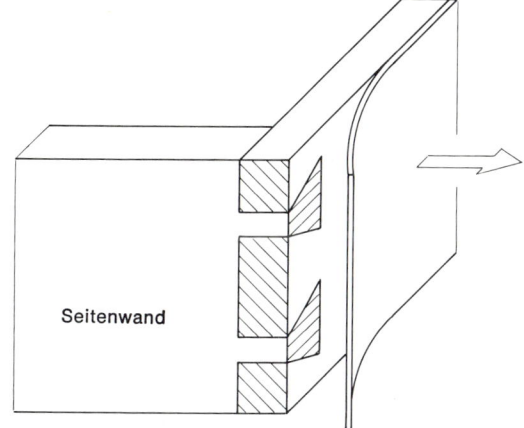

Bild 291. Die hier gezeigte Schublade ist offen gezinkt. Dabei liegen die Schwalbenschwänze im Vorderstück. Auf der Schauseite ist das Hirnholz der Zinken überfurniert.

Schreibkommode mit Vitrinenaufsatz Biedermeier

Dieses einfache, rustikal wirkende Möbel kostete mich 1500 DM (1978), bei einem mäßigen Zustand. Es stammt aus Süddeutschland und ist in massivem Kirschbaumholz gearbeitet.

Ein gravierender Mangel waren die stark astigen Traversen der Kommode. Im Laufe der Zeit hatten sie sich so stark verworfen, daß die Schubladen festgeklemmt wurden und nicht mehr gängig waren. Zur Benützung hat man sich dann nach „Einbrecherart" eines Stemmeisens oder Schraubenziehers bedient, den man zwischen Lade und Traverse gezwängt hat und sie so jeweils aufhebelte. Ent-

sprechend waren alle ihre Kanten total beschädigt und ausgebrochen. Eine radikale Maßnahme drängte sich hier auf. So habe ich die Schubladen oben und unten um je ca. 5 mm abgehobelt. Die alten Traversen wurden entfernt und durch neue, entsprechend dickere, aus Tannenholz mit vorne aufgedoppelter Kirschbaumleiste ersetzt. Genügend passendes und brauchbares Kirschbaumholz lieferten noch die alten Traversen.

Die weiteren Reparaturarbeiten hielten sich im üblichen Rahmen. Zum Abschluß erhielt das Möbel eine Wachspolitur auf Schellack-Grundierung.

Bild 292. Schreibkommode mit Vitrinenaufsatz, Biedermeier

Schreibsekretär Biedermeier

Schreibsekretäre aus den verschiedenen Stilrichtungen des 19. Jahrhunderts sind recht häufig anzutreffen, häufiger jedenfalls als die zuvor besprochenen Schreibkommoden dieser Perioden. Sie werden deswegen im Durchschnitt auch zu günstigeren Preisen gehandelt als diese. Das hier behandelte Exemplar konnte ich sogar besonders preiswert erstehen: bei einer Haushaltauflösung 1974 für 750 Fr. Üblicherweise kosten Sekretäre aus dieser Epoche in gutem oder restauriertem Zustand 2 000 bis 3 000 Fr.

Das Möbel ist mit einem lebhaft gemaserten Nußbaumholz furniert. Für das Blindholz wurde größtenteils Eiche, aber auch Tanne verwendet. Dagegen tragen die kleinen Schubladen des Schreibfaches vorn ein Mahagonifurnier.

Zum richtigen Absperren des Holzes sind hier auch schon die Innenseiten der Schubladenfronten furniert und zwar mit Nußbaum.

Der vorspringende Schubladenteil oben weckt gewisse Reminiszenzen an das Empire. Selbstverständlich ist das Biedermeier ein eigener Stil und hat nicht in der Weise frühere Perioden kopiert, wie sich das bald danach einführte. Dennoch läßt es sich deutlich aus zwei vorangegangenen Stilen ableiten: einerseits aus dem Empire, andererseits aus dem Frühklassizismus (Louis-seize, Zopfstil). Dazu kommen im Norden Deutschlands, wie auch bei anderen Stilperioden, Einflüsse aus England, genauer aus dem englischen Klassizismus.

Bild 293. Schreibsekretär, Biedermeier

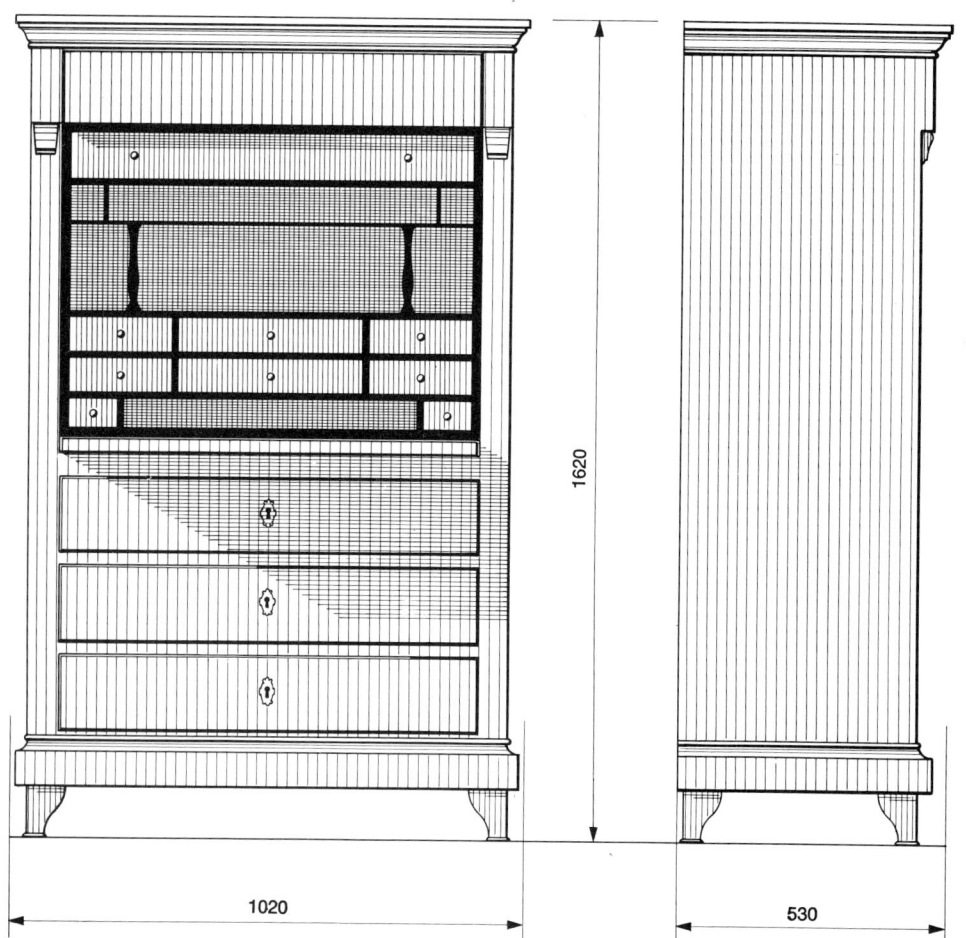

1620

1020

530

Bild 294. Ansichten

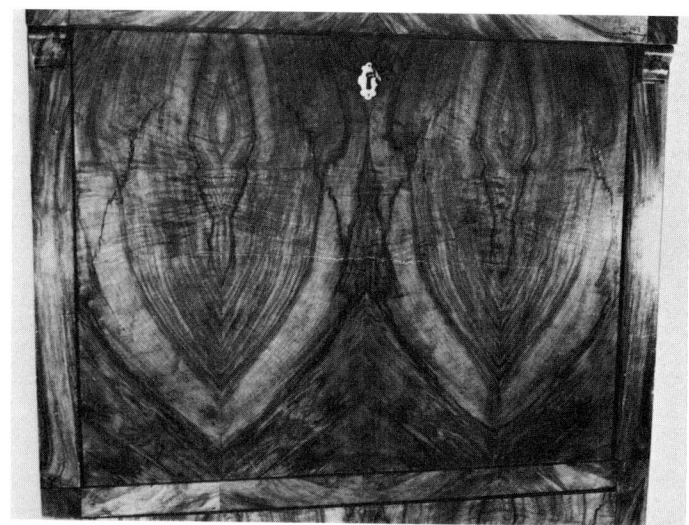

Bild 295. Der Querriß auf der Unterseite der Schreibklappe

Das Möbel ist recht gut erhalten, so daß sich vorläufig die Restaurierung nicht aufdrängt. Ich vermute sogar, daß es vor nicht zu langer Zeit überholt wurde.

Leider hat die Schreibklappe auf ihrer Vorderseite den schon fast obligaten Querriß. Ihn so zu reparieren, daß er wieder ganz unsichtbar wird, ist so gut wie unmöglich. Denn wegen des sehr lebhaften Furniers dieser Fläche ist das normale Ausspänen nicht möglich. Man sollte diesen Schaden wohl lassen, wie er ist. Im Sommer, nach der Heizperiode, schließt er sich sowieso meist wieder. Allenfalls könnte man ihn mit Hartwachs passender Tönung ausspachteln.

Die Schlüssellochschilder sind hier aus Bein gearbeitet. Weil eines fehlte, mußte Ersatz geschaffen werden, etwa durch einen Nachguß aus Polyester- oder Epoxidharz. Im vorliegenden Fall habe ich aber Araldit-Epoxidkleber „Rapid" statt der üblichen Gießharze genommen. Denn sein Farbton ähnelt dem Elfenbein so sehr, daß der Uneingeweihte den neuen Abguß nicht von den Originalschildchen unterscheiden kann.

Schreibsekretär Louis-Philippe

Dunkles Nußbaum-Maserholz auf Tanne furniert. Das helle
Holz des Schreibfaches ist Vogelaugenahorn. 400 Fr. mußte
ich 1973 für dieses unrestaurierte, aber hervorragend erhaltene Möbel bezahlen.

*Bild 296. Schreibsekretär, Louis Phi-
lippe*

143

Möbelgarnitur Certosina-Arbeit (Kopie)

Als ich diese Möbel Ende der 50er Jahre kaufte, war ich sicher, auf die Trouvaille meines Lebens gestoßen zu sein. Eine alte Dame löste ihren Haushalt auf, und die ganze Pracht sollte 300 Fr. kosten. Da gab es kein langes Zögern und Überlegen. Andererseits wollte ich die Verkäuferin aber auch keinesfalls übervorteilen und sprach sie deswegen nochmals an. Aber sie bestand auf diesem fast symbolischen Preis. Offenbar gehörte sie zu einer Sekte, die irdischen Besitz gering einschätzt, und wollte sich an mir nicht bereichern. So wurde ich der stolze Besitzer einer ganzen Garnitur, die aus einem Tisch, vier Stühlen, zwei Armlehnstühlen und einem allerdings etwas lädierten Deuxcorps bestand.

Mit meinen damals noch recht bescheidenen Kenntnissen konnte ich die Möbel weder nach Aussehen noch nach Alter irgendwo einordnen. Mich hatte vor allem die außerordentlich reiche Marketerie und Intarsie beeindruckt. Ver-

mutungen von Bekannten reichten von maurischer, venezianischer bis zu persischer Arbeit. Allmählich fand ich heraus, daß es sich um eine sog. Certosina-Arbeit handelte. Das ist eine Einlegetechnik, die zur Zeit der Renaissance in den norditalienischen Kartäuserklöstern gepflegt wurde. Neben der reichlichen Verwendung von Elfenbein ließ die Nähe der nach Osten gerichteten Handelsstadt Venedig noch orientalische Einflüsse hinzukommen. — Sukzessive kam mir dann die Ernüchterung: Meine Schätze waren keine Originale, sondern nur Kopien aus dem 19. Jahrhundert.

Das Grundmaterial ist Nußbaum, weitgehend intarsiert, lediglich die Stuhllehnen sind marketiert. Für die Einlagen ist Bein, helles und schwarz gefärbtes Holz und Silberdraht (?) verwendet worden. Die sechs verschiedenen Figuren auf den Lehnen sind aus Kupfer-, Messing-, Zinkblech und Bein zusammengesetzt und graviert.

Bild 297. Armlehnstuhl und Tisch, Certosina-Stil

Bild 298. Die restaurierte Tischplatte. In der Mitte der beiden Medaillons sind in Bein gravierte Portraits eingelassen.

Bild 299. Von dem Deux-Corps ist nur noch das Unterteil erhalten.

Bild 300. Detail von der Rückenlehne eines Stuhls. Eingelegte Figur unter Verwendung von Bein, Kupfer-, Messing- und Zinkblech.

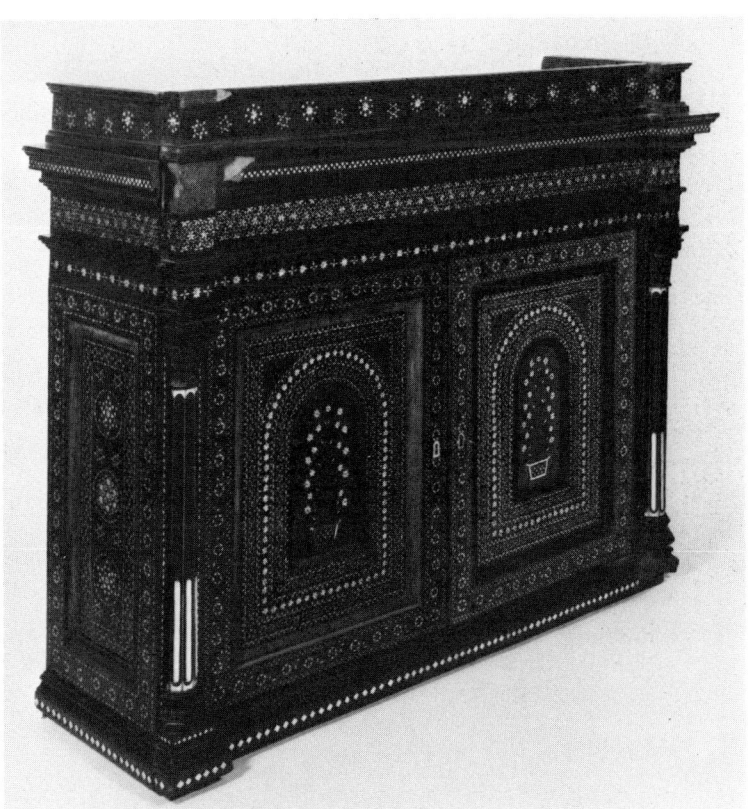

Halbwellenschrank Barock

Die sogenannten Wellenschränke oder der hier gezeigte Halbwellenschrank sind typische Vertreter des späten Barocks. Im Gegensatz zum Wellenschrank, bei dem sich das Wellenprofil über die ganze Frontpartie und manchmal auch über die Seitenwände zieht, sind hier lediglich die Lisenen gewellt. Typisch auch für das spätere Barock sind die breiten, massigen Profilierungen und die weite Ausladung von Kranz und Sockel.

Das hier abgebildete Exemplar besteht ausschließlich aus Nußbaumfurnier auf Blindholz aus Tanne.

Schränke dieser Art werden heute je nach ihrem Zustand, Aussehen und dem Renommee des Händlers in der Größenordnung zwischen 20 000 und 30 000 Fr. gehandelt.

Bild 301. Halbwellenschrank, Barock

Bild 302. Spätbarockschrank, zweitürig, süddeutsch. Aus massivem Nußbaum. Datierung durch eingelegte Jahreszahl 1797. Die Füllungen sind mit aus dem vollen Holz geschnitzten Rosetten geschmückt. Die Füße fehlen.

Bild 303. Bemalter Schrank aus Fichtenholz, zweitürig, süddeutsch. In der (überarbeiteten) Bemalung datiert 1826. Das Kranzgesims ist erneuert, die Füße fehlen.

Biedermeierschrank

Glasschrank, um 1820, mitteldeutsch. Das zierliche Möbel, es ist nur 1,81 m hoch, ist Kirschbaum furniert. Das Blindholz ist Fichte. Alle Furniere, auch die auf Querrahmen und Profilen, verlaufen senkrecht. Unter den beiden verglasten Türen ist eine Schublade.

Der Schrank ist insgesamt in einem recht ordentlichen Zustand. Verschiedentlich ist Furnier abgesplittert, das wieder ersetzt und nachgeleimt werden muß. Das gilt besonders für die Füße und die Unterkante der Schublade. Die Originalscheiben sind leider nicht erhalten.

Bild 304. Glasschrank, Biedermeier

Sachregister

Erich Klatt

Die Konstruktion alter Möbel

Form und Technik im Wandel der Stilarten

Truhen, Schränke, Kommoden, Betten, Tische und Sitzmöbel in detaillierten Werkzeichnungen. Ergänzt durch 185 Lichtbilder von der Romanik bis zum Biedermeier. Unter Mitarbeit von Georg Himmelheber. 3. Auflage. 192 Seiten. Format 22 x 29 cm. In Leinen

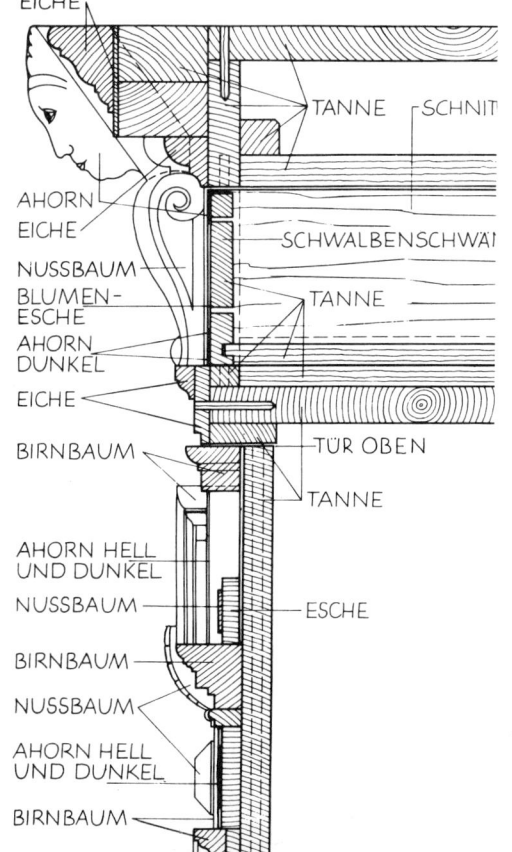

Wenn man ein altes Möbelstück betrachtet, läßt sich oft nicht mit Sicherheit feststellen, ob es sich um ein Original oder nur um eine Nachbildung handelt. Erst eine genaue Untersuchung auch der zunächst nicht ins Auge fallenden Merkmale kann Klarheit schaffen. Wer dabei weiß, welche Techniken oder Materialien in einer bestimmten Epoche üblich, oder — noch wichtiger — welche nicht gebräuchlich waren, hat für Datierungen oder zur Beantwortung der Frage »Echt oder Falsch« ein ausgezeichnetes Kriterium.

Der Kunsttischler, der alte Möbel instand setzt oder solche schönen Stücke stilgerecht nachschafft, muß wissen, wie sie konstruiert sind. Jede Zeit verwendet die für sie charakteristischen Hölzer; ihre Bearbeitung und die Oberflächenbehandlung wechseln ebenso wie die Methoden der Holzverbindungen und die Art der Beschläge. In der Literatur ist jedoch über solche konstruktiven Zusammenhänge kaum etwas zu finden. Was an Kenntnissen darüber noch im Handwerk lebendig ist, wird immer weniger, zumal diese Dinge früher absichtlich geheimgehalten wurden. In diesem Werk hat ein erfahrener Fachmann seine wichtigsten Erkenntnisse niedergelegt und dabei seine Beobachtungen durch genaue Maßaufnahmen ausgewählter Möbelstücke belegt. In maßstäblichen Zeichnungen werden Grund- und Aufrisse gegeben und insbesondere wichtige Details genau dargestellt. Lichtbilder charakterisieren Objekte, veranschaulichen das Thema und geben einen Eindruck von der Gestaltfülle, die sich auf den jeweiligen Grundformen aufbaut.

Für Kunsthistoriker, Restauratoren und Tischler ist dieses Buch ein guter Berater, und ein Gewinn für jeden Kunstfreund: er wird neue Zusammenhänge erkennen und tiefer in sein Lieblingsgebiet eindringen.

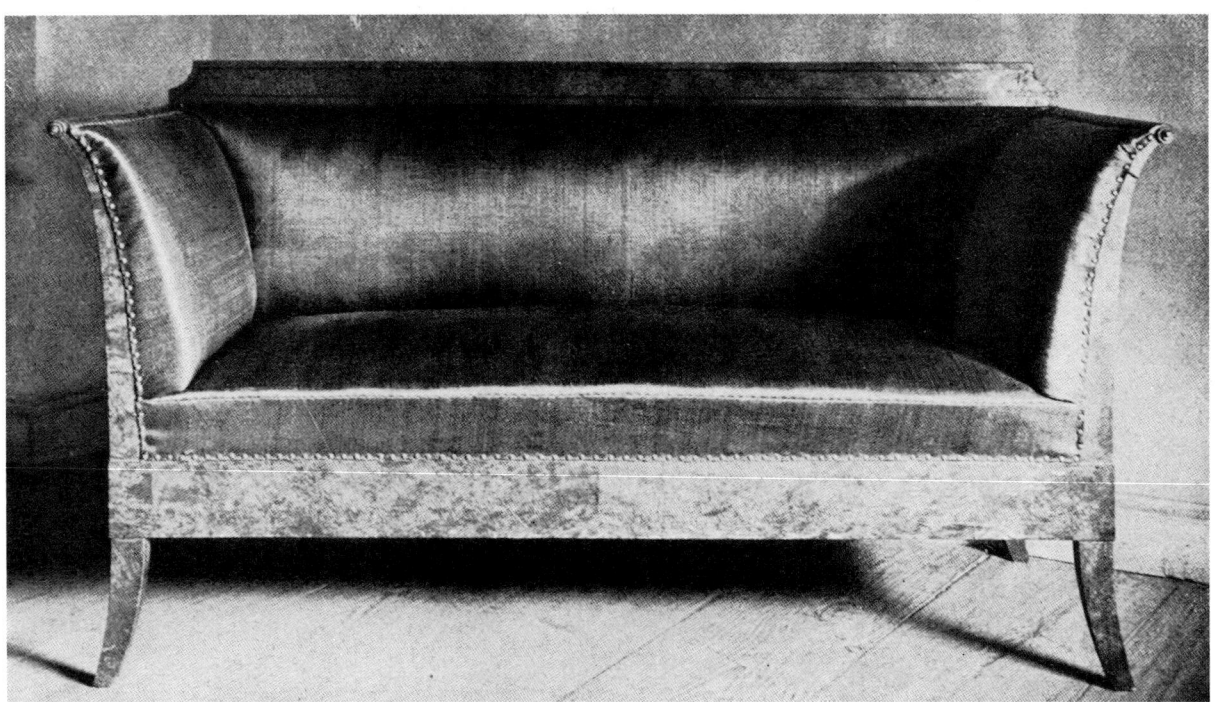

Herbert Hoffmann
Sitzmöbel aus sechs Jahrhunderten

423 Stühle, Sessel, Bänke und Sofas aus Deutschland, England, Frankreich, Holland, der Schweiz und Skandinavien. 2. Auflage. 188 Seiten mit 423 Lichtbildern. 22x29 cm. Leinen

Wer sich mit alten Möbeln befaßt, braucht eine bis ins einzelne gehende genaue Kenntnis ihrer Formen. Gerade die formalen Details sind entscheidende Indizien dafür, aus welcher Zeit und aus welcher Region ein Stück stammt, und ob es sich um bürgerliches oder höfisches Mobiliar handelt.

Das exakte Beherrschen der Konstruktionen und der charakteristischen Zierformen gehört zum notwendigen Instrumentarium, wenn es gilt, beschädigte alte Stücke instand zu setzen oder zu ergänzen. Nicht zuletzt läßt sich daraus auch oft die individuelle Geschichte eines Möbelstückes ableiten; denn auch in früheren Zeiten hat man defekte Stücke wieder aufgearbeitet — freilich oft mehr nach dem gerade herrschenden Zeitgeschmack als in den originalen Formen.

Was heute auf dem Möbelmarkt ist, hat in vielen Fällen nur noch wenig mit originalen Schöpfungen gemeinsam. Um so notwendiger ist es für jeden, der auf diesem weitläufigen Gebiet arbeitet oder sammelt, das eigene Auge an ausgewählten Originalen zu schulen. Dazu kann ein Bildband wie dieser Entscheidendes beitragen. Er liefert Vergleichsmaterial, das für die Einschätzung eines angebotenen Stückes ständig zur Hand ist.

Das Buch »Sitzmöbel aus sechs Jahrhunderten« erschien erstmalig 1938 und stellte einen Auszug aus Bänden der damals geschätzten »Bauformen-Bibliothek« dar. Was das Buch heute besonders wertvoll macht, ist, daß hier viele Stücke im Bild festgehalten sind, die heute als untergegangen gelten müssen. Der Fundus an guten und einwandfrei erhaltenen Originalen ist geschrumpft.

Das Buch beginnt mit Beispielen aus romanischer und gotischer Zeit: Stühle und Bänke aus gedrehten Pfosten, Stollenkonstruktionen, Faltwerkfüllungen. Es verfolgt die europäischen Möbelstile durch die Jahrhunderte und endet schließlich mit den eleganten Polsterstühlen und Sofas der Biedermeierzeit. Schwerpunkte sind dabei außer den nord- und süddeutschen Stücken die Möbel des 17. und 18. Jahrhunderts aus Frankreich und England. Daneben sind Holland, die Schweiz und die skandinavischen Länder mit charakteristischen Beispielen vertreten.